Esther Spinner
Mit Hund und Wort
edition 8

Esther Spinner
Mit Hund und Wort

Ein Memoir

Bilder Katrin Simonett

Verlag und Autorin danken der Fachstelle Kultur des Kantons Zürich und Stadt Zürich Kultur ganz herzlich für den Beitrag an dieses Buch.

Die edition 8 wird im Rahmen des Förderungskonzepts zur Verlagsförderung in der Schweiz vom Bundesamt für Kultur mit einem Beitrag für die Jahre 2021–2025 unterstützt.

Besuchen Sie uns im Internet: Informationen zu unseren Büchern und AutorInnen sowie Rezensionen und Veranstaltungshinweise finden Sie unter www.edition8.ch

2024, 1. Auflage, © bei edition 8. Alle Rechte, einschliesslich der Rechte der öffentlichen Lesung, vorbehalten. Lektorat: Verena Stettler; Korrektorat: Katja Schurter; Typografie: Heinz Scheidegger; Umschlag und Bilder: Katrin Simonett; Druck und Bindung: Beltz, Bad Langensalza.
Verlagsadresse: edition 8, Quellenstrasse 25, CH-8005 Zürich, Tel. +41/(0)44 271 80 22, info@edition8.ch

ISBN 978-3-85990-531-3

Die Frau mit dem Hund

Gott, sei gut zu der alten Frau
und zu ihrem Hund!
Lass über ihr Gesicht
einen stillen Wind flattern.
Die Sonne, eh sie vergeht,
soll noch einmal sanft
über ihre Tritte streichen.

Wie viele Nächte und Tage
irrten sie umher,
rangen um dich,
um ihre jetzige Gestalt?
Wie viel Regen haben ihre Augen geweckt,
wie viel Flüsse ihre Füße gewaschen?
Bis sie am heutigen Morgen anfingen,
dir entgegenzutanzen?[1]

Rajzel Zychlinski

Irgendwo bellt ein Hund.

Ich sitze vor dem Computer und schreibe. Hinter mir liegt Cima in ihrem Korb, schnarcht ab und zu leise. Ich schreibe über meine Hunde, ich schreibe über mein Schreiben. Ich schreibe ein Memoir, so wie es Judith Wolfsberger definiert:

> *Ein Memoir beschränkt sich auf ein ausgewähltes autobiografisches Thema und eine fokussierte Zeitspanne und erzählt mit literarischen, also romanartigen Mitteln.*[2]

Die Geschichten meiner Hündinnen, unsere Geschichten erzähle ich in diesem Text, verbinde sie mit den Büchern, die ich schrieb, während ich mit ihnen lebte, davon, wie mich das Schreiben formte.
Ob es mir immer gelingen wird, bei meinen Themen zu bleiben, wird sich zeigen. Vermutlich wird es Umwege und Abwege geben. Dem Alter geschuldet vielleicht, den Erinnerungen, die sich vordrängen, die erzählt werden wollen. Und denen, die sich neu zusammensetzen oder gänzlich verschwunden sind. Löcher gehören zum Leben und zum Schreiben.

Ich erinnere mich. Meine Hände erinnern sich. Mein ganzer Körper erinnert sich.

Meine Hände erinnern sich an Fell, an raues, hartes, an weiches, seidiges, sie erinnern sich an Fell jeder Art und an die Körperstellen, an denen das bestimmte Fell wächst. Meine Hände erinnern sich an den Flaum am Hundebauch, an Linas struppiges Fell auf dem Rücken, in dem sich nie eine Zecke niederließ, an ihre samtenen Ohren, die an Weichheit alles übertrafen, was sonst an Lina war. Sie erinnern sich an das kräftige, kurze Fell von Gea, das etwas längere, aber ebenso weiße von Punta, an das Seidenfell von Cora,

in dem sich alles verfing, was sich verfangen konnte, auch mein angerissener Fingernagel und alle Arten von Kletten. Ich erinnere mich an den Trost, den ihre warmen Körper mir spendeten in einer schwer zu begreifenden Welt.
Meine Hände erinnern sich. Meine Augen erinnern sich. An bernsteinfarbene Augen, an Schokoladeaugen, an helle braune Augen. An rosa Nasen und schwarze Nasen. Und meine Nase erinnert sich. Nie nahm ich Hunde als stinkend war. Sind sie nass, riechen sie wie feuchter Asphalt nach einem Sommerregen. Oder wie die Garderobe einer Turnhalle: leicht muffig. Am liebsten schnuppere ich an ihren Pfoten. Die kleinen weichen Kissen riechen leicht verbrannt. *Leberln*, nannte die Schriftstellerin Franziska zu Rewentlow die Pfotenkissen ihres Dackels. Oder stammt der Ausdruck von Mechtilde Lichnowsky? Beide schrieben um die Wende des vorletzten Jahrhunderts, die Erste bis in die zwanziger, die Zweite bis in die fünfziger Jahre, beide lebten zunächst in Bayern, stammten aus adligen Familien und waren ziemlich unangepasst. Die Gräfin zu Rewentlow zog ihren unehelichen Sohn alleine auf,[3] von der Fürstin Lichnowsky ist überliefert, dass sie ihrem Mann gesagt habe: *Ich will Bücher schreiben und Geldi machen!*[4]
In meinem Kopf sind die – bayrischen? – *Leberln* abgelegt, doch finde ich sie in keinem Wörterbuch. In meiner Bibliothek steht eine Biografie über Franziska zu Rewentlow, darin aber nichts von *Leberln* oder Dackeln. Ich bleibe dabei: Die *Leberln* habe ich nicht selbst erfunden. Ich habe den Ausdruck von einer meiner Vorgängerinnen gelernt – oder von allen beiden, die beide mit Hunden lebten. Ihrem Dackel Lurch widmete Mechtilde Lichnowsky ein ganzes Buch.[5]
Alle *Leberln* sind empfindlich, die Hündinnen streckten mir jeweils ihre Pfoten entgegen, um kleine Steinchen zwischen den Fußballen herauspulen oder eine Klette lösen zu lassen, die sich in den Haaren zwischen den *Leberln* einge-

nistet hatte. Diese Haare zwischen den Zehen, die Cimas kleine Pfoten wie Pelzfinken aussehen lassen.

Mein ganzer Körper erinnert sich an meine Hündinnen. An ihre Wärme, wenn sie sich an mich kuschelten, an ihr Gewicht auf meinen Knien, an Cora, die an der Leine zog und meinen Körper mitriss, an die Hundefüße auf meinen Füßen, das ganze Hundegewicht auf kleinen Fußballen, abgestellt auf meinem Fuß. Mein Körper erinnert sich an ihren warmen Atem, ganz besonders an Puntas Atem, stinkend, da sie an Zahnstein litt, der regelmäßig entfernt werden musste. Er erinnert sich an flatternde Ohren über meinem Gesicht und Hundehaare im Mund. Er erinnert sich an feuchte Hundenasen, die meine Ohren beschnuppern. Was für mich die *Leberln* sind, scheinen für meine Hündinnen meine Ohren zu sein. Mein Körper erinnert sich an das Gewicht in der Hundetasche, Gea, Lina, Punta und jetzt Cima, jeweils fünf bis sieben Kilo, ein Gewicht das ich gut tragen konnte und noch kann. Mein Körper erinnert sich an das Ziehen in den Armen und daran, wie anstrengend es war, die gut zwanzig Kilogramm der alternden Cora von hinten in den Zug hineinzuschieben. Mein ganzer Körper erinnert sich an meine Hündinnen. Ich bin eindeutig *canophil,* ein Wort, das ich bei Silvia Bovenschen gefunden habe.[6]

Ich erinnere mich daran, wie es anfing mit meinen Hündinnen.

Wo beginnen die Geschichten? Meine Geschichte beginnt mit meiner Geburt, an die ich mich nicht erinnere. Die Geschichten, die ich erlebte, bevor meine Erinnerung einsetzte, kenne ich vom Hörensagen: Wie ich laufen lernte, wie ich so schön für mich allein gespielt hätte. Die Geschichten meiner Hündinnen erfahre ich zum Teil aus ihrem Verhalten. Hingegen weiß ich nichts von ihren Verwandten, kenne keine Ahnentafeln, wie sie für die Hunde der Queen akribisch geführt wurden. 13 Corgis waren es 1981, die sie in die Sommerfrische begleiteten, von Prinzessin Diana *the moving carpet* getauft.[7] Dieser bewegliche Teppich gehörte zur Queen bis zu ihrem Tod.

Ich weiß wenig von den Geschichten meiner Hündinnen, aber ich kann mir eine Gea-Geschichte fantasieren, eine Cora-Geschichte. Vielleicht stimmt es, dass Cora mit einem *venditore ambulante* unterwegs war, einem fliegenden Händler, mit ihm von Ort zu Ort flog, bis sie sich eines Tages verlief und er ohne sie weiterfuhr. Oder er sie ganz bewusst zurückließ, weil er aufs Festland wollte und das Ticket für Hunde zu teuer war.

Wahrscheinlich fantasiere ich mir diese Geschichte, weil mein sardischer Nachbar ein Wanderhändler war, wie das online Wörterbuch den *venditore ambulante* übersetzt. Dieser Wanderhändler war selten da, weil er eben wanderte mit seinem Kastenwagen. Er bezahlte keine Miete, wie mir der Vermieter erzählte, schon seit Jahren nicht, und keine Klage half. Eines Tages verließ er das Haus, die Tür schlug im Wind, auf dem Tisch lag ein Zettel für den Vermieter, beschwert mit einem Stein. *Ti lascio la casa, non cercarmi.* Ich überlass dir das Haus, such mich nicht. Dieser Satz ist für Johanna und mich längst zur Redensart, zum geflügelten Wort geworden.

Die versunkenen Geschichten leben in meinen Hündinnen fort.

Gea, deren Name sich italienisch mit weichem Dsch ausspricht, kam mit etwa zwei Jahren zu mir von einem einsam gelegenen Gehöft. Sie gehöre niemandem, sagte man mir, mehr erfuhr ich nicht. Ich fragte nicht nach, wusste damals nicht, dass ihre Geschichte, das Vorleben eines Tieres für sein heutiges Leben von Bedeutung ist, genauso wie bei den Menschen. Gea brachte die Schussangst mit, die auf früher verwies.

Von Lina, die nach Gea kam, kannte ich die Vorgeschichte. Als Tochter von Lea geboren im Hof meiner sardischen Wahlfamilie, war sie schon mit halbjährig, als sie mir übergeben wurde, mit allerlei Macken, Problemen und Ängsten behaftet.

Cora flog mir zu am sardischen Strand mit flatternden Ohren und fliegenden Haaren, auch sie etwa zweijährig und ohne Vorleben, zur Welt gekommen in dem Augenblick, als sich unsere Augen trafen, ihre bernsteinfarbenen und meine blauen. Sie gehöre niemandem, sagten mir die Fischer, sie treibe sich etwa seit zwei Monaten hier herum.

Puntas zweijährige Geschichte hängt zwischen spanischen Tierheimen, der Text verwittert und unlesbar. Unsere gemeinsame Geschichte begann, als sie mir am Flughafen Kloten in den Arm gelegt wurde. Mit Cima, etwas härter ausgesprochen als Gea: Tschima, mit Cima lebe ich seit gut fünf Jahren. Bald wird sie acht. Ihre Geschichte vor der Geschichte heißt rumänisches Tierheim. Ihr Schweizer Leben begann in einem Tierheim und wurde zu unserer Geschichte, als ich sie dort zum ersten Mal sah, wurde zur Geschichte von Cima, Johanna und mir.

Mit fünf Hündinnen lebte ich über Jahre zusammen, zwei davon klein und milchkaffeefarben, zwei davon dackelbraun mit roten und weißen Einsprengseln und ebenfalls klein, einmal mit spitzen Ohren, einmal mit hängenden. Eine Ausnahme: Cora, die mir bis übers Knie reichte, goldenes Fell, Bernsteinaugen.

Was bin ich für meine Hündinnen? Ihre Besitzerin, ihr Frauchen, ihre Halterin, Partnerin, Angehörige, ihre Versorgerin, Verantwortliche, Zuständige, ihre Chefin, ihre Beschützerin? Von allem etwas? Du bist ihr Mensch, sagt Johanna. Das gefällt mir.

Und was sind sie für mich? Kinderersatz, zeitweiliger Partnerinnenersatz? Liefern sie mir ein Unterhaltungsprogramm? Sind sie ein Mittel gegen Einsamkeit? Einschlafhilfe?

Hunde ersetzen gar nichts. Sie sind eigenständige, lebendige Wesen.

Mit Hunden zu leben bedeutet, eines Tages Abschied zu nehmen.

Punta starb am 2. Februar 2018. Sie war die erste meiner Hündinnen, der die Tierärztin mit einer Spritze zum Tode helfen musste. Sie starb zu früh, war nur etwa zehn Jahre alt geworden. Gea und Cora starben am Alter. Lina hingegen zeigte ihren Eigensinn oder ihre Selbständigkeit auch beim Sterben. Sie verschwand in den Rebbergen des *Oltrepò*. Mit Cima lebe ich – noch. Auch uns wird der Tod trennen, ihrer oder meiner.
War ich jemals über einen Hundetod so traurig wie über den von Punta? Ihre Anwesenheit fehlte mir, die schlappenden Geräusche, wenn sie trank, das Knarzen des Korbes, wenn sie sich mehrmals um sich selbst drehte, bis sie sich hinkugelte, das Tappen der kleinen Fußballen und das Klappern der Krallen auf dem Boden, das Niesen ab und zu und in letzter Zeit das Husten, vor allem nachts.

> *Er ist weg und ich begrub ihn und das war alles*[8]
> Pablo Neruda

Erst nach Puntas Tod, verstehe ich den Satz von Gertrude Stein wirklich: *Ich bin ich, weil mein kleiner Hund mich kennt.*[9] Das ist es, was mir am meisten fehlt: das Wahrgenommen-werden. Ohne dass ich beobachtet und gehört werde, bin ich nicht. Ohne Außenblick keine Existenz.
Ein Jahr nach ihrem Tod sitze ich mit Lukas und der neuen kleinen Hündin Cima in Ventimiglia in der Bar bei Cappuccino, Tee und Brioche und zitiere Gertrude Stein. Der Satz ist für Lukas unverständlich, er braucht keinen Hund, um er selbst zu sein. Er sieht auch kaum einen Hund, während für mich Ventimiglia eine ausgesprochene Hundestadt ist, Hunde aller Rassen und Größen mit rosa Maschen, mit Maulkörben, mit Leinen und ohne, begleitet von den unterschiedlichsten Menschen. Als ich vor dem

Bahnhof stehe und auf Lukas warte, der am Schalter ansteht, geht ein weißhaariger Mann vorbei. Er trägt ein helles Hemd mit einem farbigen Drachen oder Vogel auf dem Rücken, die Hände bestückt mit breiten silbernen Ringen. Er mustert mich mit nach unten gezogenen Mundwinkeln, und bevor er in einen verbeulten Mercedes steigt, sagt er mit einem Kopfnicken zu Cima: Meiner sieht auch so aus. Mit dem Drehen des Zündschlüssels schießt Musik über den Platz, der Mercedes quietscht davon, hinter der Windschutzscheibe blitzen die Ringe auf.
Wir brachten Punta ins Tierkrematorium, wo sie verbrannt und ihre Asche in einen in die Erde eingelassenen Container geschüttet wurde. Wenig Asche von einem kleinen Hund, die sich vielleicht vermischte mit der Asche von Cora, die acht Jahre früher verstarb, ebenfalls im Februar. Sie war sehr alt, etwa 15-jährig, ein stolzes Alter für eine Hündin ihrer Größe. Vielleicht war ihr Tod deshalb besser zu ertragen, als der vorzeitige von Punta. Cora konnte kaum mehr aufstehen und den Urin nicht mehr halten. Doch sie liebte es noch immer zu schmusen und mir nachzuschauen, allerdings ohne vom Sofa zu springen, was sie alleine nicht mehr schaffte.

Der Hund

Das Ohr zuckt
ein letzter Sensor für die Welt
die Fliege auf seiner Schnauze
vertreibt er nicht
ich schaue in das matte Auge
er hebt den Kopf und blickt zurück
im Alter mild[10]

Svenja Herrmann

Ich bat sie, zu sterben, da ich sonst wohl den Tierarzt kommen lassen müsse. So konnte es nicht weitergehen. Auch wenn ich ihr beim Gehen half, indem ich ein Tuch unter ihrem Bauch durchzog und so einen Teil ihres Gewichts trug. Bitte, Cora, sagte ich, es ist Zeit. An diesem Abend legte sie sich hin und stand nicht mehr auf.

Es war ein alter Wunsch von mir, mit einem Hund zu leben, auch wenn ich keine Ahnung von Hunden hatte. Mir gefiel, wenn ich sah, wie ein Mensch und ein Hund zusammenpassten, wie sie aufeinander schauten, wie sie sich begrüßten und begleiteten. Ich möchte einen Hund, sagte ich zu Lukas, schließlich wohnen wir auf dem Lande, und ich dachte an den Hund, von dem mir erzählt worden war: ein Hund, der täglich seine Runden im Dorf drehte und überall etwas abholte, einen Wurstzipfel beim Metzger, eine Kante hartes Brot beim Bäcker, drei Hundekuchen bei der Coiffeuse, und danach sich auf den Heimweg machte, von allen geliebt und respektiert. So einen Hund stellte ich mir vor. Lukas aber war nicht einverstanden. Und da mein Wunsch nicht dringend war, eher eine nette Vorstellung, wie ich mit einem Hund an der Seite mich bewegen würde, versteifte ich mich nicht darauf, sondern träumte im Halbschlaf weiter von diesem Tier, das meines wäre und dem ich im Gegenzug ganz gehören würde. Dass später wirklich ein Hund zu mir kam, lag daran, dass ich ein Buch schreiben wollte.

Mein zweiter alter Wunsch war, zu schreiben, ab und zu schrieb ich auch, einmal begann ich sogar den Roman, den offenbar alle Schreibenden in ihrer Jugend schreiben, nur endete meiner nach sieben Seiten. Gedichte hingegen schrieb ich regelmäßig, sich reimende Gedichte, an eines kann ich mich gut erinnern, es hieß *Die weiße Rose* und hatte nichts zu tun mit Sophie Scholl und ihrer weißen Rose, von der ich erst viel später las. Es ging um eine seltene Blume, vermutlich stand die weiße Rose wie die blaue Blume für Sehnsucht und Hoffnung, vielleicht auch für das Schreiben selbst.

Auch während meiner Ehe wollte ich schreiben. Wir wohnten in einem umgebauten Bauernhaus. Lukas' Raum war die ehemalige Scheune samt Geißenstall, hier stand er gebeugt über dem Zeichentisch, auf dem in einer Ecke Florian, der rote Kater, lag, der auch bei ihm schlief, dicht an seinen Hals geschmiegt. Mein Raum lag über der Küche, ein schmaler, getäferter Raum mit einem uralten Schrank, der nicht zu zerlegen war und deshalb nicht aus dem Zimmer entfernt werden konnte. Er war aus massivem Holz und dunkelbraun maseriert gestrichen, doch als ich ihn ablaugte, zeigte sich Kleistermalerei in blassen Farben, die mir besser gefiel. Was ich im Schrank aufbewahrte, weiß ich nicht mehr, den Tisch hingegen sehe ich vor mir. Er stand im rechten Winkel zum Fenster, ein Fenster mit vielen Sprossen, halb verdeckt vom überhängenden Dach, sodass der Raum immer im Halbdunkel lag, passend zu meinem Schreiben, das sich nicht ans Tageslicht traute. Ein alter Tisch, an dem ich manchmal saß, vielleicht auch schrieb, an viel Geschriebenes erinnere ich mich jedoch nicht. Vermutlich stand an einer Wand ein Büchergestell, auch das weiß ich nicht mehr.

Ich war nicht sehr glücklich in meiner Ehe. Damals schrieb ich es unserer Beziehung zu, die eher eine freundschaftliche war als eine leidenschaftliche, ich schrieb es der Institution Ehe zu, die mir eine Rolle zuschob, die mir nicht behagte. Erst heute denke ich, es könnte auch das Schreiben gewesen sein, dieser Hunger nach Worten, den ich mit niemandem teilen konnte, der tief innen versteckte Schreibwunsch, den ich kaum auszusprechen wagte. *Ich will schreiben.* Welche Frau steht hin und sagt das laut? Ich jedenfalls kannte damals keine. Ich hätte Anleitung, Hilfe, Unterstützung gebraucht, doch damals gab es weder Schreibkurse noch Literaturinstitute, und wenn es etwas gab, so wusste ich nichts davon. So trug wohl dieser Schreibwunsch, diese unerfüllte Sehnsucht, dazu bei, dass unsere Ehe scheiterte.

Nach der Trennung von Lukas zog ich in eine Wohngemeinschaft, wo ich mich von den Ausläufern der 68er Bewegung inspirieren ließ. Ich war noch nicht dreißig, und alles schien möglich, vielleicht auch das Schreiben. Doch dafür, davon war ich überzeugt, brauchte ich ein Germanistikstudium, was wiederum ohne Matura nicht zu erreichen war. Solche Vorstellungen sind heute sicher längst überwunden, so stellte ich mir vor. Bis ich 2020 das Interview mit der jungen Autorin Julia Weber las.

> *Lange hatte sich Weber gar nicht zugetraut, Schriftstellerin zu sein – weil sie kein Gymnasium besucht hat, sondern eine Lehre als Fotofachfrau machte und anschließend die Berufsmatur. Sie hat diese Zweifel mittlerweile abgelegt, doch bis heute würden manche Leute irritiert wegen der fehlenden gymnasialen Ausbildung reagieren.*[11]

Da es mir damals ergangen war wie heute Julia Weber, da ich unbedingt eine Legitimation für das Schreiben brauchte, ließ ich mich auf das ein, was unser Mathelehrer eine Discount-Matur nannte. An der Kantonalen Maturitätsschule für Erwachsene KME wurde ich wieder zur Jugendlichen, die geforderte Anpassung verweigerte ich, schlüpfte gerade so durch und erhielt schließlich das Maturazeugnis, das mir das Studium ermöglichen würde, das mir wiederum das Schreiben erlauben würde. Eine ganze Kette von würde und wenn – wenn das Wörtlein wenn nicht wär, sangen wir als Kinder von etwas, das völlig außer jeder Reichweite lag. Und so war es mit dem Schreiben, es lag völlig außerhalb jeder Vorstellung. Ein Mädchen aus dem Kreis 4, dem Zürcher Arbeiterkreis, wollte schreiben. Ein vermessener Wunsch, der in mir ruhte und nicht einmal in Worte zu fassen war, ein unwörtlicher Wunsch, ein vorsprachlicher, der seit langem da war, genauso wie das Wissen, dass es dafür Vorbereitungen brauchte.

Nun war der erste Schritt getan, der zweite Schritt war die

Anmeldung an der Universität. Das Germanistikstudium lag in Reichweite und lockte mich nicht mehr. Anders das Schreiben, das sich nun nach vorne drängte. Tu es, sagte eine innere Stimme, tu es. Schreibe. Du hast nichts zu verlieren. Die Gegenstimme verlangte von mir, mich auf das Germanistikstudium einzulassen.

Den Mut, nun endlich zu schreiben, mich den Worten und Sätzen zu widmen, an das zu glauben, was ich tun wollte, fachten in mir zum einen Teil die Maturitätsschule und insbesondere der Deutschlehrer an, zum anderen Teil die neue Frauenbewegung und die Bücher. Neuerdings gab es sichtbar schreibende Frauen, allen voran Verena Stefan, die mir später eine unterstützende Freundin wurde. *Häutungen* hieß das Buch, in dem sie von sich erzählte und damit auch von mir, von uns Frauen, endlich.[12] Es war das Buch, das mir als Vorbild diente, auch wenn ich eine andere Geschichte zu erzählen hatte, war es die gleiche wie in *Häutungen*: Es war die Geschichte einer Befreiung, die Geschichte einer Selbstfindung. Ich bin ich. Dafür eine Sprache zu finden, ungeübt wie ich war, schien mir nicht einfach. Ob ich doch das Studium wählen sollte? Zwei Nachmittage kreiste ich um die Uni und überlegte mir die Anmeldung. Ich könnte ja nachher Bücher schreiben.

Ich ging das Wagnis ein, ohne Studium zu schreiben. Auch wenn mich der Mut immer wieder verließ, auch wenn die inneren Stimmen, die mich von meinem Vorhaben abhalten wollten, oft sehr stark waren: Ich blieb dabei, bis heute. Dass ich in meiner Wohngemeinschaft nicht die Ruhe dafür finden würde, war mir klar. Vielleicht hatte ich irgendwo gelesen, dass sich Schreibende zurückziehen müssen. So einen Rückzug stellte ich mir vor. Sardinien kam mir in den Sinn, die Straße, an der ich einst stand, von niedrigen Häusern gesäumt, ohne Trottoir und wenig befahren, die Luft flirrend vor Hitze. Dahin kommst du zurück, hatte ich mir damals gesagt, genau dahin. Das ist dein Ort.

Daran erinnerte ich mich, als es um das Schreiben ging. Sardinien. Palmen. Hitze und Staub. Und billiges Leben, billiger als in der Schweiz, hier könnte ich mir Zeit nehmen, um zu schreiben. Lukas, mittlerweile ein guter Freund, fuhr mich hin, da ich das Gepäck für mehrere Monate inklusive Schreibmaschine unmöglich tragen konnte. Das gemietete Häuschen lag in einem verlassenen Dorf, das, so war mir versprochen worden, ab Februar bewohnt sein würde. Als wir ankamen im März, waren wir die einzigen Menschen inmitten der leeren Häuser, was nicht nur mich erschreckte. Du brauchst einen Hund, sagte Lukas. Jetzt war er es, der mir einen Hund empfahl, und ich stimmte sofort zu. Irgendein Hund sollte es sein. Ich ging zum nächsten Gehöft, wo man mir, ohne zu zögern, eine kleine weiße Hündin übergab, sie gehöre niemandem und heiße Gea. Lukas war enttäuscht. Mit Hund hatte er etwas Größeres gemeint, ein richtig angsteinflößendes Tier, das zähnefletschend um mein Häuschen streichen würde. Dass er mich allein mit einem rosanasigen Hündchen in diesem leeren Dorf zurücklassen sollte, gefiel ihm gar nicht, doch ich versicherte ihm, dass alles gut gehen würde. Ich blieb mit Gea zurück.

Wir saßen in der Küche neben dem Kamin, in dem ein klägliches Feuer brannte, und schauten uns an. Und jetzt? Zuerst begann ich zu heulen, laut und lange, außer Gea hörte mich niemand. Sie aber lauschte aufmerksam, zuckte ab und zu mit den Ohren. Ich heulte und fragte mich, was ich mir da eingebrockt hatte. Mich selbst freiwillig ausgesetzt an einem kalten, windgepeitschten Ort, als einzige Gefährtin eine kleine Hündin. Nach zwei Stunden ging das Heulen in Schluchzen und Schniefen über und hörte dann ganz auf. Und nun?, fragte ich Gea. Sie gab mir keine Antwort. Ich musste zuerst lernen, ihren Körper zu lesen, bevor ich ihre Antworten verstand.

Nach zwei Tagen warf mir jemand die einzige Fensterscheibe ein. Das war ein guter Grund, dieses Haus zu verlassen. Ich rannte mit Gea über die Wiese bis zum Hof, von dem sie stammte. Dort verließ ich sie. Ich hole dich wieder, versprach ich ihr, bevor ich mich vom Bauern in die nächste Kleinstadt fahren ließ.

Ich fand Hilfe bei der Frau des Vermieters, die zunächst tüchtig ihren Mann ausschimpfte und danach eine Wohnung für mich fand. Sie lag nahe der Kleinstadt in einem Ort am Meer. Zwei Zimmer, das Bad auf der anderen Seite des Innenhofs. An diesem Hof lagen drei oder vier Wohnungen, die um diese Jahreszeit alle leer standen. Erst im Sommer würde der Hof belebt sein. Bis dahin könne ich hier leben. Aber ohne Hund, meinte die Vermieterin, was ich sofort ablehnte. Dass ich Gea erst zwei Tage kannte, sie aber keinesfalls verlassen würde, beeindruckte sie so sehr, dass sie uns zusammen einziehen ließ.

Als ich wieder vor dem Gehöft stand, auf dem Gea lebte, umringte mich ein Rudel Hunde. Gea war nicht dabei. Doch da stupste mich jemand von hinten ans Bein, stupste ein zweites Mal, da stand sie und hatte mich erwartet.

Der Kamin war im Schlafzimmer, dem Raum, der einigermaßen warm wurde, die Küche, wo ich arbeitete, blieb vorläufig kalt. Es war März, und auch Gea fror. Sie legte sich abends in die heiße Asche des Kamins, was ihr verbrannte Stellen im Fell einbrachte, die aussahen, als hätte ich meine Zigaretten auf ihr ausgedrückt. Später zog sich Gea meinen Strohkoffer unter dem Schrank hervor und legte sich hinein. Ich polsterte den Koffer und gewöhnte mir an, sie abends in ein Tuch zu hüllen. Es ging nicht lange, und sie wartete auf dieses Zudecken, das zu unserem Abendritual wurde. Befand sie, es sei Schlafenszeit, setzte sie sich in den Koffer und schaute mich an, bis ich aufstand. Sofort kugelte sie sich in ihr Nest, und ich deckte sie zu, packte sie richtig ein, selbst über ihren Kopf zog ich das Frottiertuch.

Gea lernte, sich nachts zu drehen, ohne das Tuch zu verlieren, noch am Morgen lag sie zugedeckt in ihrem Bett. Später, in der Zürcher Wohnung lief sie umher, nachdem sie schon eingepackt worden war. Mit dem Tuch über dem Rücken sah sie aus wie ein Turnierpferdchen. Nach einem Kontrollrundgang legte sie sich wieder hin, kuschelte sich in ihre Decke, nur ein Ohr oder die Schwanzspitze blieb sichtbar.

Nach und nach lernte ich Geas Körpersprache kennen. Ihre aufmerksame Haltung, wenn sie aufpasste, gerader Rücken, gespitzte Ohren. Ihr wedelnder Schwanz, wenn sie wohlgelaunt und zufrieden war, dieser Schwanz, den sie, wenn sie erschrak, so weit zwischen die Hinterbeine zog, dass die Schwanzspitze fast auf ihrer Brust lag. Ich lernte das Begrüßungsritual kennen, das bei einer Hundebegegnung dazugehört, ihr Schnuppern an Hausecken, Baumstämmen, Randsteinen. Ihr Bellen, das sich wütend gegen Katzen richtete, ihr japsendes Traumbellen, das sich nach und nach einstellte, ihr leises Knurren, wenn sich eine Frau näherte und das heftige Knurren, manchmal verbunden mit Zähnefletschen, wenn es ein Mann war.

Einfach zu verstehen war, was Gea wollte, wenn sie zur Türe ging oder zu ihrem leeren Fressnapf. Oder sich neben mich stellte und an meinem Bein anlehnte. Wir näherten uns an. Ich brauchte länger, bis ich ihren Ausdruck, ihre Sprache verstand. Sie lernte meine im Handumdrehen, verstand mein Italienisch genauso gut wie mein Zürichdeutsch. Noch wusste ich nicht, dass ein Hund auch Handzeichen kennen sollte, wusste nicht, dass nicht jeder Hund sich selbst erzieht, wie Gea das tat. Auf Spaziergängen blieb sie in meiner Nähe und behielt mich im Blick, ohne zu murren, ging sie an der Leine, die zuerst nur eine Schnur war. Später in Zürich lernte sie in einer Zeit, in der es noch keine Hundekotbeutel gab, ihr Geschäft im Rinnstein zu erledigen.

Gea erwies sich als ausgezeichnete Wachhündin. Ging ich zur Toilette, setzte sie sich genau in die Mitte zwischen Wohnung und Bad und hielt den Hof im Blick. Ein kurzes Bellen bedeutete, dass ein Tier in der Nähe war, Knurren hingegen zeigte einen Menschen an. Ich konnte in aller Ruhe duschen, Gea passte auf und gab mir Sicherheit.
Später im Jahr arbeitete ich im Hof, die Schreibmaschine stand auf einem Brett, das ich über den steinernen Trog legte. Gea saß bei mir und sah mir zu. Auf Strandspaziergängen dachte ich über das Geschriebene nach oder dachte voraus, daran, was jetzt zu schreiben wäre, welche Worte ich wofür wählen sollte. Gea trabte mit, und auch wenn sie sich entfernte, hatte ich keine Angst. Sie verließ mich nicht, hatte sich an mich angebunden, wie ich mich an sie. Als ich sie bekommen hatte, vor wenigen Wochen, dachte ich noch, sie sei ein Hund auf Zeit. Wie mein Zürcher Leben mit Hund aussehen sollte, konnte ich mir nicht vorstellen. Also würde Gea zurückbleiben in dem Land, das sie kannte. Ich würde sie verschenken, natürlich, würde sie nicht einfach verlassen, sondern einen netten Menschen für sie finden. Doch als der Sommer kam, konnte ich mir ein Leben ohne sie nicht mehr vorstellen. Noch nie hatte jemand so sehr zu mir gehört wie Gea. Die Nähe war anders als die zu einem Menschen, die Art der Beziehung war mir völlig neu. Vielleicht war es Geas bedingungslose Liebe zu mir, ihr kritikloses, fragloses Annehmen meiner Person, das auch mir ermöglichte, sie zu lieben für das, was sie war, und nicht eine Vorstellung von dem, was sie sein sollte.

Hunde, so lernte ich, Hunde sind eine andere Form des Seins in der Welt als Menschen.

Mit gut dreißig hatten sich meine beiden Wünsche erfüllt: Ich lebte mit einer kleinen Hündin und widmete mich dem Schreiben. Allerdings wusste ich nichts darüber, wie ein

Buch zu schreiben war. Natürlich hatte ich in der Schule gelernt, Buchstaben zu formen und aneinanderzureihen, gelernt, dass aus Buchstaben Wörter entstehen und aus Wörtern Sätze. Ich erinnere mich an das mühselige Schreiben mit Federhalter, Feder und Tinte, an die befleckten Finger, an die Feder, die sich beim geringsten Druck auf dem Papier spreizte und die Tinte in dicken Tropfen verlor. Tolggen hießen diese Tropfen, die die Schreibhefte verzierten, unerwünscht waren sie, nicht nur die Tolggen im Heft, auch die im Leben, man musste aufpassen, dass es keine gab, weder da noch dort. Tolggenfrei sollte man sein, doch das war sehr schwer. Der gemopste Kaugummi war ein Tolggen im Reinheft, ebenso die Notlüge, zu der ich ab und zu greifen musste. Abends betete ich zu einem Gott, auf dessen Gnade und Huld ich vertraute, ohne zu verstehen, was die beiden Wörter bedeuteten. *Deine Gnad und deine Huld decken alle meine Schuld.* Insbesondere die Huld beunruhigte mich, so nahe bei der Schuld, nur getrennt von ihr durch zwei Buchstaben. Mit einem gewöhnlichen Radiergummi konnte die Schuld in Huld verwandelt werden. Huld, erklärte mein Vater, sei nicht verwandt mit Schuld, zwei Buchstaben könnten ein Wort völlig verändern, denn Huld, so sagte er, sei ein gutes Wort, Gott wolle mit mir gnädig und huldvoll sein, freundlich könnte man auch sagen.

Nach Federhalter und Feder kam die Füllfeder, aber auch die konnte spritzen und tropfen. Und doch liebte ich die Füllfeder, liebe sie noch heute, schreibe von Hand am liebsten mir ihr oder mit Bleistift. Gerne nehme ich das Pelikanfläschchen mit der blauen Tinte aus der Schublade, schraube den Deckel auf, tauche die Füllfeder hinein, drehe den letzten Rest Tinte zurück ins Fläschchen, drehe in die andere Richtung, sodass der Füller Tinte aufsaugt, was nicht abgeht ohne blaue Finger. Fast wie früher. In einer italienischen Papeterie wollte mir eine junge Verkäuferin unbedingt Tusche verkaufen. Als ich auf *inchiostro* beharrte, brachte sie Tinte in Röhrchen für diese Füller, die zwar mit Tinte schreiben, aber mit vorgefüllten Röhrchen bestückt werden. Haben diese Füllfedern einen eigenen Namen? Sie zuckte die Schultern, als ich auf Tinte in einem Fläschchen beharrte. Nie gehört, nie gesehen.

Ich saß im sardischen Hof vor der Schreibmaschine, ich trug einen Baumwollunterrock aus dem Brockenhaus, violett eingefärbt, mit schmalen Trägern und einer Webspitze über der Brust. Ich saß und schrieb, und Gea schaute mir zu. Sie war die Hüterin meiner Tage und ganz besonders die Hüterin meiner Nächte. Schlief sie, so schlief auch ich. Sie hatte einen unsichtbaren Kreis um unseren Hof gezogen, den niemand unbemerkt überschreiten konnte. Das ganze Dorf wusste, dass hier eine Frau allein lebte, eine Ausländerin, doch dank Gea schlief ich ruhig. Auch später in Zürich, wenn auf unserer Abendrunde die Freier um die Häuser kurvten, kurz bremsten, die Scheiben herunterließen und nach meinem Preis fragten, reagierte Gea, und ich ging weiter, geschützt von ihrem tiefen Knurren.
Ich saß und schrieb die Geschichte meiner Ehe, nannte meinen ehemaligen Mann Lukas, wie er auch in diesem Text heißt, schrieb von unseren Hoffnungen und Vorstellungen. Alles würden wir anders, besser, neu machen. Und ich schrieb davon, wie schnell die Hoffnungen vom Alltag verschluckt wurden, davon, wie wir uns selbst und einander verloren zwischen beruflichen Ansprüchen und hochfliegenden Träumen und Idealen.
Ich schrieb und wandte an, was ich in der Schule gelernt hatte: Zu jedem Substantiv gehört ein Adjektiv. Und Wiederholungen sind unschön. So schrieb ich einmal Haus, danach Gebäude, und dann gingen mir die Wörter aus, ein Stall war zwar ein Gebäude, aber kein Haus, ich begann leise zu zweifeln am Gelernten, wenn ich das Wort Haus

nochmals und nochmals benutzte, weil es das richtige war. Von Vergleichen oder Metaphern hatte ich keine Ahnung, staunte, als mir die Lektorin später nicht nur die Adjektive wegstrich, sondern auch *wie im Film* nicht haben wollte. Das würden doch alle sagen, gab ich zu bedenken. Dass genau das der Punkt war, dass es interessantere Vergleiche gibt, als die, die alle kennen, das lernte ich erst später.

Vor kurzem las ich in einer Buchbesprechung, ein Autor habe ein ganzes Buch ohne das Wörtchen *man* geschrieben, dies sei außergewöhnlich, hieß es da. Bei mir stieß dieser Satz die Erinnerung an. Mein ganzes erstes Buch enthielt kein *man* – ein Wort, das in der Frauenbewegung in Ungnade gefallen war, weil es, so fanden wir, die Frauen nicht berücksichtige. *Man* mit *frau* zu ersetzen, wie wir es später taten, war noch nicht üblich. Kaum jemand bemerkte, dass in meinem ersten Buch, einem schmalen Büchlein, das von der Kritik recht positiv aufgenommen wurde, dieses kleine Wort fehlte. Ich habe das Experiment nicht wiederholt.

Die Geschichte einer gescheiterten Ehe mit dem Titel *die spinnerin* löste bei den Lesungen großes Echo aus, viele Zuhörerinnen erkannten sich in diesem Text, fanden Parallelen zu ihrem eigenen Leben. Doch immer war die erste Frage nach der Lesung: Ist das Buch autobiografisch? Meine Antwort war auch immer die gleiche: Mhm, ja, schon, aber. In diesem *aber* steckte das Wesentliche, das ich damals nicht benennen konnte. Ich wusste, dass die Geschichte meine Geschichte war, dass ich sie so oder ähnlich erlebt hatte. Und doch war der Text etwas anderes. Er folgte einer strengen Einteilung: Hochzeit, Beerdigung, Scheidung. In diesen drei Teilen erzählte ich meine Geschichte, sie bekam eine Ordnung, eine Struktur, die sie während des Erlebens nicht hatte. Deshalb meine zögerliche Antwort. Es ist meine Geschichte, und doch ist sie es nicht. Sie ist erlebt und erfunden zugleich, erzählt in gestalteter Sprache. Ich störte mich oft am Ton der Frage nach dem *Autobiografischen*, empfand ihn als offen oder kaschiert abwertend. Als würde ich dem eigenen Leben einfach hinterherschreiben, wie wenn es den Weg vom Kopf in die Hand und aufs Papier nicht gäbe. Mir schien, die Fragerinnen lehnten sich jeweils erleichtert zurück. Das Buch war autobiografisch, also keine wirkliche Literatur und somit auch keine wirkliche Arbeit. Dies glaubte ich ebenfalls aus einigen Kritiken herauszulesen.

> *Auch die Erinnerung, der Stoff, aus dem die Literatur*
> *so oft gemacht zu sein scheint, will erfunden sein,*
> *denn sie ist ein besonders unzuverlässiger Zeuge.*[13]
> Barbara Honigmann

Seit ich einigermaßen versöhnt bin mit der Zuschreibung *autobiografisch*, habe ich ein neues Wort kennengelernt: *autofiktional*. So werden neuerdings Texte wie *die spinnerin* benannt. Mir gefällt die Wortmischung. Sie beschreibt das Autobiografische und das Fiktionale zugleich, ohne das eine mehr zu betonen als das andere.

> *Autofiktion bezeichnet in der Literaturkritik*
> *als Gattung eine Autobiografie, in die*
> *fiktionale Handlungsebenen verwoben sind.*
> *Die Bezeichnung für diese (natürlich auch schon*
> *früher eingesetzte) Mischerzähltechnik wurde von dem*
> *französischen Schriftsteller und Kritiker Serge Doubrovsky*
> *geprägt, er sprach von »autofiction«, andere Autoren*
> *verwenden »ego-fiction« zum Bezeichnen der Verbindung*
> *zweier eigentlich unvereinbarer narrativen Formen:*
> *Autobiografisches und Fiktionales.*[14]

Diese Definition möchte ich jener Kritikerin ans Herz legen, die den autobiografischen Spuren in meinem letzten Buch nachgeht. Sie zieht den Schluss, dass es in meinem Text um eine Aufarbeitung gehe.

Alles war ist Fiktion. Ich bin in einer sogenannt intakten Familie aufgewachsen, meine Mutter arbeitete im familieneigenen Geschäft, wir lebten im Kreis 4 und nicht im Seefeld, ich war die jüngste von drei Töchtern und kein Einzelkind. Alles Fiktion. Und doch: Gewisse Sätze der fiktiven Mutter stammen von meiner eigenen. Das Einnähen von Kaschmir-Etiketten in gewöhnliche Wollpullover praktizierte eine Tante meiner Lebensgefährtin ebenso wie das Besticken billiger Blusen mit dem eigenen Monogramm. Wichtiger als die Suche nach der vermeintlichen Wahrheit scheint mir die Frage, ob der Text eine Leserin, einen Leser zu fesseln vermag. Ob die Kraft der Literatur ausreicht, dass jemand mit einem Buch in der Hand auf dem Sofa sitzend auf Reisen geht.

Auf welcher Schreibmaschine ich in Sardinien schrieb, weiß ich nicht mehr. Doch an meine erste Schreibmaschine kann ich mich gut erinnern. Die alte Triumph stand im Geschäft meiner Eltern in einem schmalen Korridor. Drei Tritte führten vom Verkaufsraum nach hinten, links lag die Wohnküche, geradeaus Büro und Packraum, rechts führte der Korridor zur Toilette. Am Anfang des Korridors, rechts an der Wand auf einem Tischchen, stand die Triumph neben dem Gestell mit den Weibelkragen aller Größen, sauber sortiert in quadratischen Schachteln. Der Kalauer, den meine Mutter oft zitierte, ist für mich bis heute mit den Weibelkragen verbunden.

Herr von Hagen
darf ichs wagen
Sie zu fragen
welchen Kragen
Sie getragen
als Sie lagen
krank am Magen
im Spital zu Kopenhagen?

Die Kragen wurden nicht mehr oft gekauft, die Waschmaschinen hatten sie ebenso verdrängt wie die neuerdings aus leicht zu waschenden Stoffen hergestellten Hemden mit angenähten Kragen. Die Weibelkragen, die an jedes Hemd geknöpft werden konnten, waren überflüssig geworden. Saß ich am Tischchen vor der Triumph zischte in meinem Rücken die Prägemaschine, mit der in die Schweißbänder der Hüte die Initialen ihrer Besitzer gepresst wurden, in Gold, das vielleicht auch auf meine Buchstaben, die ich auf der Triumph tippte, abstrahlen würde. Zunächst war die Schreibmaschine mehr ein Spielzeug, es entstanden auf der Triumph eher Muster oder Wortbilder als Texte. Doch dann wurde es ernst. Ich besuchte die Frauenbildungsschule, eine Abteilung der Töchterschule, die heutige Fachmittelschule, die seit einigen Jahren allen Geschlechtern offen steht. In der damaligen Fraueli wurde jungen Frauen all das beigebracht, was sie als zukünftige Gattinnen eines Akademikers brauchen konnten. So auch Stenografie und Maschinenschreiben, denn vielleicht würden sie dem künftigen Ehemann als Arztsekretärin das Büro führen. Und würden sie unverheiratet bleiben, auch das kam vor, könnten sie sich immerhin ihren Lebensunterhalt selber verdienen. Der Lehrer dieser Fächer war besonders streng. Stunden um Stunden saß ich im engen Korridor und schrieb seitenweise Buchstabenreihen mit der Triumph, deren Tastatur steil und schwer zu drücken war. Doch es galt, ein fehlerfreies Blatt abzugeben. Tippex gab es noch nicht, aber es wäre genauso entdeckt worden wie die radierten oder ausgekratzten Stellen, die der Lehrer sofort bemerkte, da er die Blätter gegen das Fenster hielt. So häuften sich die Aufgaben, zu den neuen kamen die zu wiederholenden hinzu, und immer weiter, Reihen von a, von b, Wörter wie Syntax und andere mit ungewohnten Buchstabenverbindungen, das ganze Vorlagenbuch musste durchgetippt und durchgelitten werden. Dass ich das Zehnfingersystem beherrsche, verdanke ich diesem Lehrer. Wer weiß, ob ich ohne diese Fertigkeit je ein Buch geschrieben hätte.

Dir gefällt die Schreibmaschine, so wie sie ist, als Instrument, deine Finger auf den Tasten wie Schicksalsschläge, die Buchstaben und Zahlen, die aufs Papier fallen. Du hast immer gern geschrieben, ganz gleich was, einfach bloß schreiben; es ist die Geste, die zählt, die Geste eines Dichters, eines Königs, eines willkürlichen Herrschers über die armen Vokale und Konsonanten, die auf Kommando herausspringen und sich in Reih und Glied aufstellen, vorwärts marsch, rechtsrum, wegtreten.
Das Blatt zerknüllen und ab damit in den Papierkorb.[15]

Claudio Magris

Wie die bisherigen Schulen bestand ich auch die Frauenbildungsschule dank dem Schulfach Deutsche Sprache. Schon der erste Aufsatz brachte mir viel Lob ein von der Deutschlehrerin. Ich hatte, um über das gegebene Thema nachzudenken, aus dem Fenster geschaut, mit diesem Fensterblick dann meinen Text begonnen und auch beendet, hatte einen Rahmentext geschrieben, ohne zu wissen, was ich tat. Die Deutschlehrerin bedachte mich mit gleichbleibend guten Noten, und so kam es nicht weiter darauf an, dass ich weder von Chemie noch Physik viel begriff, sondern meine Qualitäten im Deutschen, den Fremdsprachen und der Geschichte entwickelte, den Fächern, die mich später auch durch die Maturitätsschule trugen.

Im schmalen Korridor irgendwo zwischen Weibelkragen und Triumph steckte ein Märchenbuch von NPCK – Nestlé, Peter, Cailler, Kohler –, dem Zusammenschluss von vier Schokoladenfabrikanten, bei denen man Bücher kaufen und mit Punkten die entsprechenden Bilder beziehen konnte, die genau wie bei den Silva-Büchern selbst eingeklebt werden mussten. Ich hatte dieses Buch sicher mehrmals gelesen, vielleicht auch auf die Toilette mitgenommen ganz hinten im Korridor, wo ich jeweils lange ungestört las. In der dritten oder vierten Klasse schrieb ich einen Aufsatz, in dem ich eines der Märchen nacherzählte. Es ging um einen Buben, der einen Ameisenhaufen zerstörte und dafür von den Ameisen bestraft wurde. Doch da er sich besserte und von nun an den Ameisen half, halfen sie auch ihm. Schreibend, in der Schule, war mir, so glaube ich, nicht bewusst, dass ich nacherzählte. Der Lehrer war begeistert und las den Aufsatz der Klasse vor, doch in der Pause beschimpften mich einige Buben. Abgeschrieben hätte ich diese Geschichte, ganz sicher, das könne doch gar niemand erfinden. Ich wehrte mich, leugnete, obwohl mir ganz langsam aufging, dass es stimmte. Ich hatte abgeschrieben, wenn auch aus dem Gedächtnis, ich hatte den Lehrer und die ganze Klasse hintergangen. Zu Hause steckte ich das NPCK-Buch tief in die Spalte zwischen dem Weibelkragen-Gestell und der Wand, wollte es nie mehr sehen, das Buch beschämte mich. Ich las die Geschichte nicht nochmals, wollte gar nicht wissen, ob in meinem Aufsatz nicht doch noch etwas Eigenes gewesen war, etwas von mir selbst. Niemandem habe ich je von meinem Betrug erzählt. Vor meinem Schreibheft sitzend sah ich plötzlich die Geschichte vor mir, nicht wissend oder nicht wissen wollend, woher sie zu mir gekommen war. Wie sie sich zeigte, schrieb ich sie auf, genau wie ich auch andere Aufsätze geschrieben hatte. So, stelle ich mir vor, so geschah es. Noch heute schäme ich mich ein bisschen für das Plagiat.

Der erwähnte Mittelstufen-Lehrer war mild und freundlich. Ich kann mich nicht erinnern, dass er je laut wurde. Viel später erzählte mir meine Mutter, dass er eingeschriebenes Mitglied der kommunistischen Partei gewesen sei, ein echter Kommunist also und somit ein gefährliches Mitglied der Gesellschaft während des Kalten Kriegs. Meine Eltern hätten auf jedes Wort acht gegeben, das ich aus der

Schule nach Hause brachte, und wären, wenn nötig, sofort eingeschritten, sagte meine Mutter. Mein Lehrer aber gab keinerlei Anlass zum Einschreiten, im Gegenteil, er war und blieb freundlich. Am Samstag in der letzten Stunde las er uns Geschichten von Olga Meyer vor, gänzlich unverfänglich.

Die alte, schwere Schreibmaschine, die Triumph, verkaufte mir mein Vater später, nein, er schenkte sie mir nicht, zwei Samstage sollte ich im Geschäft aushelfen, dafür sei die Maschine nachher mein. Wenn ich mich nicht täusche, stand sie dann auf dem alten Tisch im getäferten Zimmerchen und wartete darauf, dass ich zu schreiben beginnen würde.

Mein erstes Buch schrieb ich allerdings nicht auf der Triumph, sondern auf einer Maschine, an die ich mich nicht erinnern kann. Es war sicher keine Hermes Baby, ich hätte auch nichts gewusst, damals, über die literarische Bedeutung dieser kleinen Schreibmaschine. Viel später fand ich eine echte Hermes Baby, ausgesetzt am Vierwaldstättersee. Sie ruht noch immer in meinem Keller. Ich bilde mir ein, es wäre diejenige von Friederike Mayröcker, auf der sie ihre Gedichte schrieb. Ich kann ich sie nicht loslassen, schließlich habe ich sie gerettet, das verpflichtet.
Ein einziges Mal in all diesen Kellerjahren kam die Hermes Baby zum Einsatz: Ich nahm sie mit in einen Sprachspielkurs mit Jugendlichen in Ausbildung. Auf ihr sollte ein Wochenroman geschrieben werden, an dem sich alle beteiligen würden. Der Text wurde nicht spannend, aber die Hermes Baby hatte ihren großen Auftritt. Die Jugendlichen rissen sich darum, auf ihr zu schreiben, riefen am Ende der Zeile nach mir: Die hübsche kleine Maschine sei kaputt, denn sie wolle einfach keine neue Zeile beginnen. Ende Woche kannten alle die Zeilenschaltung, konnten ein Blatt

einigermaßen gerade einziehen und den Tabulator bedienen. Einer war gar so begeistert, dass er im Brockenhaus eine kleine Schreibmaschine kaufte und fortan, so schrieb er mir auf ebendieser Maschine, im Zug nicht den Laptop, sondern sein Maschinchen hervorzog, zum Erstaunen, zur Freude oder zum Erschrecken der Mitreisenden.

Noch heute faszinieren mich Schreibmaschinen. Auf meinem Pult steht eine Postkarte, die den Arbeitsplatz von Anna Seghers zeigt mit Schreibmaschine, einer Remington, Tischlampe und Briefständer. Auf einem Stapel leerem Papier liegt ihre Brille, wie wenn sie gerade zurückkommen wollte, sich an die Maschine setzen und losschreiben würde. *Hand in Hand mit der Sprache / bis zuletzt.*[16] So hat Hilde Domin ihren Wunsch in Worte gefasst. Das wünsche ich mir auch.

An den literarischen Ausstellungen im Zürcher Museum Strauhof rühren mich die verschiedenen nachgestellten Arbeitsplätze: der echte Schreibtisch von Kurt Guggenheim zum Beispiel, die Manuskripte der Else Lasker-Schüler, die keinen festen Arbeitsplatz besaß, sondern irgendwo und überall schrieb, da eben, wo sich ihr Leben abspielte, oder das kleine runde Tischchen der Nelly Sachs mit der Schreibmaschine und der Lampe mit dem schiefen rosa Stoffschirm. Sie schrieb auf einer Mercedes Prima, so entziffere ich, die meiner Triumph ähnelt, etwas kleiner erscheint auf dem Bild, aber mit denselben Farbbandrollen rechts und links, mit den schwarzen Buchstaben auf denselben kreisrunden weißen Tasten. Meine Triumph verkaufte ich eines Tages für ganze hundert Franken, es schien mir viel Geld, entsprach meinem Lohn für zwei Tage Arbeit im Geschäft meiner Eltern.

Später schrieb ich auf einer elektrischen Schreibmaschine, einer Brother, die ich Sister nannte, eine Maschine mit einem Korrekturband und einer Korrekturtaste, auch sie lagert noch im Keller neben der Hermes Baby. Das Schreiben war viel einfacher geworden, die Tasten müheloser zu bedienen, für Großbuchstaben musste nicht mehr mit dem kleinen Finger der ganze Wagen angehoben werden, wie bei der Triumph. Danach der erste Computer, gesichtslos die Reihe von Laptops und Notebooks. Noch einfacheres Schreiben. Verschieben von Sätzen, Abschnitten, Seiten, späteres Einfügen von allem, was vergessen gegangen war, kein handwerkliches Zusammensetzen des Manuskripts mehr, wie ich es bei den ersten Büchern noch erlebt hatte: die zerschnittenen Seiten, die eingeklebten Absätze, die handschriftlich hinzugefügten Übergänge. Nicht nur sprachliches, sondern auch handwerkliches Geschick brauchte es, um ein Manuskript fertigzustellen und für den Satz vorzubereiten.

Ich saß im sardischen Hof und schrieb an meinem ersten Buch. Doch im Hochsommer musste ich meine Wohnung am Meer verlassen, da sie, wie jedes Jahr, schon längst vermietet und auch viel teurer war. Ich fand ein Zimmer bei einer Familie, die nach einiger Zeit der Angewöhnung meine Wahlfamilie wurde. Auch Gea wurde aufgenommen, es kam nicht so darauf an, wer oder was alles sich im Hof tummelte, da wuselten junge Katzen, stolzierten einige Hühner, spielten Kinder im Dreck. Im Salon der Familie lebte und schrieb ich, Gea wurde das Recht eingeräumt, bei mir zu wohnen, etwas, was Tieren sonst nicht erlaubt war. Das Haus war verbotenes Gelände für Tiere, ein Verbot, das oft recht grob durchgesetzt wurde. Gea hingegen durfte mit hinein und wurde verwöhnt von der *mamma*, die ihr über die *pasta* mit Tomatensoße auch Parmesan streute. Dass Gea zu dick wurde, ist nicht nur ihr selbst zuzuschreiben. Die vielen Aufenthalte in Sardinien, die Spezialbehandlung durch die *mamma* und mein Nichtswissen über Hundeernährung führten dazu, dass viele meiner Freun-

dinnen in ihr eher ein Schweinchen sahen als eine kleine Hündin mit rosa Nase.
Ich befreundete mich mit der *mamma* und ihrer ganzen weitverzweigten Familie. Dass diese Beziehungen und meine Liebe zu dieser Familie, mein Interesse an den sardischen Bräuchen und der Sprache zu meinem zweiten Buch führen würden, ahnte ich nicht.

Zurück am Meer lief ich mit Gea wiederum den Strand entlang. In den letzten Ferien habe ich gelernt, dass die Seeleute in Norddeutschland das Meer *de grote Hund* nennen. Gea und ich gingen der Wasserlinie entlang, ohne von diesem Namen etwas zu wissen. Das Meer war im Süden, war das Meer und kein Hund, zeigte jeden Tag ein anderes Gesicht, einmal freundlich lächelnd, ein andermal schäumend, dann wieder donnerte es über den Sandstrand und setzte den gepflasterten *lungomare* unter Wasser. Gea war gleichbleibend freundlich und mir zugetan. Ich sorgte mich manchmal um sie, dann, wenn der *accalappiocane* seine Runden drehte und streunende Hunde mit einem großen Netz einfing. Ich wollte gar nicht wissen, wohin er sie brachte. Ich stellte ihm Gea vor, sie sei geimpft, sagte ich, sie gehöre zu mir, er dürfe sie auf keinen Fall mitnehmen. Der mürrische Hundefänger brummelte, das ginge ihn gar nichts an, was ihm ins Netz gehe, bleibe im Netz. Gea fürchtete den Hundefänger nicht, hingegen den dicken Hund, der eines Tages am Strand saß und auf sie zu warten schien. Sie rannte mit eingezogenen Schwanz davon, der Hund jagte hinterher. Ohne die üblichen Begrüßungsrituale biss er sie in die linke Gesäßbacke und entfernte sich, hämisch grinsend, schien mir. Als gelernte Krankenschwester traute ich mir zu, die Wunde zu versorgen, und Gea ließ mich gewähren. Ich öffnete täglich den Deckel auf der Stichwunde, damit der Eiter abfließen konnte und sich kein Abszess bildete. Doch mein ganzes Wissen half nichts.

Die Gesäßbacke wurde immer dicker und machte einen Besuch beim Tierarzt notwendig, der im Schlachthof in der nahen Stadt praktizierte. Ein paar Meter vor dem Tor stemmte Gea die Vorderbeine in den Boden und weigerte sich, weiterzugehen. Ich musste sie in den Schlachthof hineintragen. Der Tierarzt war zwar freundlich, doch Gea wurde die Angst nie mehr los. Bei jedem Arztbesuch später in Zürich, zitterte sie schon, wenn das Tram anhielt und wir ausstiegen. Der Abszess würde von selbst aufspringen und sich entleeren, ich müsse nur abwarten, befand der Tierarzt. Abend für Abend saßen wir nun in der Küche, Gea auf meinem Schoß auf einer warmen Bettflasche, die mithelfen sollte, den Abszess zum Reifen zu bringen. Aber nicht die Wärme, sondern eine Katze trug zur Heilung bei. Geas Schreie holten mich aus der Küche. Eine blutige Spur zog sich durch den Hof, und eben noch sah ich die grauweiße Nachbarskatze auf die Mauer springen. Diese hatte offenbar ihre Krallen in Geas Gesäß geschlagen und damit den vermeintlichen Abszess geöffnet, der sich als Hämatom entpuppte. Ich desinfizierte Geas Wunden, die Gesäßbacke nahm wieder ihre normale Größe an. Den bulligen Hund trafen wir nie mehr an. Vielleicht war er dem Hundefänger ins Netz gegangen.

Heiß waren die Sommertage in Sardinien, die Herbsttage warm. Bis in den November hinein badete ich im Meer, lag am menschenleeren Strand, lesend, schlafend, ohne Angst, da Gea sofort anschlug, wenn jemand in ihren Kreis trat. Gegen Ende Jahr verließen wir diese Kreise, die Gea da und dort über die sardische Erde gezogen hatte. Ich kaufte einen Schrankkoffer, einen *baule,* den ich füllte mit meinen Dingen und in die Schweiz spedieren ließ, wo er nach ungefähr drei Monaten ankam, etwas leerer als vorher. Dies und jenes fehlte, jemand hatte den Inhalt durchwühlt und das Interessanteste mitgenommen.

Nicht nur mit einem beinahe fertigen Manuskript, auch mit einem Hund reiste ich. Gea trat die erste Reise ihres Lebens an, eine lange Reise mit Zug, Schiff, wieder Zug und auch noch Tram. Sie gewöhnte sich an diese Reise, die wir in den folgenden Jahren unzählige Male zusammen unternahmen, lernte die Umsteigeorte kennen, wusste, dass sie in diesem oder jenem Zug lange schlafen konnte, lernte, den *canile* auszuhalten, den verdreckten Hundekäfig, in den ich sie auf dem Schiff sperren musste, sie lernte, dass ich wieder kam und sie befreite.

Meinen Text trug ich selbst nach Zürich, hütete ihn ängstlich, bis ich ihn weitergeben konnte an eine Verlegerin, die ich zufällig fand. Eine meiner Freundinnen, die von meinem Projekt wusste, rief mich aufgeregt an. Sie kenne eine, die sei auf der Suche nach Frauentexten. Ihre Kollegin, Lehrerin wie sie selbst, sei nebenbei auch Verlegerin. Tatsächlich, die Kollegin der Freundin interessierte sich für *die spinnerin*. So einfach habe ich später kaum mehr einen Verlag gefunden.

Verena Stettler und ich machten uns ans Lektorat, beide Neulinge auf dem Gebiet, wobei ich das von ihr nicht wusste, sie im Gegenteil als kompetente Fachfrau erlebte. Erst an der Lesung zu meinem siebzigsten Geburtstag, 37 Jahre nach Erscheinen des Buches, erfuhr ich, dass sie genau so unerfahren gewesen sei wie ich.

> *Ihr Erstling ›die spinnerin‹ wurde 1981 im eco-verlag veröffentlicht, und ich war ihre Verlegerin und Lektorin. Dabei muss ich gleich das Wort ›Hebamme‹ relativieren. Es ruft das Bild einer weisen oder zumindest erfahrenen Frau hervor, die mit geschickter Hand dem Baby ans Licht der Welt hilft. Auf mich traf das keineswegs zu: Ich war gerade Verlagspartnerin geworden, hatte als Hintergrund ein abgebrochenes Romanistikstudium, dafür viel Liebe zur*

> *Literatur vorzuweisen – und ›die spinnerin‹ war das erste Projekt, das ich ins Programm einbrachte und von A bis Z betreute. Kurz: Ich war ziemlich ahnungslos, und – um beim Bild zu bleiben – hier assistierte eine Lernende einer Erstgebärenden. Die Autorin also ein Greenhorn, die Verlegerin noch grün hinter den Ohren, und grün war auch das Buch. Frühlingsgrün, passend zu seinem Schlusssatz: «Ich beginne zu leben.»*[17]
> Verena Stettler

Wir saßen zusammen in der Bäckeranlage auf dem Rand des Planschbeckens und diskutierten meinen Text. Gea lag aufmerksam neben uns, die Umgebung im Blick. Ich gab mich ganz in die Hände dieser Fachfrau, ließ mir die Adjektive streichen und die langweiligen, abgenutzten Bilder, auch wenn ich erst viel später begriff wieso und warum. Wohin sich wohl die ungeliebten Wörter verzogen? Wohin entschwinden Wörter, die nicht mehr gebraucht werden? Gibt es einen Wortfriedhof? Oder rotten sich die ungeliebten, nicht mehr gebrauchten, die ausgestorbenen Wörter zusammen, ziehen als streunende Rudel durch die Welt, stiften Unruhe und hoffen heimlich, wieder einmal gebraucht zu werden?

Ulla Hahn beschreibt in ihrem Buch, wie ihre Protagonistin, ihr Alter Ego Hildegard Palm sich Hefte kauft und *schöne Wörter, schöne Sätze* darin sammelt.[18] Das tue ich auch. Ich sammle Wörter wie *morbid*, *konfus* oder *mulmig*, die mir vom Klang her gefallen, Wörter wie *Tausendsassa*, *Kohldampf* oder *Schlupfwinkel*, die ich als Bild liebe, ich sammle Metaphern und Sätze von Schriftstellerinnen und Schriftstellern. Das Aufschreiben fremder Sätze gibt mit das Gefühl, mit anderen Menschen verbunden zu sein durch die Sprache und dadurch in der Welt etwas mehr zu Hause zu sein. Das Aufschreiben eigener Sätze hilft gegen allerlei Ängste,

gegen den Weltschmerz und die wiederkehrende Traurigkeit. Der Dichter David Krause: *... und ich setze den Stift aufs Papier um mich festzuhalten.*[19] Die Literaturnobelpreisträgerin Herta Müller: *Schreiben bannt die Angst.*[20]
Mich festhalten am Stift, am Papier, an den Wörtern. Selbst ein Wort werden, irgendwann, wenn dieses Leben vorüber ist. Ein Wort werden und mit anderen Wörtern um die Welt ziehen. Welches Wort wäre ich gern? Oder wird man ungefragt irgendeines? Heute, am 8. April 2019, würde ich gerne zur Wehmut werden. Der tapfere Mut gepaart mit dem Weh, einem leisen Wehen, ein starkes und zugleich leichtes Wort: Wehmut.
Ob ich doch lieber in den Hundehimmel kommen möchte? Dort die wachsame Gea wieder treffen, die eigensinnige Lina, die lachende Cora und die sanftmütige Punta, alle würden mich erwarten, wenn ich mit Cima ankäme, der es sicher besser gelänge, auf Wolken zu gehen als über irdische Böden, über schlüpfriges Parkett und steile Treppen. Alle würden wedelnd dastehen, wie Nerudas Hund im Hundehimmel, einem Himmel, an den Neruda nicht glaubt und wo ihn doch sein Hund erwarten wird.

Ein Hund ist gestorben

Mein Hund ist gestorben.
Ich begrub ihn im Garten
neben einer alten, verrosteten Maschine.
Dort, nicht weiter unten,
nicht weiter oben,
wird er sich einmal mit mir vereinen.
Jetzt ist er weg mit seiner Haarfarbe,
seiner üblen Erziehung, seiner kühlen Nase.
Und ich, Materialist, der nicht daran glaubt,
dass es den verheißenen himmlischen Himmel
für irgendeinen Menschen gibt,
glaube für diesen Hund oder für jeden Hund

> *an den Himmel, ja, ich glaube an einen Himmel,*
> *in den ich nicht komme, doch wo er mich erwartet,*
> *seinen Fächerschwanz schwenkend,*
> *damit es mir bei der Ankunft nicht an Freundschaft fehle.(...)[21]*
>
> Pablo Neruda

Ob ich im Leben schon Hund werden müsste, um in den Hundehimmel zu kommen? Diese Vorstellung befremdet mich als Märchenleserin nicht. Mit leiser Sorge und leiser Hoffnung beobachte ich meine Entwicklung in diese Richtung. Wenn fremde Hunde interessiert an mir schnuppern, frage ich mich, ob sie meinen, dass ich eine der ihren sei. Und wenn sich wieder ein Hundehaar in meiner Fußsohle ansiedelt, eines der eher harten Gehaare, untersuche ich meine Haut an den Armen und Beinen genau. Mich stichts an der Fußsohle, erkläre ich Johanna und bitte sie, nachzusehen. Ein Hundehaar entdeckt sie, ein weißes Hundehaar, schon etwas eingewachsen mit einer kleinen roten Entzündung rundherum. Sie zieht es sorgfältig heraus und desinfiziert den Fleck, ich trete wieder schmerzfrei auf. Gestorben die leise Sorge, die leise Hoffnung. Ob ich nächstes Mal auf die Entfernung des Haares verzichten soll? Laut dem Zitat aus *Wohin die Krähen fliegen*, habe ich gute Chancen, ein Hund zu werden.

> *Madeleine kniete neben ihrem Vater auf der Couch und*
> *rieb ihm den Kopf, während er die Times las. Sie fragte:*
> *»Dad, was ist eine Lesbe?«*
> *»Lesbe? Wo hast du denn das Wort her?«*
> *»Hier«, und sie las über seine Schulter hinweg aus dem*
> *Kinoprogramm vor. »Wenn ein echter Windhund und*
> *eine Lesbe sich in dieselbe Frau verlieben,*
> *kann fast alles passieren – «*
> *»Ach so, ja also, ähm, das ist – das ist*
> *eine andere Hunderasse.«[22]*
>
> Ann-Marie Mac Donald

die spinnerin erschien 1981 im kleinen Zürcher eco-verlag mit Zeichnungen von Christine Sauer, deren Bilder den Inhalt ergänzen.
Die siebziger und achtziger Jahre waren geprägt von Frauenthemen. Zehn Jahre vor dem Erscheinen meines ersten Buches war in der Schweiz endlich das Frauenstimmrecht angenommen worden, im Jahr, in dem mein Buch erschien, 1981, der Gesetzesartikel *Gleichstellung von Mann und Frau*. Wiederum zehn Jahre später, 1991, kam es zum ersten Frauenstreik. Es waren die Jahre der *ersten Frauen*: die ersten Stadträtinnen, die ersten Nationalrätinnen und gar 1984, 13 Jahre nach dem Frauenstimmrecht, die erste Bundesrätin. Einige Jahre vor dieser Wahl moderierte die erste Frau die Tagesschau. Dies gab im Vorfeld viel zu reden, die Sachlichkeit von Frauen wurde in Frage gestellt, ihre Emotionalität hervorgehoben. Niemals könnten sie trockene Informationen einem breiten Publikum vorstellen. Dennoch: Am 1. Februar 1980 moderierte Marie-Therese Guggisberg erstmals die Tagesschau und blieb ihr ein Jahr lang treu. Sie wurde zum *Blüüsli der Nation*, da sie das Tragen von Blusen für ihre Arbeit angemessen hielt. Noch immer warte ich auf das *Grawättli der Nation*.

An kulturelle Ereignisse oder Preisverleihungen in diesem Jahr der *spinnerin*, wie ich es bei mir nannte, kann ich mich nicht erinnern. Viel später erfuhr ich, dass der Zürcher Autor Kurt Guggenheim 1981 den Schillerpreis erhielt.
Die Bücher von Kurt Guggenheim hatte ich 1981 noch nicht gelesen. Die vier Bände *Alles in Allem* standen zwar im schwarzeichenen Bücherschrank im sogenannten Herrenzimmer der elterlichen Wohnung, und mein Vater machte mich mehrmals auf sie aufmerksam. Sie seien äußerst lesenswert, meinte er. Mich interessierten die vier Bände lange Zeit nicht. Auf keinen Fall wollte ich das lesen, was mein Vater gut fand, ich wollte meine eigenen Bücher ent-

decken, solche, die von einer neuen Lebensart erzählten und nicht an das in meinen Augen langweilige und heuchlerische Leben meiner Eltern anknüpften.
Jahre später, als es um das Auflösen der Wohnung meiner Mutter ging, nahm ich die Bände zu mir. Ich las sie mit wachsender Begeisterung. Noch immer stehen sie in meinem Bücherregal neben den *Lachweiler Geschichten* von Heinrich Federer, dessen *Vater und Sohn im Examen* mir einst mein Vater vorlas.

1981 war ich mit meinem eigenen Buch beschäftigt, dem einzigen meiner Bücher, das zur rechten Zeit kam und deshalb einigen Erfolg hatte. Reaktionen aus der Frauenbewegung gab es wenige, so schien es mir. Bemerkte ich sie nicht? Oder war es, weil eine ausgeschert war aus dem schwesterlichen Wir, sich als Ich positionierte? Viel später erfuhr ich, dass Verena Stefan von vielen Frauen harsche Ablehnung erfahren hatte. Sie würde sich mit *Häutungen* an der Frauenbewegung bereichern, meinten die einen, obwohl ihr Erfolg einem Frauenverlag zu Ruhm und Geld verhalf. Zehn Jahre lang, so erzählte mir Verena, habe sie nicht mehr schreiben können, ständig sei die ganze Frauenbewegung hinter ihr gestanden und hätte ihr über die Schulter geguckt. So erging es mir nicht. Mein Buch war kein Bestseller, sein relativer Erfolg wurde mir nicht angelastet. Dennoch: Musste ich mich an einer Weiterbildung vorstellen, ließ mein Name aufhorchen, und in der Pause wurde ich angesprochen: Bist du diejenige, die? Ja, die war ich, und sofort entstand ein Abstand zwischen mir und den anderen. Bewunderung schwappte mir entgegen, Neid auch und Vorstellungen, die nichts mit meinem Alltag zu tun hatten. Schließlich arbeitete ich immer noch im Spital als Krankenschwester, genau wie vor der Veröffentlichung. Ich war weder reich noch berühmt geworden, ich war immer noch ich, ein Ich, in dem sich die verschiedensten Gefühle stritten. Etwas Freude und etwas Stolz. Mein Buch war bekannt, ich war bekannt, zumindest bei einigen in dieser Gruppe. Dann aber auch Scham und der Wunsch, mich zurückzuziehen, weit weg von diesen Menschen zu sein, die mich bestaunten. Eine Weile vermied ich Weiterbildungen, dann legte sich die Sache, Freude und Stolz zogen sich zurück, die Scham aber blieb. Ob sie mit meiner Herkunft zu tun hat?

Vor Jahren las ich im Nachruf eines bekannten Zeitgenossen: *Er wuchs im Kreis 4 auf, ja sogar an der Langstraße.* Das Trotzdem schwingt in diesem Satz mit. Trotz der Bürde dieses Aufwachsens am falschen Ort, leistete er etwas, das bemerkenswert war. Auch ich wuchs im Kreis 4 auf, fünf Schritte entfernt von der Langstraße. Von meiner Sekundarschulklasse schafften es zwei in die Mittelschule, der eine war der Sohn des Pfarrers, die andere ich. Nie würde mir die Aufnahmeprüfung gelingen, prophezeite mir der Lehrer. Dieser Lehrer traute seinen Schülerinnen noch etwas weniger zu als den Schülern. Er diskriminierte uns alle, weil wir im Kreis 4 lebten. Vielleicht auch verachtete er sich selbst, da er in einem verrufenen Quartier unterrichtete und nicht in einem der gehobeneren.
Meine Eltern fanden die Fraueli, eine dreijährige Mittelschule eine Möglichkeit für mich, da ich mich für keinen Beruf entscheiden konnte. Meine älteste Schwester besuchte das Lehrerinnenseminar an der Töchterschule und ebnete mir so den Weg.
An der Fraueli befreundete ich mich mit einem Mädchen aus Schwamendingen, einem Quartier, dessen Ruf dem des meinen glich. Wir besuchten uns gegenseitig, quer durch die Stadt, ich kann mich nicht erinnern, bei einer anderen Schulkollegin je zu Hause gewesen zu sein – außer vielleicht an einem Fez.
Kommt daher die Scham? Habe ich mich übernommen,

ist der Schritt zu groß für mich, nicht nur als Frau, sondern zusätzlich als eine aus dem Kreis 4, hinein in ein Leben als Schriftstellerin? Maße ich mir etwas an, das mir nicht zusteht? Bin ich eine Falschspielerin?

Der Kreis 4 haftete unserer ganzen Familie an. Als meine mittlere Schwester, welche nach Meinung der Eltern schlechte Freundschaften pflegte, eine Privatschule besuchen sollte, wurde meinen Eltern bei einem Gespräch auf dem Schulbüro eine Liste vorgelegt, auf der die Berufe der Väter standen: Professor, Ingenieur, Doktor, Direktor. Sie verstehen, Herr Spinner, soll der Rektor gesagt haben, Ihre Tochter würde sich hier nicht wohl fühlen. Mein Vater verstand. Vielleicht dachte er wehmütig an die Häuser, die einst zum Familienbesitz gehört hatten, an die verlorenen Geschäfte seines Vaters, eines davon gar am Rennweg, wie mir oft erzählt wurde. Das hätte Eindruck gemacht, vielleicht. Das heutige Geschäft machte keinen großen Eindruck. Seinen Beruf gab mein Vater mit Kaufmann an, konnte aber nicht verstecken, dass er, um die Einnahmen aufzubessern, auch als Reisender unterwegs war. Und was ist ein Reisender anderes als ein Hausierer.

Später, als wir in eine Seegemeinde zogen, an die Pfnüselküste, erlebte ich dieselbe Zurückweisung ausgerechnet vom Pfarrer, einem sonst aufgeschlossenen Menschen. Als es darum ging, eine Theatergruppe zu gründen, gab er mir zu verstehen, dass ich bei den dafür ausgewählten Konfirmandinnen und Konfirmanden fehl am Platz sei. Da passt du sicher nicht ganz dazu, sagte er lächelnd zu mir. Es ging lange, bis ich verstand, wieso ich nicht passte. Die Trennlinie hieß: Professor, Akademiker, Direktor. Und Hausfrau. Meine Mutter hingegen arbeitete täglich im eigenen Geschäft, und ihre Herkunft gab auch nichts her: der Vater ein Eisenbahner und überzeugter Gewerkschafter, die Mutter allerdings Hausfrau, wie es sich gehörte. Dass der Theaterleiter, ein guter Freund der Pfarrers, mich dann unbedingt dabei haben wollte und mir nach den ersten Proben sogar eine Hauptrolle gab, tat meiner Seele gut.

Mein Kreis-4-Geschmack, wie Johanna ihn nennt, begleitet mich bis heute. Ich ziehe mit farbiger Zuckermasse gefüllte Schokolade-Mäuschen den teuren Confiserie-Truffes vor. Zudem liebe ich Bistros und Restaurants in den Supermärkten mehr als die angesagten Cafés. Am liebsten sitze ich in der Migros-Cafeteria im Kreis 5, in dem ich seit langem wohne, nur wenig entfernt vom Kreis 4. Ich sitze und schaue, höre den italienischen Männern am runden Tisch zu, die sich die Wörter zuwerfen wie Bälle und fühle mich anders zu Hause, als wenn ich Schweizer Mundart sprechenden Menschen zuhöre. Ich betrachte die gähnende Frau gegenüber, den weißhaarigen Mann, der das Kind im Wagen sorgfältig einpackt, den Mann im braunen Anzug, der einen kleinen Basilikumtopf im Arm hält, den Mann mit Zipfelmütze und Gehstock, der ein Tablett zu einem Tisch trägt, die Frau mit ihrem halbwüchsigen Sohn, die zusammen Pommes essen, den jungen Mann, der seine halblangen Haar in ein Netz verpackt hat, ein rotes Netz, das über der Stirne geknöpft ist und genauso aussieht wie die Netze, in denen Orangen verkauft werden. Ich schaue und höre, wie der Ort lebt, wie die Menschen leben. Mein Kino im Alltag.

Zurück in Zürich war ich wieder in die Wohngemeinschaft gezogen, in der ich schon vor meinem Sardinienaufenthalt gewohnt hatte. Hier lebten zwei Katzen, Miss Marple und Hercule Poirot, die sich genauso wenig für Gea interessierten, wie diese sich für die Katzen. Trafen sie sich auf der Treppe, drückte sich das eine Tier an die Wand, das auf der Geländerseite huschte vorbei. Kurz nach unserer Ankunft, wurde Gea unruhig. Ich schrieb ihre Unruhe der neuen Umgebung zu, den Katzen, dem Stadtlärm. Doch als Gea sich lockend mit erhobenem Schwanz an die Straßenecken stellte, wurde klar, was sie umtrieb: Gea war läufig, sie wollte gedeckt werden. Damit war ich nun gar nicht einverstanden, ich hielt sie an der kurzen Leine und vertrieb etwaige Freier mit dem Schirm. Kaum war die Läufigkeit vorbei, ließ ich Gea kastrieren. Es wäre mir nicht möglich gewesen, zusammen mit Gea zwei oder vier kleine Hündchen zu betreuen.

In Sardinien lernte ich, die Welt mit Hundeaugen zu betrachten. Mein Blick wird seither angezogen von einem Wursträdchen, einem halben Sandwich, einem angebissenen Apfel. Weit voraus sah ich die verstreuten Esswaren. Nun staunte ich über die Vielfalt auf den Zürcher Straßen, die ich früher nicht gesehen hatte. Jederzeit hätte sich nicht nur ein einzelner Hund davon ernähren können. Ich lernte eine neue Sprache zu lesen: die Sprache der Straßen. In jeder Gegend, jedem Quartier sah ich andere Spuren, die von den Menschen erzählten, die hier lebten. Geschichten von Wohlstand, von Wohlanständigkeit, Geschichten von Sorglosigkeit, Armut und Überleben. Alles erzählten mir die Hinterlassenschaften, die in den wohlanständigen Quartieren spärlicher waren als in denen der ärmeren Menschen, der Prostituierten, der Arbeitslosen, der Alkoholiker, im Kreis 4 eben, da, wo ich aufgewachsen war.
In Zürich war ich nun mit einem Hund an der Leine unterwegs und lernte die Reaktionen der Menschen kennen. Ist es ein Bub oder ein Mädchen? Meine Antwort: ein Weibchen, wurde nicht aufgenommen. O ein herziges Mädchen. Wie alt ist er? Woher kommt er? Die schönste Reaktion war die eines wirklichen Mädchens: Schau, Mami, ein weißer Eisbär.

Nach kurzer Zürcherzeit fand eine meiner Freundinnen ein Haus mit Garten in Wallisellen. Zu fünft zogen wir in die Straße, in der, so erzählte meine Mutter, mein Grossvater väterlicherseits ein Haus besessen habe, vermutlich das Haus genau gegenüber unserem, meinte sie seufzend. Alles verloren habe dieser Großvater, warum wusste sie nicht, das Geschäft am Rennweg habe er verloren, das Haus in Wallisellen und mehrere Häuser in Zürich.

In einem dieser Häuser in Zürich im Kreis 6, einem angesehenen Quartier, war mein Vater aufgewachsen mit seinem älteren Bruder und einer Katze, die Minöggel hieß. Das jedenfalls meint meine älteste Schwester. Vielleicht hieß sie auch Minouche und Minöggel war die Koseform. Ich sehe meinen Vater am Fenster dieses Hauses, ein hübscher Junge, etwas dicklich, die sich sonnende Katze auf dem Fenstersims, ein Bild, das ich wohl als Foto gesehen habe.

Gegenüber von diesem Haus in Wallisellen, das vielleicht einmal meinem Großvater gehört hatte, wohnten wir zu fünft in neuer Zusammensetzung, im Garten blühten im Frühling Primeln und Traubenhyazinthen, im Herbst reiften an der Pergola die kleinen Trauben, die Katzenseicherli genannt wurden. Oben im ersten Stock gehörte mir das Eckzimmer mit zwei großen Fenstern. Meterweise blauen Stoff kaufte ich, wusch ihn und legte ihn als Himmel über die gespannten Seile in der Waschküche, schnitt diesen Himmel zu und säumte ihn, nähte Gleiter an. Die beiden blauen Fenster sah ich von meinem Pult aus, das gleich links neben der Tür stand, darauf die Sister. Ich saß an diesem Pult mit Blick ins Blaue. Hörte ich auf zu tippen, stupste mich Gea an und setzte sich neben mich. Ich ließ den einen Arm hängen und kraulte sie hinter den Ohren. Ging das Tippen wieder los, verzog sie sich in ihren Korb.

Wallisellen gehörte zu den anständigen Gegenden, wenig gab es unterwegs zu fressen, auch mein aufmerksamer Blick entdeckte kaum Essbares, selbst Geas Nase erschnupperte nur beim Bahnhof eine einsame halbe Wurst. In meinem Himmelszimmer in diesem sauberen Dorf schrieb ich *Nella*. Einiges ging einfacher als bei der *spinnerin*, es war mir klarer, welche Wörter ich warum benutzen wollte. Anderes war mir völlig neu. Ich sprach mit sardischen Frauen über ihr Leben, reiste immer wieder nach Sardinien für diese Interviews, tippte sie vom Band ab, übersetzte sie ins Deutsche, kürzte sie. Auf allen Reisen war Gea dabei, manchmal schmuggelte ich sie auf der Fähre in ein Tuch gewickelt in die Kabine, da sie sich fürchtete im *canile*, dem Raum mit den aneinandergereihten Hundekäfigen, in dem sie die Nacht hätte verbringen sollen. Zurück in Wallisellen lag sie in ihrem Korb oder saß neben meinem Pult, ein zufriedenes, genügsames Tier, mit dem ich Wald und Wiesen erkundete. Ein Stück des Waldes war sehr dunkel, ein Schwarzwald voller Tannen, hier lief sie dicht neben mir, den Schwanz gesenkt. Unheimlich war es uns beiden in diesem Waldesdunkel, doch dann erreichten wir die Wiese, die große, weite Wiese, die wir umrundeten. Auf dieser Wiese hörte ich zum ersten Mal in meinem Leben eine Lerche singen. Sie flog höher und höher, kaum sah ich sie noch, doch ihr Gesang fiel hinunter bis auf die Wiese, hinunter zu mir, sie sang für mich und meine Hündin.

Gea war eine aufmerksame Zuhörerin. Ich erzählte ihr, wie wir den Tag gestalten würden, fragte sie um Rat, wenn das Schreiben stockte. Ich sprach italienisch mit ihr, und sie hatte keine Mühe, mich zu verstehen. Sie schaute mich an, nickte ab und zu, manchmal schien sie auch gar nicht einverstanden, verzog sie sich in ihren Korb, dann, wenn ich ihr erzählte, dass ich für zwei oder mehr Stunden weggehen würde. Das war keine Nachricht, die sie erfreute. Ab und zu ließ ich sie sogar länger allein, behütet von den Mitbewohnerinnen oder von meinem damaligen Partner. Kam ich nach einem Wochenende oder gar nach einer Woche zurück, schlich Gea durch die Stube, den Blick von mir abgewandt, so lange, bis sie sich nicht mehr zurückhalten konnte, sich an meine Beine warf und vor Aufregung ein paar Tropfen Urin verlor.

Nella erschien 1985 beim Zytglogge Verlag. Ich meine, der eco-verlag habe *Nella* abgelehnt. Verena Stettler hingegen, meine erste Lektorin, ist sich sicher, dass ich mir einen größeren Verlag wünschte. Beweisen lässt sich weder die eine noch die andere Erinnerung. Immerhin: Dass *Nella* bei Zytglogge erschien, ist belegt. Die achtziger Jahre waren eine produktive Zeit. Meine drei ersten Bücher erschienen. Davon angespornt wagte ich es, sardische Themen bei Radio DRS anzubieten. Ich wollte von der Frauenkooperative in Oristano berichten oder von der Migration, zu der so viele sardische Menschen gezwungen waren. Ich arbeitete mit Margrit Keller zusammen, die damals die Frauenstunde betreute, täglich eine Stunde für die Frauen von eins bis zwei, der Rest der Sendezeit war für alle Menschen gedacht. Aber einmal mehr täuscht mich meine Erinnerung, was eine Anfrage beim Schweizer Radio beweist. Von 1971 bis 2006 war Margrit Keller nicht nur für die Frauenstunde verantwortlich, sondern für Sendungen, die im Bereich *Familie und Gesellschaft* gesendet wurden, so auch die beiden belegten Sendungen, die wir gemeinsam erarbeiteten. Eine dritte ist im Radioarchiv nicht aufzufinden, in meinen Unterlagen aber entdecke ich entsprechende Texte. Doch auch die Frauenstunde gab es. Laut dem Archiv von SRF stammt die erste belegte Sendung mit diesem Namen aus dem Jahr 1936. Dabei sei es um Kochrezepte gegangen, die langsam vorgelesen wurden, damit die Zuhörerinnen mitschreiben konnten. Die letzte Frauenstunde wurde 1983 gesendet: ein Gespräch mit Hörerinnen, die damals wohl genauso trauerten um den Verlust einer geliebten Sendung wie Hörerinnen und Hörer heute.

Wieder ein Umzug und eine neue Stelle. Noch immer arbeitete ich als Krankenschwester, ein Beruf, der weit weg vom Schreiben war. Es fiel mir zunehmend schwer, meine beiden Berufe gleichzeitig auszuüben. Mit dem einen verdiente ich Geld, der andere war eine Leidenschaft. Mit meinem Partner zog ich in eine Hausgemeinschaft, in eine wunderbare Dachwohnung, die keine Vorhänge brauchte. Dafür erhielt das Sofa einen blauen Bezug, kein Himmelsblau diesmal, eher Türkis. Mein Pult stand nun in der Dachschräge, etwas eingezwängt. Es bestand aus einem dreieckigen Stück Sperrholz, das über zwei unterschiedlich hohen Schubladenstöcken lag. Der Gedichtband von Trakl hatte genau den richtigen Umfang, um die Schräglage auszugleichen. Viele Umzüge hat dieses Pult mitgemacht, immer in fünf Teilen: das Brett, der Holzpfosten, auf dem das Brett hinten auflag, die beiden Schubladenstöcke und der Trakl, der sich irgendwann verlor bei einem dieser Umzüge. Niemals mehr war das Pult so stabil wie mit dem Trakl, ein grünes Buch sehe ich vor mir, Leinen. Und irgendwann gab es ein richtiges Pult, später sogar ein zweites, beide von Johannas Vater geschreinert.

In dieser Ecke unter der Dachschräge schrieb ich *starrsinn*, ein Buch, das von einer Frau handelt, die, durch einen Unfall verletzt, kaum mehr gehen kann und eingesperrt in ihrem Haus lebt. Sie sehnt sich nach ihrer Nachbarin, die weggezogen, nicht mehr erreichbar ist. Der Text beschrieb meine Situation. Ich fühlte mich starr und eingesperrt, lag oft auf dem blauen Sofa, Gea auf oder neben mir. Ich sehnte mich und wusste nicht wonach. Je mehr mein Partner mich verwöhnte, je mehr er mir abnahm, umso mehr wollte ich weg von ihm. Zurück hielt mich das Unerwartete, das ab und zu geschah, seine Vorschläge, etwas zu tun, das weit weg von meinem Vorstellungen lag, etwas, das eigentlich nicht zu uns passte. So gingen wir an die *Chilbi*, den Jahrmarkt, wo ich eine Zuckerwatte aß, wie als Kind mit klebrigen Fingern das süße Gespinst vom Stab zupfte. Oder wir besuchten eine Bodybuilder-Show, über die ich einen kurzen Artikel für die WOZ schrieb. Doch das Unerwartete reichte nicht. Ich wollte mehr, ich wollte anderes, ohne zu wissen was.

Bei einem Besuch in der ehemaligen Wohngemeinschaft sah ich Johanna zum ersten Mal. Sie saß mit am Tisch beim Nachtessen, rauchte danach eine Pfeife und sagte nichts, den ganzen Abend sagte sie kein Wort. Ich selbst redete oft zu viel und wäre gerne eine Schweigerin gewesen, Schweigerinnen traute ich alles zu, gescheite, tiefsinnige Gedanken, die, wenn überhaupt, erst dreimal durchdacht zur Sprache werden würden. Den Vielrednerinnen wie mir war hingegen nicht zu trauen, sie schwatzen vor sich her, ohne zu denken. Sicherlich machte ich auf Johanna einen denkbar schlechten Eindruck und konnte doch nicht aufhören, noch eine Anekdote, noch ein Erlebnis zu erzählen. In dieser Wohngemeinschaft lebte auch meine Freundin Regula Schnurrenberger. Mit ihr zusammen plante ich anfangs der achtziger Jahre eine Gruppe zu gründen für Künstlerinnen, die sich mit ihrer Arbeit auseinandersetzen wollten. Die Diskussionen sollten sich um unsere Kunst drehen, um das Malen, Gestalten, das Schreiben und Fotografieren und um Architektur. Wie hängt Geschichte mit dem Heute zusammen? Gibt es weibliche Kunst? Wie könnte sie aussehen? Wie kritisieren wir uns gegenseitig und was bedeutet Heimat für Frauen? Dies waren unsere Fragestellungen. Wir nannten uns Kunstschaumschlägerinnen, abgekürzt KUSS. Wir trafen uns im Zürcher Frauenzentrum oder privat, wir stellten uns Aufgaben, die wir einander präsentierten und gemeinsam diskutierten. Gea war meistens dabei. Sicher hinterließ sie auf den einen oder anderen Bildern und Texten ihre Fußabdrücke. Von

diesen Sitzungen finde ich Protokolle, mehrere von jeder Sitzung, da jede ihr eigenes Protokoll schrieb. Damit berücksichtigten wir die unterschiedlichen Wahrnehmungen, die verschiedenen Blickwinkel, die persönlichen Gewichtungen.
Wir alle suchten etwas in der KUSS: den Zugang zur eigenen Arbeit als Fotografinnen, Schreiberinnen, Malerinnen, eine politische, feministische Haltung gegenüber der Welt als Frauen und Künstlerinnen, wir suchten Freundinnen und die Liebe. Und da war Johanna. Meine Sehnsucht hatte ein Ziel gefunden.

Diese Liebe nahm mir den Atem.

In verschiedenen Gruppen der Frauenbewegung hatte ich mitgearbeitet, war oft die einzige Hetera-Frau gewesen, die Vorzeige-Hetera, die bewies, dass ein Zusammengehen von Lesben und Heteras durchaus möglich ist. Viele heterosexuelle Frauen ließen sich auf lesbische Frauen ein, viele orientierten sich später wieder anders. Für mich zog ich das nie in Betracht, wenn, dann wollte ich sicher sein. Ich schrieb für die Zeitschrift *Lesbenfront*, die spätere *Frau ohne Herz* kurze Artikel, nahm an Sitzungen teil, an Kulturveranstaltungen, an Festen, und ging abends zurück ins heterosexuelle Bett. Manchmal hatte ich Angst, zerrissen zu werden. Hier die Frauen, dort der eine Mann, der noch einiges an Nacherziehung brauchte, wie ich meinte. Wo fühlte ich mich wohler? Was wollte ich wirklich?
Nun wusste ich es: Ich wollte Johanna. Ein Glück, dass auch sie mich wollte, samt Gea.

Der Anfang war schwierig. Denn gleichzeitig mit dem Anfang ging es auch um ein Ende. Wie konnte ich die Beziehung mit meinem Partner auflösen, ohne ihn allzu sehr zu verletzen? Zudem reiste Johanna kurz nach Beginn unserer Beziehung beruflich für drei Monate nach Burkina Faso, unerreichbar für mich, da ein Baum dort eine Telefonleitung umgerissen habe. Ich selbst fuhr irgendwann in dieser ersten Zeit für einige Wochen ins Engadin. Dank einem Stipendium der Stiftung *BINZ39* durfte ich in Schuls schreiben, Gea war bei mir, schlief neben meinem Bett im kleinen Kämmerlein im ehemaligen Badehaus, lauschte mit mir dem Inn, der draußen vorbeizog, lag neben mir, wenn ich schrieb in der ebenso kleinen Schreibkammer. Zwei Zellen waren mir zugesprochen worden, eine mit Bett, eine leer. Ich gehörte zur ersten Gruppe Stipendiaten, vorwiegend Männer, die hier einige Wochen leben durften. Im Keller oder auf dem Dachboden fanden wir Tische und Stühle, wir trugen sie dahin und dorthin, und langsam bekamen die Arbeitsräume ihre persönlichen Gesichter. In dieser Anfangszeit mit dem Charme des Ungeordneten, Ungefestigten überarbeitete ich *starrsinn*, schrieb von Leni, die ihr Haus nicht verlassen konnte. Auch ich lebte wie eine Eingeschlossene oder wie eine Nonne, den täglichen Hundespaziergang ausgenommen und den Weg zum Brunnen ennet dem Inn, wo ich vom schwefelhaltigen Wasser trank. Henry Levy, der Gründer der Stiftung, war oft da, um den Anfang mitzugestalten. Abends durften wir im Kurhotel essen – oder eher: Wir mussten dort essen, so war es ausgehandelt worden. Künstlerinnen und Künstler sollten dem kurenden Publikum vorgeführt werden. Da wir nichts bezahlten, wurde uns ein Gang weniger serviert. Das Arrangement passte uns allen nicht, es wurde bald aufgelöst, lese ich auf der Webseite, die ich aufsuche, um meine Erinnerung zu überprüfen. Da finde ich auch die Todesanzeige von Henry Levy, der im Juni 2020 verstarb.

An Kolleginnen kann ich mich nicht erinnern, an zwei Kollegen hingegen schon, einer wollte eines Tages überstürzt abreisen. Davon hielt ich ihn ab, sagt meine Erinnerung, schließlich war er neben mir der Einzige, der mit Schreiben zu tun hatte und somit besonders wichtig für mich. Zum Abschluss gab es eine Lesung im Kurhotel, auch das Teil der Abmachung. Mein Text kam nicht gut an.
Heute heißt die Stiftung *fundaziun nairs,* von den ersten Stipendiatinnen und Stipendiaten ist auf der Webseite nichts mehr zu finden, die weitere Entwicklung ist geprägt von der bildenden Kunst.
Nachdem *starrsinn* fertig und bei Zytglogge herausgekommen war, lud mich die Stiftung zu einer Lesung ein. Gea war natürlich dabei, als ich an der Ausstellungstraße in den Räumen der Stiftung aus meinem eben erschienen Buch las. Eine Nachtlesung sollte es sein, damals, 1988 oder 1989, als das Zürcher Nachtleben eher bescheiden war. Durch die Nacht würde ich *starrsinn* lesen, das ganze Buch vorlesen, von Anfang bis Ende. Ich fragte eine Kollegin, ob sie dabei sein könne und allenfalls einspringen würde, wenn mir die Stimme versagte. Sie sagte spontan zu, doch meine Stimme trug durch die Nacht. Die Zuhörerinnen und Zuhörer durften kommen und gehen, wie sie wollten, alle Stunden gab es eine Pause, wir stärkten uns am Buffet der Stiftung, dann ging es weiter durch Lenis Leben, durch ihre Einsamkeit, durch ihre Erinnerungen. In den frühen Morgenstunden wankten wir nach Hause, Johanna und ich, sicher geleitet von Gea, die während der Lesung neben mir gedöst hatte.

In der KUSS arbeiteten wir nicht nur nach innen, bald zeigten wir uns auch nach außen. Unsere Fragen führten zu unserem Auftritt an der Zürcher Volksuni 1984, dem ersten Lernfest im Industriequartier. Als Kunstschaumschlägerinnen traten wir auf mit großen Einmachgläsern, in denen wir mit Rahmschlägern rasselnd farbigen Schaum produzierten, der über die Tische floss. Wir alle spielten eine Rolle, wir alle waren die Kunstfigur Sofie K., deren exemplarische Geschichte wir erzählten: eine Geschichte von weiblicher Unterdrückung, von nicht geförderten Talenten, von fehlendem Geld und fehlender Anerkennung. Nach diesem Auftritt organisierten wir den monatlichen *Musenkuss*, angelehnt an die literarischen Salons von Bettina von Arnim oder Rahel Varnhagen. Wir boten einen Treffpunkt *von und für Frauen, die sich mit Kultur beschäftigen*, mehrmals luden wir Referentinnen ein, einmal organisierten wir eine Fotoausstellung mit Bildern der Fotografin Gertrud Vogler. Sie hatte damals das futuristisch wirkende Pariser Vorortsviertel *la défense* fotografiert. Das alles war anregend und ermüdend, nach zwei Jahren schlief der *Musenkuss* mangels Nachfolgerinnen ein, die ursprüngliche KUSS war schon länger vom *Musenkuss* aufgefressen worden. Ein letztes Sitzungsprotokoll finde ich, zu zweit waren wir an der Sitzung gewesen, und ich berichtete im Protokoll von meiner Idee der Frauenliteraturtage. Mir fehlte in der Gruppe das Schreiben, das wenig zum Thema geworden war. Doch viele von uns wollten nicht länger Organisatorinnen sein, sondern sich ihren eigenen Projekten widmen. So suchte ich mir eine neue Gruppe, die sich mehr mit weiblichem Schreiben beschäftigen sollte.

2020 ließ ich mich an der Ausstellung *Ausbruch und Rausch* im Zürcher Strauhof zurückführen ins Jahr 1975, in die Ausstellung *Frauen sehen Frauen*. Vieles kam mir bekannt vor, doch immer klarer wurde mir: Ich war nicht dabei. Nicht in einer der Theatergruppen, nicht in der Vorbereitungsgruppe. Ich war auch nicht an der Ausstellung, erinnere mich nicht, etwas davon gehört zu haben, mein Leben war anderswo. Wo genau? Erst später war ich Teil der FBB, der Frauenbefreiungsbewegung. Kurze Zeit arbeitete ich in der Frauenbibliothek mit, oft saß ich strickend in den Vollversammlungen. Verschiedene Inhalte der Ausstellung kamen mir bekannt vor, weil auch wir uns in den achtziger Jahren lustvoll und unbelastet ausdrückten. So zogen wir einmal als *Lesbischer Trachtenchor* durch die Stadt und sangen an verschiedenen Orten, sammelten sogar Geld ein, schauten amüsiert zu, wie Mütter ihre Kinder wegzogen, die unser Schild zu entziffern suchten: L-e-s-b, Mami, was heißt das? Ich war dabei und nicht dabei in der Frauenbewegung. Ich nannte und nenne mich Feministin, und doch war ich am Rand oder dazwischen, schreiben war mir immer das Wichtigste.

1975 war ich wohl gerade vom Land in die Stadt gezogen, vielleicht hatte ich schon die KME begonnen, die Maturitätsschule für Erwachsene, jedenfalls war ich mit mir selbst beschäftigt, holte kräftig die Pubertät nach, die ich früher ausgelassen hatte. Nie war ich im Zentrum einer Bewegung, vielleicht auch nicht mitten im Leben. Ob mich die Ränder mehr interessieren, das Schreiben, die Hunde? Oder ob es in solchen Bewegungen ein Zentrum gar nicht gibt? Ob sich auch andere als Randständige betrachteten?

Die Beziehung mit einer Frau, die Beziehung zu Johanna veränderte mich. Zunächst verlor ich meine Identität. Wer war ich ohne Mann? Gea war noch da, das Schreiben war noch da. Wer aber war ich? Über diese Erfahrung schrieb ich einen längeren Text, las ihn einer Gruppe vor mit zitternder Stimme. Dass die Sängerin Babara Dubs, die spontan auf meinen Text reagieren sollte, danach ein Lied anstimmte, in dem das Wort Kitsch mehrmals vorkam, ließ mich ernüchtert zurück. Hatte ich Kitsch geschrieben? Konnte, durfte ich nicht über meine Erfahrung berichten? Hätte ich anders berichten müssen? Gelernt dabei habe ich, dass Texte länger reifen müssen, dass sie nicht sofort ans Licht und vor Publikum dürfen. Erst dann, wenn sie in sich ruhen, eine eigene Sicherheit erlangt haben, erst dann ist es so weit, dass sie erste Schritte in die Welt wagen können.

An Lesungen aus meinen Büchern gewöhnte ich mich, verdiente einen Teil meines Einkommens mit ihnen, jedenfalls waren sie ergiebiger als der Verkauf von Büchern. Viele Lesungen waren es mit der *spinnerin*, mit *Nella*, etwas weniger mit *starrinn*. Oft wurde ich von Frauenzentren eingeladen, und so stimmt mein Eindruck wohl nicht, ich sei von der Frauenbewegung nicht als Autorin wahrgenommen worden. Ich reiste in der Schweiz umher, den Bücherkoffer dabei, saß auf dem Heimweg von Frauenzentren und Gemeindebibliotheken müde und allein in schlecht beleuchteten Zügen, die restlichen Bücher im Koffer, das Geld in der Handtasche, auch das Couvert, das mir die jeweilige Veranstalterin zugesteckt hatte. Laure Wyss empfahl mir an unserer einzigen gemeinsamen Lesung, dieses Couvert immer, und wirklich immer, vor den Veranstalterinnen zu öffnen und den Inhalt zu kontrollieren.
Bei dieser gemeinsamen Lesung saßen wir zusammen an einem Tisch. Dass ich mit ihr aus meinen Texten lesen durfte, ließ mein Herz schneller schlagen. Noch habe ich ihre Stimme im Ohr, eine leicht brüchige, etwas heisere Stimme. Von einer Katze las sie, glaube ich. Ihren Rat habe ich beherzigt, habe jedenfalls fast immer den Umschlag geöffnet und unter den manchmal irritierten Blicken der Veranstalterinnen die Noten gezählt. Las ich in Frauenzentren, nahm ich oft die Lesehonorargarantie des Schriftstellerinnen- und Schriftstellerverbandes in Anspruch, da die Frauenzentren sich meistens mit knappen Mitteln über Wasser halten mussten.
Als ich mit einem bekannten Autor auf einem Podium saß, ging es ebenfalls um Geld. Ich forderte ein festes Einkommen, das mir und anderen ermöglichen würde, uns dem Schreiben zu widmen, so richtig, um nicht ständig abge-

lenkt zu werden durch den Broterwerb. Der bekannte Autor argumentierte dagegen. Das Leben im Elfenbeinturm führe nicht zu interessanten Büchern, meinte er, und, wenn ich mich richtig erinnere, sagte er auch, man solle zuerst etwas geleistet haben, bevor man fordern könne. Ich verstummte.

Ab und zu war auch Gea bei einer Lesung dabei. An den Kasernenhof kann ich mich erinnern, eine Lesung draußen an der Sonne, eine Matinee an einem Sonntag. Fünfzehn oder zwanzig Frauen saßen im Kreis im leeren Hof, als ein Mann eintrat und das Gittertor hinter sich zuschlug. Gea, die neben meinen Füßen lag, sprang so wild bellend auf ihn zu, dass er sofort den Rückzug antrat. Wie hast du ihr das beigebracht?, wollten die Frauen wissen, doch ich hatte ihr gar nichts beigebracht, alles, was Gea konnte, hatte sie sich selbst beigebracht durch Hinschauen, Hinhören, hatte dabei gelernt, dass Männer in meinem Umfeld selten waren, vielleicht auch oft meine Angst gespürt nachts auf der Straße. Vielleicht hatte sie auch einfach das zufallende Tor erschreckt.

Bei einer anderen Lesung setzte sie, die Zurückhaltende, sich ungewohnt in Szene, hob mit der Schnauze das Tuch, das den Tisch, an dem ich saß, bis zum Boden bedeckte, hob dieses Tuch und schaute interessiert ins Publikum. Ich staunte über das Lachen im falschen Augenblick, wusste nicht so recht, was damit anfangen, bis jemand auf den Tisch wies. Ich bückte mich und sah unter dem Tisch Geas Hinterseite.
Diese Lesung fand im April 1994 in der roten Fabrik statt. Die Veranstaltung hieß *CH-Autorinnen der Vergangenheit*. An der zweitägigen Veranstaltung stellten 15 zeitgenössische Autorinnen ebenso viele schreibende Ahninnen vor. Ich spiegelte meine eigenen Texte an denen von Maria Wa-

ser, um so die Ähnlichkeit und Verschiedenheit weiblichen Schreibens im Laufe der Zeit aufzuzeigen.

Die Veranstaltung brachte frühere und heutige Autorinnen zusammen – heutige Autorinnen, die seither zu früheren geworden sind. Nicht nur ich interessierte mich damals für die verstorbenen Schriftstellerinnen. Wer waren sie gewesen, was hatten sie geschrieben, warum waren sie unsichtbar geworden? Historikerinnen machten sich auf die Suche nach ihnen, nach ihren Texten, ihren Leben. Im Limmat Verlag Zürich waren kurz vor der Veranstaltung zwei Bücher erschienen, in denen deutschsprachige vergessene Schriftstellerinnen porträtiert und zitiert wurden.[23] Ich las weitere Bücher, die ich im Brockenhaus und in Antiquariaten fand, suchte eine Verbindung zu diesen Autorinnen, die ebenso wie ich versucht hatten, ihr Leben und ihr Schreiben zusammenzubringen, ich und andere suchten nach Vorbildern, nach einem festen Boden für Schriftstellerinnen.

Heutige Autorinnen suchen genauso nach Vorbildern und müssen erkennen, dass weibliches Schreiben immer noch oft im Verborgenen stattfindet. So war Maria Waser nicht nur die erste Frau, die 1938 den Zürcher Literaturpreis bekam, sie blieb auch 66 Jahre lang die einzige, bis 1998. Danach wurde der Literaturpreis in den *Zürcher Kunstpreis* umgewandelt und jährlich vergeben. In den seither vergangenen 22 Jahren wurde der Preis fünfmal Frauen zugesprochen – eine fast unglaubliche Steigerung.

> *Wie war es für dich, ohne Genealogie zu schreiben?,*

fragt mich eine jüngere Kollegin in einem Brief. Und sie fährt fort:

> *Im Gymnasium haben wir keine einzige Frau gelesen und mein Deutschlehrer äußerte tatsächlich einmal den Satz »Die gibt es nicht«. Ich glaube, es war auf die Epoche*

> *Sturm und Drang bezogen, aber ich weiß noch,*
> *wie empört ich damals war. (...) Um mich selbst als*
> *schreibende Frau zu begreifen, war aber noch ein langer*
> *Weg. Es zu sagen wagen, dass diese Schriftstellerinnen*
> *etwas mit mir zu tun haben. Dass auch ich ... Dass*
> *das etwas mit einer Praxis zu tun hat statt mit Genie.*[24]
>
> Bettina Stehli

Maria Waser starb mit sechzig Jahren an Krebs, kurz nach der Verleihung des Zürcher Literaturpreises. Auf seiner Webseite beschreibt Charles Linsmayer ihr Leben. Ich schätze seine Arbeit. Seit den achtziger Jahren ist er verantwortlich dafür, dass wichtige Schweizer Autorinnen und Autoren neu aufgelegt werden. Auch findet sich auf seiner Webseite ein Autorenlexikon, auf dem ich Lebensbeschreibungen von fast vergessenen Autorinnen finde, so auch von Maria Waser. Offenbar litt sie viele Jahre an Migräne, was in Zusammenhang gesetzt wird zu ihrem verzichtreichen Leben. Um der Reputation willen, so deutet der Text an, habe sie auf die Liebe verzichtet und dafür mit Migräne bezahlt.

> *Als sie aber dem Freund von 1898 wieder begegnete,*
> *loderte die Glut plötzlich neu auf. ›Die Wende‹ (1928)*
> *stellt verschlüsselt dar, wie sie sich auch diesmal zum*
> *Verzicht durchrang. Sie wusste, was sie ihrem Ruf schuldete.*
> *Dass die Migräne immer heftiger wurde und sie ihr*
> *Altsein übermäßig betonte, gehörte ja ins Privatleben.*[25]

Der Schriftsteller Erich Kästner geht noch weiter: *Migräne sind Kopfschmerzen, auch wenn man gar keine hat.* So steht es in *Pünktchen und Anton*, dem Kinderbuch von 1931. Auf der vorhergehenden Seite werden die Pflichten der an Migräne leidenden Mutter und Gattin aufgelistet: Mann und Kind sollten für eine Frau an erster Stelle stehen. So war das damals. Neu aufgelegt wurde das Buch 2019, als Comic erschien es 2018 und im Netz wird es mehrfach als Schullektüre empfohlen.

Da ich selbst unter Migräne leide, ärgern mich solche Unterstellungen. Migräne ist eine neurologische Erkrankung, die, wie jede andere Krankheit auch, von der Psyche beeinflusst wird. Dies lese ich in Oliver Sacks dickem Buch, das ganz einfach *Migräne* heißt.[26] Hier erfahre ich, dass meine kindlichen Sehstörungen nichts mit Übersichtigkeit zu hatten, wie der Augenarzt meinte, sondern mit Migräne. Ebenso lerne ich, dass meine Ungeschicklichkeit, die sich immer wieder zeigt, Aura heißt und im Vorfeld einer Migräne auftritt. Wie oft stoße ich mit dem Glas an die Tischkante, weil ich diese Kante nicht richtig sehe. *Schutzgatter* hieß das in meiner Kindheit, das war und blieb ich bis zur Lektüre von Oliver Sacks Buch. *Schutzgatter* finde ich im Zürichdeutschen Wörterbuch.[27] Die erste Bedeutung: Sicherheitsabschrankung. Die zweite Bedeutung: schusselige Person. Auch der *Schutzli* wird so übersetzt. *Gstabi* heißt es auf Berndeutsch, sagt Johanna.

Zu einer anderen Lesung kam ich zu spät. Ich saß im Zug nach St. Gallen, wurde aber in Sargans erwartet. Kein Handy, damals. Der Zugführer erklärte mir, wo und wie ich umsteigen und weiterfahren müsse, rief für mich die Veranstalter an, um mitzuteilen, wann ich ankäme. Die Lesung fand an einer Berufsschule statt, und ein junger Mann holte mich grinsend am Bahnhof ab. So aufgeregt habe er seinen Lehrer noch nie gesehen, sagte er mir, das sei das ganze Durcheinander wert gewesen.
Vor vielen Jahren fand ich mich allein mit den Veranstalterinnen in einem Kleintheater. Vielleicht gingen wir etwas trinken zusammen, ich kann mich nur an die Scham erinnern darüber, dass ich nicht gut genug, nicht interessant genug war, um Publikum anzuziehen. Die Unsicherheit begleitete mich seither. Und es passierte wieder, ebenfalls in einem Kleintheater. Zu zweit sollten wir lesen, eine Kollegin und ich, eine einzige Zuhörerin kam, eine weitere

Schreibkollegin. Wir lasen im leeren Theater für die Organisatorin und die Kollegin.

Auch im Kunstmuseum Olten lasen wir vor fast leeren Stühlen. Eine Anagrammlesung war angesagt zum Thema der Ausstellung *Das Leben ist kein Ponyhof*. Vier Menschen saßen vor uns, zu dritt lasen wir, zwei meiner Kollegen von der Anagrammagentur und ich.

Aus Thereses Leben

Therese hat nur ein Lebenslied: Ei, Ei, Ei, Leben ist Huehnerlade. Sternleben, das ist eine Huehnerleiter.

Ah! Stille sein, ruhen, reden bei Tee: Therese hats Einerleien lieb und diese Huehner liebten Talreisen.

Ade! Huehnerbeine reisten. Stille, Elend! Es turnte hier ein halbes Ei. Ein Ei, bat Therese, und hellen Reis.

Erste Liebe: Tierlein, Hasen. Hunde bellen. Therese hat ein Ei und Reis. Therese liebt das unreine Heilen,

nie hinlauerndes. Therese liebte eine breite Ruhe, es stille ahnend: Das Leben ist eine Huehnerleiter. [28]

Ich las das Anagramm vor von *Therese*, deren Name, ohne das E am Schluss, auch Esther heißt. Draußen wurden Zuckerwatte, Bratwürste, Cervelats vorbeigetragen. Volksfest in Olten mit Karussells und Wurfbuden, Raclette auf Kartontellern und viel, viel Bier. Schon auf dem Weg vom Bahnhof zum Museum mussten wir uns durch Menschenmassen schlängeln. Nicht gerade der Tag für eine Lesung, doch das Publikum war, wie der eine meiner Kollegen sagte, in der Überzahl, drei Organisatorinnen und seine Lebensgefährtin, drei zu vier waren wir, hielten eine Lesung, die von diesem Publikum so aufmerksam und begeistert verfolgt wurde, dass wir uns als Vorleser und Vorleserin so ein Publikum auch für weitere Veranstaltungen wünschten.

Dass in den achtziger Jahren verschiedene Lesungen überwacht und fichiert wurden, war mir nicht bewusst. Wir spotteten zwar in der Wohngemeinschaft, unser Telefon würde sicher abgehört, ab und zu stand auch während Stunden ein Fahrzeug mit dunklen Fensterscheiben vor dem Haus. Das alles aber nahmen wir nicht ernst. Erst als die Fichenaffäre bekannt wurde, war klar, dass unsere Fantasien durchaus einen realen Boden gehabt hatten.

1989 war das Jahr der Wende: Die DDR implodierte, im Osten Berlins stürmten Bürgerinnen und Bürger die Stasi-Zentrale. In Bern wurden an der Taubenstraße 900 000 Fichen offengelegt. 30 000 Bürgerinnen und Bürger aller Couleur verlangten vor dem Bundeshaus den »Schluss mit dem Schnüffelstaat«; eine reife politische Leistung der Bewegung und der damaligen linken Akteure. Um die Offenlegung der Schwärzungen auf den Karteikarten musste zwar hart gerungen werden, am Ende aber war eine weitgehende Einsicht in die Fichen möglich. (...) Gelöst sind die Probleme damit bei weitem noch nicht. Wer weiß, ob es nicht längst wieder neue Geheimarmeen gibt. Jedenfalls wird weiter am Fichenstaat gebaut – neu untermauert von einer rechtlichen Grundlage, was die Sache aber nicht besser macht.
https://schweizermonat.ch/nichts-gelernt-aus-der-fichenaffaere

1978 werde ich auf der ersten Fiche mit anderen *Kommunarden* aufgelistet mit dem Vermerk *unbekannt*. Später dann hieß es hinter meinem Namen jeweils *bekannt*. Auf meiner schmalen Akte von 1979 bis 1985 wird als Beruf *Schriftstellerin* angegeben, der Wohnort als *Kommune* bezeichnet.

Berichtet wird, ich hätte 1980 an den Tages-Anzeiger geschrieben *im Zusammenhang mit einem Inserat der Singapore Airlines wegen »umfassendem Service« ihrer »Mädchen«!*
1982 heisst es, ich hätte mit meinem geschiedenen Mann am Radio *diskutiert über ihre gescheiterte Ehe – Hausarbeit wurde »verhunzt«.* Ebenfalls 1982 wird von einer Lesung an der Paulus-Akademie berichtet, die vor neunzig Frauen und zehn Männern stattgefunden habe. An dieser gut besuchten Lesung soll ich mich erklärt haben: *Ziel der Autorin ist die Selbstverwirklichung, die Abschaffung der Rollenverteilung, eine Befreiung im Sinne, von »tun, wozu man Lust hat«!!!!*
1985 war ich bei *Risotto und rote Geschichten* dabei und erinnere mich an meinen Ärger über die Autoren, die sich nicht an die festgelegte Zeit hielten, sodass für die Frauen gegen Schluss kaum mehr Platz blieb für ihre Lesungen. Dass an diesem Anlass nebst neun Männern auch Maria Lutz-Gantenbein, Doris Morf und Laure Wyss lasen, hatte ich vergessen. Dank der Fiche erinnere ich mich wiederum daran. Der letzte Ficheneintrag betrifft eine Veranstaltungswoche 1985 im *Frauenzimmer* im Kanzleischulhaus.[29] Vielleicht war es da, dass Gea plötzlich zu tanzen begann. Sie drehte sich im Kreis, hüpfte auf drei Beinen, die Frauen neben mir amüsierten sich, wie ich mich auch. Bis mir klar wurde, dass etwas nicht stimmte. Ich untersuchte ihre Pfoten und fand in einem der empfindlichen *Leberln* einen Reißnagel, glücklicherweise einen mit drei Spitzen, die drangen nicht so tief ein. Ich zog ihn heraus, Gea seufzte, bedankte sich und setzte sich wieder unter meinen Stuhl. Davon steht im Eintrag nichts.
Alle Einträge sind mit Schreibmaschine getippt. Jemand muss die verschiedenen Veranstaltungen besucht haben, was ihm, ihr sicher sehr unangenehm war. Ein einsamer Mensch unter Frauen mit einer völlig anderen Lebenseinstellung. Er muss sich fremd gefühlt haben. Die Einträge selbst erinnern mich an frühere Pflegeberichte im Spital:

Nichts Genaues ist zu erfahren, außer der Interpretation des Protokollanten. Seinen Ärger und seine Meinung drückte er in wertenden Ausdrücken, willkürlichen Zitaten und vor allem in Ausrufezeichen aus.
Die schmale Akte erstaunte mich. Nie hätte ich mir gedacht, dass Aussagen über die Ehe, die Arbeitsteilung zwischen Ehepartnern oder die Rolle der Frauen für den Staat gefährlich sein könnten.

1987 wurde ich an die Solothurner Literaturtage eingeladen. Damals wie heute war Solothurn der wichtigste Treffpunkt der Literatinnen und Literaten, der Ort, wo man gesehen, gehört, wahrgenommen wird. Dahin wurde ich eingeladen, und mir scheint, ich war nicht besonders stolz darauf oder gar dankbar, es war eher etwas, das mir zustand. Schließlich schrieb ich an meinem dritten Buch. Diese Arroganz verließ mich erst später, als die Demut wuchs. Ich las aus *starrsinn*, aus dem Manuskript, ich las aus einem unfertigen, einem entstehenden Text, was immer heikel ist. Die Wörter, die Sätze brauchen den kritischen Blick und sind doch so empfindlich. Ein Luftzug, und sie verwandeln sich in Makulatur.
Ich saß an einem langen Tisch auf der Bühne des Restaurants Kreuz in Solothurn. Ich sass völlig allein vor einem vollen Saal und las. Im Raum war es still, ein Hüsteln ab und zu. Den Kopf hob ich erst, als ich zu Ende gelesen hatte. Da steht ein Mann auf und zerpflückt meinen Text als unpolitisch, als zu privat. Sagte er gar Weibergewäsch? Es wäre immerhin möglich. Die Lesung war vorbei, die Diskussion ebenfalls, bevor sie begonnen hatte. Im Zug nach Zürich saß ich mit Kolleginnen zusammen. Das war die Geburtsstunde des *Netzwerks schreibender Frauen*.[30]
Genau so war es, sagt meine Erinnerung, die allerdings einer Überprüfung nicht standhält. Im Internet finde ich alle Literaturtage aufgelistet, jedes Programm seit

1979 kann eingesehen werden. 1987 wurden die Einzellesungen zum ersten Mal moderiert, sechs Leserinnen und neun Leser wurden von drei Moderatoren und vier Moderatorinnen begleitet. Also saß ich wohl kaum allein an diesem Tisch, und es ist anzunehmen, dass die Moderatorin – wer es war, weiß ich nicht mehr – reagierte auf die harsche Kritik, dass sie dagegen hielt, dass sie eine neue Frage stellte. In meinem Keller finde ich einen Briefumschlag, beschriftet mit *Fotos von Lesungen*. Auf einem Bild, das mich mit meinem damaligen Lektor zeigt, steht hinten: Solothurn 1987. Wie hatte ich das vergessen können. Die Erinnerung trügt mich, malt das Bild düsterer, als es war. Willi Schmid sitzt mit etwas Abstand neben mir, die Hände gefaltet, das Gesicht wie meines: ohne Lächeln, ernsthaft, konzentriert. Ich trage einen hässlichen übergroßen Pullover, schräg hinter mir steht eine Topfpflanze, ein Baum, nicht auszumachen, ob künstlich oder echt.
Wie hatte ich Willi Schmid vergessen können, der an meinen Text glaubte. Und sicher der Kritik entgegenhielt. Gerne würde ich mich heute bei ihm bedanken. Ob ich das damals tat? Trotz seiner Unterstützung ist mir das Gefühl des Alleinseins geblieben, ausgeliefert dem vollen Saal, ein Gefühl, das zum Glück etwas gemildert wurde durch das Gespräch auf der Heimfahrt.

starrsinn erschien 1988 ohne großes Echo. Das Buch, das meine Situation spiegelte, verschwand klanglos, eine Erinnerung, der ich nach der jüngsten Erfahrung nicht ganz traue. Vielleicht war alles ganz anders.
Um mehr zu erfahren, steige ich wiederum in den Keller, suche die Hefte, in die ich damals die Kritiken einklebte, und die Ordner mit den Verlagsabrechnungen. Alles lagert hier, da meine Freundin Regula Schnurrenberger, eine Historikerin, mich dazu aufforderte, jeden Zettel, jede Notiz zu behalten. So hielt sie es selbst, so sollte ich es halten.

Da ich sah, wie schwierig es für die Germanistinnen war, Arbeit und Leben früherer Schriftstellerinnen zu dokumentieren, leuchtete mir ein, dass ich es späteren Forscherinnen einfacher machen sollte.
Die Hefte mit den eingeklebten Zeitungsausschnitten trage ich nach oben. Über die Lesung in Solothurn wird mehrfach berichtet. Auch da also täuscht mich meine Erinnerung, die sagt, dass diese Lesung einfach unterging.

> *Die handgreifliche Alltags- und Arbeitswelt samt ihrer fortdauernden ›Normalität‹, aus der es für die allermeisten nach wie vor kein Entrinnen gibt, hat bei der Zürcher Autorin Esther Spinner eine detailgetreue Abbildung von bedrückender Authentizität gefunden. Die Feministin, welche neben dem Schreiben noch als Krankenschwester arbeitet, ist zielstrebig provokatorisch. (…) Das Leben einer behinderten Frau, welches die Spinner schildert, ist in einer eigenen, geraden, unverwechselbaren Stimme festgehalten.*[31]

In diesem Leseblock sei eine Kontroverse zwischen Männern und Frauen entstanden, schreibt die Journalistin.

> *Muss Literatur so typisch geschlechtsspezifisch sein?*
> *Darf Literatur banal (weiblich wurde apostrophiert) sein?*

Der angriffige Mann, den ich in Erinnerung habe, kommt auch in dieser Besprechung vor. Zum Schluss soll er gesagt haben, das Vorlesen habe ihm schon gefallen, ein versöhnlicher Satz, an den ich mich nicht erinnere. Die NZZ titelt *Geistige Nahrung zum Nulltarif?*, bespricht ausführlich die Vorleser, sammelt die Frauen in einer Klammer *(Margrit Schriber, Sibylle Severus, Esther Spinner, Adelheid Duvanel, Franziska Greising)* und merkt an, noch immer sei das Interesse eines vorwiegend weiblichen Publikums hoch an einer Literatur, die den Lebensbedingungen von Frauen Rechnung trage.

Da qualitativ hochstehende Texte dieser Art selten sind, dürften viele Leserinnen trotz des quantitativ erfreulichen Angebots in Solothurn nicht auf ihre Kosten gekommen sein. Dass sie sich daraufhin kämpferisch an Texten festklammerten, die ein vages feministisches Engagement versprachen, zeigt vielleicht nicht so sehr mangelndes Qualitätsgefühl als den großen Nachholbedarf von Leserinnen.[32]

Diese Berichterstattung lässt mich noch heute erstarren. Pauschal werden sowohl die Autorinnen wie die Leserinnen abgewertet, die einen liefern keine literarisch hochstehenden Texte, die anderen haben einen großen Nachholbedarf und verzichten deshalb auf Qualität. Beiden geht das Gefühl für wirkliche Literatur ab. Kein Wunder wurden Begriffe wie *Frauenliteratur* und *Frauenbücher* erfunden. Es gab – und gibt? – eben Literatur, die richtige, wahre, von Männern geschriebene, und es gibt Frauenliteratur. Einigen Frauen gelang und gelingt es, zur richtigen Literatur zu gehören, immerhin. Der Schweizer Buchpreis, bis 2020 dreizehnmal verteilt, ging an sechs Frauen und sieben Männer, ein fast ausgeglichenes Verhältnis. Frauen schreiben, sie schreiben gute Bücher, schlechte Bücher, unterschiedliche Bücher, genau so, wie es Männer tun. Frauen schreiben Literatur.

Damals aber kursierte ein Gerücht. Ein bekannter Autor soll sich geweigert haben, mit einer Frau eine gemeinsame Lesung zu bestreiten. Er lese doch nicht mit einer schreibenden Hausfrau, soll er gesagt haben. Ein Gerücht eben.

Das Nachfragen beim Zytglogge Verlag ergibt, dass von *starrsinn* immerhin dreitausend Exemplare gedruckt wurden, eindeutig weniger als von den vorhergegangenen beiden Büchern, aber immerhin. Die effektiven Verkaufszahlen sind nicht mehr zu eruieren.

Mein Heft aus dem Keller zeigt, dass ich auch mit *starrsinn*

– entgegen meiner Erinnerung – viele Lesungen hatte, in der ganzen Schweiz reiste ich umher, und die Zeitungsnotizen und Besprechungen in lokalen Zeitungen belegen, dass mein Buch sehr wohl verstanden wurde. Von *Entpuppen aus dem Eingesponnensein* ist die Rede,[33] von *Widerstand gegen Normen* schreibt eine Kritikerin in ihrer Besprechung und schließt: *Sehr schön finde ich, wie behutsam die Beziehung zwischen den beiden Frauen dargestellt wird. Manches steht zwischen den Zeilen, auch die Hoffnung.*[34] Der Tages-Anzeiger meint *Dem Leben bloß zugeschaut*, ein wehleidiger und mutloser Text sei *starrsinn*, befindet die Journalistin.[35] Das Vaterland spricht von *sprachlichem Neuland*.[36]

Mit allen diesen Reaktionen versuchte ich zu leben. Die einen ärgerten mich, andere freuten mich, andere verunsicherten mich. Wer bin ich? Eine Autorin, die alles falsch macht? Eine, die banal schreibt und damit die ebenso banalen Leserinnen erfreut? Eine, die Bestehendes in Worte fasst, endlich? Kann ich etwas oder kann ich nichts? Jedenfalls will es mir nicht gelingen, zur Literatur vorzustoßen, ich bleibe in der Schublade der Frauenliteratur stecken, auch wenn mein Buch *Nella* am Radio vorgelesen wird, Satz für Satz von der Schauspielerin Liliana Heimberg, die sich sorgfältig auf die Lesung vorbereitet, sich mit mir trifft, um zu hören, wie ich selbst meine eigenen Sätze ausspreche, wo ich laut und wo ich leise werde, welche Wörter im Satz ich betone. Ihre ganz eigene Interpretation hörte ich dann am Radio, das zu jener Zeit noch DRS hieß.

Die auf dem Heimweg von den Literaturtagen in Solothurn angesprochene Idee der Vernetzung verließ uns nicht mehr. Ein Netzwerk wollten wir für alle Frauen, die mit Büchern zu tun hatten, seien es die Schreiberinnen, die Verlegerinnen, die Bibliothekarinnen, austauschen wollten wir uns, lernen voneinander. Wir machten unsere Idee bekannt, schrieben Kolleginnen an, von denen sich viele dafür interessierten. Ein erstes großes Treffen fand im Zürcher Frauenzentrum statt. Ich sehe vier starke Frauen vor mir, die den Rollstuhl mitsamt Ursula Eggli die Treppen hochhievten. Das ganze Treffen war angeregt und anregend, ein Aufbruch schien es mir. Endlich ging es um meine Themen: um das Schreiben, um die Frauen, die Frauenbewegung. Ob auch Gea an diesem Treffen zwischen Füßen und Rädern herumwuselte, weiß ich nicht mehr. An späteren, kleineren Treffen war sie dabei.

An diesem ersten Treffen zeigten sich Wissenslücken. Viele Autorinnen hatten keine Ahnung, wie ein Verlag funktioniert, wer für den Druck bezahlt, wer für die Werbung zuständig ist und ob sich mit Schreiben Geld verdienen lässt. So luden wir für ein weiteres Treffen Verlegerinnen ein, die uns den Literaturbetrieb erklärten.

Belegt ist, dass wir nach verschiedenen Treffen 1990 das *Netzwerk schreibender Frauen* gründeten, 2020 wurde gefeiert. Seit dreißig Jahren stehen Frauen für Frauen ein. Natürlich gab es auch Reibereien, die Verlegerinnen und Bibliothekarinnen trennten sich von den Schreiberinnen, deren Probleme nicht die ihren waren. Auch an Versammlungen wurde gestritten, ich erinnere mich – mit allen Vorbehalten –, dass die kürzlich verstorbene Mariella Mehr mich als konservativ und bürgerlich beschimpfte, ich hingegen fand sie chaotisch und ichbezogen. Einige traten schon früh aus dem Netzwerk aus, andere engagierten sich an den *Schreibtisch* genannten Treffen in verschiedenen Städten, an denen Texte besprochen wurden.

1991 gab das Netzwerk ein schmales Nachschlagewerk heraus: *Übung macht die Meisterin. Richtlinien für einen nichtsexistischen Sprachgebrauch.*[37] Die Autorinnen schlugen verschiedene Möglichkeiten vor, wie in Texten Frauen sichtbar gemacht und nicht auf Klischees reduziert werden sollten. Innert kurzer Zeit musste eine zweite Auflage gedruckt werden. Die vorgeschlagenen praktischen Anregungen

sind heute zum Teil noch gültig, auch wenn sich das große I, das Penis-I, wie Luise Pusch das kritisch nannte, zum Sternchen oder Doppelpunkt gewandelt hat und der ganze Vorgang heute gendern heißt und mehr umfasst als damals. Wie in literarischen Texten mit nicht sexistischem Sprachgebrauch umgegangen werden kann, ist nach wie vor ungeklärt. Soll ich jetzt *frau* anstatt *man* schreiben? Als Pronomen *sier* benutzen? Oder, wie damals in der *spinnerin*, man ganz weglassen? Auch wenn es niemand merkt? Sicher greife ich nicht zum großen I, und wenn, äußerst sparsam zum Sternchen oder zum Doppelpunkt. Nichts davon überzeugt mich in literarischen Texten. Doch richtig bleibt, dass Frauen benannt werden sollen. Eine Frau ist Lehrerin, Ärztin, Pilotin und nicht Lehrer, Arzt, Pilot, wie ich es in Übersetzungen aus dem Englischen immer wieder lese.
Nach diesem Ratgeber gab das Netzwerk, später in *femscript* umbenannt, verschiedene Anthologien heraus mit Texten seiner Mitfrauen.
Ich verließ das Netzwerk in seiner esoterischen Phase, die vielleicht gar keine solche war. Es ging um die Zusammenarbeit mit einem esoterischen Heft, in dem in jeder Ausgabe dem Netzwerk einige Seiten zur Verfügung standen. Mir war diese Nähe unangenehm und ich zog mich zurück, war vielleicht auch nicht mehr so sehr angewiesen auf die Kontakte, da ich mittlerweile auch Zugang gefunden hatte zu anderen Gruppen.
Vor etwa zwanzig Jahren lud mich eine Kollegin zur *Literatursuppe* ein. Seither gehöre ich dazu. Immer wieder habe ich an unseren Treffen wichtige Anregungen erhalten. Doch das Wertvollste für mich ist, sowohl im Netzwerk wie bei der *Literatursuppe*, dass mich Kolleginnen und Kollegen ganz selbstverständlich als Schriftstellerin wahrnehmen. Die offene Gruppe von Autorinnen und einzelnen Autoren aus Zürich und Umgebung trifft sich in unregelmäßigen Abständen, es gibt keinen Verein und keine Mit-

gliederliste. *Literatursuppe* heißen diese Treffen tatsächlich, und meistens gibt es wirklich eine Suppe, danach wird vorgelesen und diskutiert. Es ist noch nicht lange her, habe ich in der Gruppe einige Seiten aus diesem Manuskript vorgelesen. In diesem Textabschnitt versuchte ich, meine Faszination für das Anagrammieren zu erklären. Schon während des Vorlesens sah ich fragend geneigte Köpfe, Gesichter voller Unverständnis. Kann etwas, das einer sehr am Herzen liegt, überhaupt verständlich erklärt werden? Ich nahm die Kritik entgegen, machte mich nochmals an den Text, der schon vorher von Freundinnen als kompliziert bezeichnet worden war. Ich vereinfache die Erklärungen, erzählte genau, aber nicht zu ausschweifend, was beim Anagrammieren passiert. Spätere Kritikerinnen des Manuskripts fanden dies oder jenes unklar, ungenau, nicht anregend genug – nie mehr aber mäkelten sie am Text über das Anagrammieren herum.

Die bisher letzte *Literatursuppe* fand am Ende des heißen und langen Sommers 2023 in meinem Garten statt. Einiges hat sich verändert. Wir tun uns zu zweit zusammen für die Suppe, da es für eine allein einfach zu streng ist, nebst dem Kochen Stühle zusammenzutragen, Getränke zu schleppen am Schluss auch noch alles aufzuräumen. Die Kolleginnen trudelten ein, aber nicht mehr alle. Die eine gab nie eine Antwort, weder auf Mails noch auf Telefonate. Eine kam viel zu spät, weil sie den Weg nicht fand, sie weiß aber nicht mehr, wo sie suchte. Danach saß sie wortlos in der Runde und schien zufrieden damit, da zu sein. Nochmals stellte ich Teile dieses Manuskripts vor. *Der Hund soll überall im Text sein*, meinte eine Kollegin.[38] Der Satz begleitete mich. Wie sollte ich das anstellen, dass der Hund über die Seiten laufen, seine Spuren hinterlassen würde auf den Wörtern und in den Sätzen? Der Hund soll überall im Text sein. Er soll sich in einer Satzbiegung verstecken, bellend hervorspringen, wenn die Leserin, der Leser bei dieser Biegung ankommt. Er soll Haare über die Seiten streuen und ab und zu einen Floh. Er soll sich an die Knie der Leserin lehnen, er soll den Leser anstupsen und um Aufmerksamkeit bitten. Einverstanden, das alles soll er. Ob es mir gelingen würde, den Hund, die Hündin neben jedem Wort mitgehen zu lassen, so wie Cima neben mir an der Leine geht, sicher wie ein Kleinkind an der Hand seiner Mutter – ob das gelingen kann?

Der Text soll nach den *Leberln* riechen.

Ebenfalls 1988 fand ein anderes Gründungstreffen statt. Noch bevor sich Autorinnen und Verlegerinnen zum Netzwerk zusammenschlossen, diskutierten wir zu viert über eine weitere Gründung.[39] Diesmal war Gea dabei, ich erinnere mich, wie sie mit uns auf der Wiese hinter einem Haus im Jura saß. Zufrieden wie immer hörte sie uns zu, jagte ab und zu eine Fliege und verschlief einen großen Teil des Gesprächs.

Literaturtage wollten wir organisieren, Veranstaltungen, an denen ausschließlich Frauen lesen sollten als Gegengewicht zu den Literaturtagen Solothurn, die uns zu männerlastig schienen. Schon im November fand der erste *Schriftwechsel* statt in der Kanzleiturnhalle in Zürich. Zwei zauberhafte Tage, scheint es mir in der Rückschau: Die Lesungen in der stimmungsvoll dekorierten Turnhalle vor vielen Zuhörerinnen und wenigen Zuhörern, alles festgehalten von Johanna, der Fotografin. Ich sehe Nicole Müller vor mir, wie sie eloquent ein Buchprojekt vorstellte, eine fiktive Biografie, die – soviel ich weiß – leider nie geschrieben wurde. Marie Luise Könneker, die für ihre Lesung ein Häuschen aufbaute. Auch Verena Stefan war da, der ich mich immer näher fühlte. Wir sind eine Gründerinnengeneration, sagte sie später oft zu mir, und für das Jahr 1988 stimmt es für mich: Die Anfänge von *femscript* liegen in diesem Jahr, der erste *Schriftwechsel*. Auch der zweite *Schriftwechsel* fand in der Kanzleiturnhalle in Zürich statt. Da wir Organisatorinnen uns nicht immer verstanden, zog mich bald zurück, es gab neue Mitorganisatorinnen – und es ging weiter mit *Schriftwechsel*. Zufällig finde ich beim Aufräumen Vorschauen für die Veranstaltungen der Jahre 1998, 1999 und 2000, sechster, siebter, achter *Schriftwechsel*. Das erfahre ich aus der Zeitung, meine Erinnerung wusste nichts mehr davon.

Dass in Zeitungsberichten *Schriftwechsel* und das *Netzwerk schreibender Frauen* ständig verwechselt oder als das Gleiche angesehen wurden, ärgerte mich und zeigte mir, wie wenig ernst literarische Aktivitäten von Frauen genommen wurden. Im *Forum*, der Zeitschrift des damaligen Schriftstellerinnen- und Schriftstellerverbandes, wird unter *Chronik* über das erste Treffen von Schweizer Autorinnen im Mai 88 berichtet, im November wird *Schriftwechsel* aufgeführt als Tagung und Autorinnentreffen. Eine ganze A4-Seite lang ist meine Richtigstellung, sauber getippt auf der Schreibmaschine.

Interessant ist, dass das *Netzwerk* den *Schriftwechsel* überlebte. Wollten wir zu viel mit *Schriftwechsel*? Oder wollten wir zu wenig? Waren wir zu sehr eine Kopie der Solothurner Literaturtage?

Heute wagen sich neue Autorinnen an die Öffentlichkeit und erleben offenbar das, was wir schon erlebten. Und genau wie wir damals, fordern sie Sichtbarkeit ein. Frauenkollektiv *Rauf* – ein Anagramm von Frau – heißt eine Gruppe, die unter anderem eine Webseite betreibt, die an hundert vergessene Autorinnen erinnert.[40] Die Zeitung der Roten Fabrik, die *Fabrikzeitung*, widmet dem Thema 2019 eine ganze Ausgabe,[41] dieselbe Rote Fabrik, in der auch wir uns damals den vergessenen Frauen widmeten und in der bei meiner Lesung Gea das überhängende Tischtuch lüpfte – symbolisch für die ganze Veranstaltung, bei der endlich der Schleier von der weiblichen Seite der Literatur gehoben wurde.

Alles kehrt wieder heißt ein Gedicht der vergessenen Dichterin Gertrud Schürch. Ich entdeckte eines ihrer Bücher im Brockenhaus, bestellte dann beim Speer-Verlag weitere Ausgaben ihrer Gedichte, die erstaunlicherweise noch vorrätig waren. Sie starb 1979 mit 63 Jahren, mehr ließ sich nicht herausfinden über sie. Eine oder zwei Rezensionen, die Lebensdaten und die Gedichtbände. Das ist es, was von ihr bleibt. Das Gedicht *Alles kehrt wieder* steht im Buch, das in ihrem Todesjahr erschien.

> *Alles kehrt wieder*
> *Frage mich nicht*
> *nach den Übergängen der Zeit.*
> *Die Luft ist erfüllt davon.*
> *Alles kehrt wieder,*
> *ist Mond, ist Sonne,*
> *aber du alterst,*
> *und in den Übergängen der Zeit*
> *liegen verstreut*
> *die Spuren deines Lebens.*[42]
> Gertrud Schürch

Ist es so einfach? Alles kehrt wieder, alles endet und beginnt von vorn. Wir Frauen der neuen Frauenbewegung kämpften grundsätzlich für dieselben Dinge wie die Frauen vor uns und die Frauen heute. Wir verlangen Anerkennung und Mitspracherecht. Ist nichts geschehen in all den Jahren, hat sich nichts verändert? Die Schweizer Autorin Michelle Steinbeck schreibt im Editorial der erwähnten Fabrikzeitung, dass ihr Freunde erzählten, sie hätten noch nie ein Buch von einer Frau gelesen. Sie kennen keine Namen von Schriftstellerinnen, keinen einzigen Buchtitel, ließen sich noch nie entführen in eine Geschichte, die von einer Frau erzählt wurde. Wenn ich erzähle, dass ich vorwiegend

Bücher von Frauen lese, reißt mein Gegenüber oft erstaunt die Augen auf. Aber dann verpasst du ja das meiste, ist eine der Reaktionen. Literatur von Frauen als Randerscheinung. Die Literatur von Männern hingegen erfüllt alle und alles. Auch in Anthologien.

2002 erschien *Die schönsten Gedichte der Schweiz*.[43] Im Nachwort schreiben die Herausgeber leicht selbstironisch, dass schon der Titel ein Skandal sei – vielleicht, so schlage ich vor, wäre Anmaßung das bessere Wort? Selbstverständlich sei den beiden Männern unbenommen, eine Auswahl nach ihrem Gusto zu treffen. Und wen wundert es, dass dieser Gusto Gedichte von Männern bevorzugt. Sie begründen das mit der Liebe zur Poesie. Liebe, so sagen sie, sei von Natur aus ungerecht. Bedeutet das, dass männliche Liebe Frauen benachteiligt? 16 Frauen haben sie berücksichtigt, von einigen sogar mehr als ein Gedicht abgedruckt. Mir fehlen unzählige andere Autorinnen, die sich auf meinem Gestell drängen. Und doch: Immerhin 16 Frauen, nicht schlecht, denke ich zunächst und zähle die Männernamen. Das Verhältnis ist 73 zu 16, also 1 Frau auf gut 4,5 Männer. In der Anthologie *Moderne Poesie in der Schweiz*, 2013 herausgegeben, sieht es etwas besser aus: 171 Männer und 74 Frauen, 1 Frau auf nicht ganz 2,5 Männer, im Verhältnis also fast doppelt so viele Frauen wie in *Die schönsten Gedichte der Schweiz*.[44] Zwischen dem Erscheinen der beiden Bücher liegen elf Jahre. Machen diese Jahre den Unterschied oder liegt es am Blick der Herausgeber?

Gezählt haben wir schon früher, gezählt wird heute wieder, und um das Zählen ist ein Streit entbrannt, jetzt, 2019, 2020. Es gehe um Qualität und nicht um Quantität, so argumentieren die einen unverdrossen und behaupten, ein völlig offener, vorurteilsloser Blick sei möglich, ein Blick, der sich nicht am Geschlecht orientiere. Manuskripte und Texte von Frauen und Männern würden genau gleich gele-

sen und genau gleich beurteilt, eben nach Qualitätskriterien, die allerdings niemand so genau benennen kann.
Die anderen sagen, so einfach sei es nicht. Zu denen gehöre ich. Der Blick von uns allen sei verstellt, Männern gehöre die große Bühne, Männern würde mehr zugetraut. Und Männer hätten – haben – die Macht. Eine Studie zeigt: Bücher von Männern werden von Männern besprochen, denn sie schreiben die Kritiken, immerhin zu zwei Dritteln.[45] Dass die von Männern geschriebenen Kritiken länger sind als die von Frauen verfassten, erstaunt schon nicht mehr. Strukturelle Diskriminierung wird das genannt und führt dazu, dass Frauen respektive ihre Texte weniger gesehen, weniger gelesen werden und in Anthologien weniger auftauchen. Dennoch halten auch viele Frauen in den Verlagen fest an einem reinen Qualitätsbegriff, der nicht von der Geschlechterdiskussion überlagert werden dürfe.

> *Wer Sorge um Qualität vorschiebt, um die eigene Macht zu verschleiern, spielt nicht mit offenen Karten.*[46]

Dies sagt die Autorin respektive Autor:in, wie sie sich nennt, Sarah Elena Müller. Sie ist Mitglied von *Rauf*, das sie eine *feministische Verbündung* nennt.
Und wenn ich schon beim Zählen und der Qualität bin: Wie viele Menschen mit ic als Endung ihres Nachnamens, wie viele Schwarze Menschen werden hierzulande bei der Auswahl von Texten, bei der Verteilung von Preisen berücksichtigt? Und unter diesen Menschen wie viele Frauen? Und falls sie berücksichtigt werden, auf welche Themen werden sie reduziert?

> *Man erwartete immer wieder von mir, dass ich über meine Andersartigkeit schreibe, als ob ich einen Mangel an Fremderfahrung befriedigen sollte. Es kamen immer wieder Einwürfe, ob ich nicht über den Krieg schreiben möge, ob ich nicht über das Dort schreiben möge.*[47]
>
> Ivona Brdjanovic

Ivona Brdjanovic ist in der Schweiz aufgewachsen und hat das Literaturinstitut in Biel besucht. In ihrem Essay schreibt sie vom *subtilen Rassismus in der hiesigen Literatur- und Theaterszene.*

Und doch: Etwas verändert sich. An den Literaturtagen 2020 in Solothurn sollte nicht nur über Machtstrukturen im Literaturbetrieb diskutiert werden, sondern auch über Auswahl-Entscheidungen bei der Literaturförderung und *die Frage des Filzes und wie er zu vermeiden ist.*[48] Zudem war ein Symposium geplant mit dem Titel *Frauen im Literaturbetrieb.* Es sollte diskutiert werden über Machtstrukturen und Diskriminierung. Auf dem Podium würden ausschließlich Frauen sitzen. Eine kontroverse Diskussion wäre dennoch garantiert gewesen. Sollte, wäre: Alle Veranstaltungen blieben hängen im Konjunktiv, abgesagt wegen der Pandemie. Doch das Thema wurde 2022 wieder aufgenommen. Am 19. Juni, als Johanna und ich mit dem Campingbus unterwegs waren, als wir am Lago di Piano saßen, den Wasservögeln zuschauten und die Seerosen betrachteten, vielleicht waren wir auch im Wallis und bestaunten die Steinpyramiden, die einst von den Gletschern geformt wurden und sich ganz, ganz langsam auflösen – an diesem 19. Juni wurde eine Forderungsliste erstellt, die auf der Webseite des Autor*innen-Verbandes nachzulesen ist.[49] Grundsätzlich geht es um die Sichtbarkeit der Frauen im Literaturbetrieb, darum, dass Machtverhältnisse genauer angeschaut werden sollen. Frauen, insbesondere auch ältere Autorinnen, sollten stärker gefördert werden. Mehr Diversität ist gewünscht, Frauen aller Art sollen einen Platz finden innerhalb der Literaturinstitutionen.

Dagegen ist ganz gewiss nichts einzuwenden.

Gea ging neben allen Gründungen und weiteren Aktivitäten nicht vergessen. Nach wie vor war sie genügsam und passte sich mir an, sodass mir gar nie die Idee kam, ein Hund müsste erzogen werden. Das lernte ich erst mit der nächsten Hündin. Gea nahm ich mit, wohin immer es möglich war. Ich sehe vor mir, wie wir Gründerinnen auf einem Spaziergang Netzwerkideen wälzten, begleitet von Gea. Das Frauenzimmer im Kanzleischulhaus war wie das Frauenzentrum an der Mattengasse beinahe ihr Zuhause. Reihum ließ sie sich streicheln, wartete, ohne aufzumucken, bis wir fertig diskutiert hatten. Sie war ein Teil von mir. Johanna war beruflich oft unterwegs, so lag ich an den Abenden auf dem Sofa, Gea auf meinem Bauch, ihr Kopf auf meiner Brust. Halblaut erzählte ich ihr von meinem Tag, während ich sie hinter den Ohren kraulte. Nach unserem Austausch kugelte sie sich in ihren Korb, ich deckte sie zu und schob das Tuch rundherum unter ihren warmen Körper. Das Zudecken erinnerte mich an die Kinderzeit, an meine Mutter, die die Bettdecke festgesteckt und sich danach zum Beten auf den Bettrand gesetzt hatte.

An meinem fünfzigsten Geburtstag organisierten Freundinnen ein Spiel, das ursprünglich *Der wahre Walter* hieß, nun aber zur *wahren Esther* wurde. Fünf ausgewählte Freundinnen mussten meine Reaktionen auf vorgegebene Fragen beschreiben. Auf die Frage, was ich tun würde, wäre ich Päpstin, antwortete Regula Schnurrenberger kurz und bündig: Gea heiligsprechen. Leider war mir diese Macht nicht gegeben. Vielleicht hätte ich sie auch einfach ewig leben lassen als lebenslängliche Begleiterin.

Seit einiger Zeit lebte ich zusammen mit Johanna in Altstetten, einem grünen Quartier, das ich nach und nach kennenlernte. Wann immer möglich ging ich selbst mit Gea spazieren, lief über die angrenzenden Sportplätze und durch den Wald. Im Frühling spazierte ich den Gärten entlang, um die ersten Veilchen, die Glockenblumen und Narzissen zu begrüßen. Ich ging Schritt für Schritt, dachte an Wörter und Sätze, je nachdem woran ich arbeitete. Gea brauchte keine große Aufmerksamkeit, ich musste nicht auf sie achten, sie achtete auf mich. Spazieren wurde zu einem wichtigen Teil des Schreibens. Meine Schritte nahmen den Rhythmus der Sätze an, oder vielleicht war es umgekehrt: Die Sätze passten sich den Schritten und den Wegen an, zeigten sich fließend oder eher holprig, kurz und hektisch oder getragen von gemächlichen, großzügigen Schritten. Und immer, immer Gea, kurz voraus oder an meinen Fersen, Gea, die den Rhythmus meiner Sätze mitbestimmte.

Mitte der achtziger Jahre trat ich die Stelle als Praxislehrerin an in einer der Kliniken des Unispitals in Zürich. Mir gefiel die Arbeit, vor allem war sie körperlich weniger belastend als die direkte Pflege. Nach einiger Zeit schien mir, ich müsste mehr wissen übers Unterrichten, Begleiten, Ausbilden, auch wenn meine Vorgesetzte abwinkte: Jetzt machst du ganz bestimmte Fehler, nach der Ausbildung machst du einfach andere. Trotzdem: Ich wollte die Ausbildung zur Berufsschullehrerin für Pflege besuchen. Doch da war Gea. Schon bei der Wohnungssuche war sie ein Hindernis gewesen, eine Wohnung mit Hund war damals bei der Stadt Zürich nur zu bekommen, wenn nicht mehr als vier oder fünf Parteien ein Haus bewohnten. Eine solche bekamen wir zugesprochen, nachdem ich mehrere Briefe geschrieben und die Liegenschaftenverwaltung als lesbenfeindlich gebrandmarkt hatte. Mit Gea zogen wir ein und für viele Jahre nicht mehr aus. Wir wohnten unter dem Dach, diesmal stand das Sofa in der Dachschräge und nicht das Pult. Eine Hundebetreuerin kam an meinen Arbeitstagen, um mit Gea spazieren zu gehen. Doch sie wusch lieber das Frühstücksgeschirr, führte Gea nur für das Nötigste hinaus und schnell wieder hinein. Und nun wollte ich eine Weiterbildung besuchen, jeden einzelnen Wochentag morgens nach Aarau fahren und abends wieder zurück, ein ganzes Jahr lang. Wie sollte das gehen? Schon wollte ich mich gegen die Weiterbildung entscheiden, denn Gea konnte und wollte ich nicht derart vernachlässigen, da bot mir eine Kollegin an, Gea zu betreuen. Diese Kollegin arbeitete als Lehrerin an einer Pflegeschule, fuhr jeden Tag auf dem Weg zur Arbeit an unserer Wohnung vorbei und würde, das Einverständnis ihrer Vorgesetzten vorausgesetzt, Gea morgens in ihr Büro mitnehmen und abends zurückbringen. Und das tat sie. So ging Gea nun jeden Morgen sozusagen in den Hort oder die Krippe in der Pflegeschule, lag bis mittags unter dem Pult der Kollegin, nachmittags nach einem Spaziergang auf ihrem Sessel. Abends wurde sie zu Hause abgeliefert, und kam ich heim, richteten wir uns auf dem Sofa ein. Diese Kollegin ermöglichte mir eine Weiterbildung, die mir später weitere Türen öffnete. Dafür bin ich ihr noch immer dankbar.

Viele Jahre nach *starrsinn* wurde ich ein zweites Mal nach Solothurn eingeladen, um mein SJW-Heft Kindern vorzustellen. So oft hatten Johanna und ich gespottet, meine schmalen Bücher seien kaum dicker als SJW-Hefte, und – wenn überhaupt – würde ich bestimmt einmal mit einem SJW-Heft nach Solothurn geladen. Eine sich selbst erfüllende Prophezeiung? Niemals dachten wir uns, dass das wirklich passieren könnte. Doch 2008 stellte ich tatsächlich *Malek, Dörte Klisch und Herr Sause-Flüsternd*[50] in Solothurn einer Kindergruppe vor, die sich anregen ließ, mit Wörtern zu spielen. Margrit Schmid vom SJW-Verlag hatte mich für einen Text angefragt, sie kannte meine beiden Kinderbücher, bei denen es um ebenfalls um Sprachspiele geht. Am Kaminfeuer in Sardinien fiel mir die Geschichte von drei Tieren zu, einem Kamel, einer Schildkröte und einem Tausendfüßler. Wie so oft inspirierte mich das Anagrammieren, denn durch das Verschieben der Buchstaben kamen die drei zu ihren Namen, die mich sofort in die Geschichte hineinführten. Malek für das Kamel bot sich sozusagen an, Dörte Klisch musste ich in der Schildkröte suchen. Ihr Name führte mich zum Charakter der Schildkröte, so wie der Name des Tausendfüßlers mich anregte, ihn heiser reden zu lassen.

Anagramme lernte ich durch die Frauenbewegung kennen. Das Aufstöbern früherer Autorinnen und ihrer Werke führte uns zu Unica Zürn. Ihre Texte faszinierten mich.[51] Durch einfaches Umstellen der Buchstaben brachte sie Geburt / Erbgut / Betrug in Verbindung. Das wollte ich auch ausprobieren. Bald merkte ich, dass ein Anagramm auch ein Worträtsel ist. Ich erinnerte mich an die Visitenkartenrätsel, die früher in der Samstagsbeilage der Zeitung abgedruckt wurden. Da musste durch das Verschieben der Buchstaben eines Namens der Beruf und Wohnort der betreffenden Person herausgefunden werden. Mein Vater und ich rätselten leidenschaftlich, bis zum Beispiel Stina Fellbori ihr Geheimnis preisgab: Sie war, etwas enttäuschend, ganz einfach Floristin aus Basel. Und eine zweite Erinnerung tauchte auf, als ich begann, Buchstaben herumzuschieben: die Erinnerung an den Lesekasten.

Ein Lesekasten, auch Setzkasten genannt, ist eine flache Kartonschachtel mit aufklappbarem Deckel. Ihr Innenleben ist in kleine Kästchen eingeteilt. In ihnen ruhen flache Kartonbuchstaben, bedruckt mit Großbuchstaben auf der einen Seite, mit den entsprechenden kleinen auf der anderen. Auf den Innendeckel der Schachtel sind sechs schmale Leisten geklebt, auf welche die Buchstaben gestellt werden können. So schrieb ich meine ersten Wörter: Ich suchte in den Fächern nach den entsprechenden Buchstaben und schrieb Esthi, meinen Kindernamen, den ich bestaunte. Dieser Name war ich: zwei dünne blonde Zöpfe, eine

Schürze, Kniesocken, ich entsprach den Buchstaben auf der Holzleiste: Esthi. Und so ging es weiter: Das Wort-Haus war ein Haus wie das, in dem ich wohnte, ein steinernes Haus mit fünf Stockwerken, dem Wort-Hund sah man die vier Beine nicht an und er stank auch nicht wie der Hund unserer Nachbarin im vierten Stock, der den Namen Ulysses trug, den ich weder aussprechen noch schreiben konnte. Üliss nannten meine Schwestern und ich den Hund und hielten uns die Nase zu. Üliss schrieb ich später in einem Aufsatz mit dem Titel: Wo ich wohne. Das allerdings ließ die Lehrerin nicht gelten, sondern verbesserte in Ulysses, was mich sehr erstaunte. Woher wollte sie wissen, wie der Name des Hundes unserer Nachbarin geschrieben wurde? Die Faszination des Lesekastens war groß. Bald lernte ich, mit dem Kasten die Langeweile zu vertreiben. Ich stieß ihn vom Pult und verbrachte den Rest der Stunde damit, die Buchstaben zusammenzusuchen und in die Fächer zu sortieren. Ein frühes, absichtsloses Anagrammieren vielleicht, das mir so viel Spaß machte, dass ich bald als besonders ungeschickt galt, was den Lesekasten betraf. Als Schutzgatter eben.

Viele Jahre später rettete meine Schwester, die ehemalige Lehrerin, mehrere Lesekästen vor der Entsorgung. Fünf Kästen übergab sie mir, die einen mit Spuren von suchenden Kinderhänden und Kritzeleien auf dem Deckel, andere völlig neu, dazu einen Sack voller Buchstaben, die ich sofort nach dem ABC sortierte. Auf dem Tisch, nicht unter der Schulbank. Einige Kästen und viele Buchstaben verschenkte ich, den Rest der Buchstaben bewahre ich auf, sauber getrennt, in kleinen geflochtenen Schächtelchen, in denen ich einst Tee im Bioladen kaufte.

Das Anagramm, auch Letterkehr, Letterwechsel oder Schüttelwort, ist ein Wort oder eine Wortfolge, welche aus den Buchstaben eines anderen Wortes oder einer anderen Wortfolge gebildet wurde. Wesentlich ist, dass alle Buchstaben des ursprünglichen Wortes im späteren Anagramm verwendet werden.[52]

Wie lässt sich die Faszination des Anagrammierens erklären? Oft scheint im Anagramm ein ungeahnter Aspekt des gewählten Wortes oder Satzes auf, das Anagramm eröffnet einen neuen Blick. Man zieht so quasi vor dem Wort einen Vorhang weg und sieht, was dahinter steckt, wirft einen Blick hinter die Kulisse, hinter die Fassade eines Wortes. Das macht das Anagrammieren von Anfang an spannend. Was werde ich entdecken?
Die Buchstaben liegen auf dem dunkelroten Tablett aus Bakelit, daneben Stift und Papier, um alle entstehenden Anagramme aufzuschreiben. Ich bin konzentriert, gehöre den Buchstaben, die ich schiebe, wie ich will, die mir ungeahnte Zeilen eröffnen, dann wieder sich sträuben gegen meine Wünsche. Ein einsames Tun, das Anagrammieren, eine Sammeltätigkeit, die wer weiß wohin führen kann. Später, viel später erst beim Zusammenstellen der einzelnen Zeilen setzt eine Art Fieber ein. Hastig lese ich die bisherigen Zeilen durch, ja, diese passt und jene auch, ich schreibe aus der gesamten Sammlung die möglicherweise zusammenpassenden Zeilen auf ein leeres Blatt. Und zurück zum Tablett, die erste Zusammenstellung ruft nach einer bestimmten Ergänzung, die vielleicht noch zu finden ist. Die raschelnden Blätter, der Schwung des Bleistifts auf dem Papier, die tappenden Pfoten des jeweiligen Hundes oder sein leises Schnarchen, die Buchstaben im Lampenlicht. Irgendwann entscheide ich mich. Die einen Zeilen will ich behalten, andere weglassen. Heißt es nicht, beim Schreiben sei der wichtigste Teil das Weglassen – und bei der Erinnerung sei das Vergessen wichtiger als das Erinnern? Irgendwann ist es da, das Anagrammgedicht, irgendwann wird sichtbar, welche Richtung mir die Buchstaben

gewiesen haben, welchen Sinn sie hinter der Ausgangszeile entdeckten. Immer dann, wenn das Hirn sich ausruht, entdeckt es etwas Unerwartetes:

> *Rastend dein Hirn*
> *nahte dir der Sinn:*
> *Der Sinn dahinter.*

Außer den Buchstaben der Lesekästen benutze ich auch solche aus einem Spiel, rund, farbig, rückseitig mit Frotteestoff belegt. Früher schob ich auch Scrabble-Buchstaben hin und her, ein R zeigt noch heute Abdrücke von Geas Zähnen. Andere Buchstaben wurden von verschiedenen Hündinnen zerkaut oder völlig zerfetzt.
Das Anagrammieren vollzog sich im Stillen, es war und blieb meine verschwiegene Leidenschaft. Eine meiner Freundinnen wurde angesteckt, auch Johanna ließ sich ab und zu auf den Buchstabentausch ein, sonst wusste kaum jemand davon. Nur als Kinderbuch trauten sich die Anagramme an die Öffentlichkeit. Da hieß die *Amsel Selma*, die *Fische* schwammen *schief* und der *Zitteraal* setzte sich auf den *Zeitaltar* und drehte die Zeit zurück. Das Kinderbuch *Die Amsel heißt Selma* erschien im Jahr 2000 und brachte mir viele Lesungen ein.[53] Ich reiste an Kinderbuchfestivals, verstreute auf Bühnen farbige Buchstaben aus Moosgummi, die von Kindern zu Wörtern zusammengesetzt oder einfach nach Farben sortiert wurden. Kinder spielten Buchstaben, standen als S oder A auf der Bühne. Ich ordnete die Buchstabenkinder zu Wörtern, und je nach Platz, den das Kind einnahm, veränderte sich das Wort.

Fünf Jahre nach *Selma* erschien mein zweites Kinderbuch: *Genau! sagt Paul Schlau,* wiederum illustriert von Anna Luchs.[54] Hier geht es um das Spiel mit den Vokalen bis hin zu Vokaltexten wie *ich lisi sihr girn*. Mit diesem Buch besuchte ich viele Schulklassen, die Kinder füllten die Wandtafeln mit Vokalwörtern und freuten sich, wenn andere nicht errieten, was ihre Wörter bedeuten, sie benutzten das Sprachspiel als Geheimsprache.

Die Anagrammgedichte aber, die weiterhin entstanden, scheuten nach wie vor die Öffentlichkeit. Manchmal erschrak ich ob der Kraft der Anagramme, dann, wenn ein Anagramm sich mit Bedeutungen auflud oder gar in die Zukunft wies. Das Anagramm zum Tod meiner Mutter war so eines. Ich musste irgendwann aufhören damit, zu stark war sein Sog, zu sehr enthüllte es Wahrheiten, die ich nun nicht mehr wegschieben konnte. Dieses Anagramm liebte der Verleger Martin Wallimann besonders, er nahm es auf in mein Anagrammbuch und ließ es auch in seiner Anagramm-Sprechoper zitieren.

Ich war in Italien, als mich er mich anrief. Er gebe eine Anthologie heraus, sagte er, und habe gehört, dass ich anagrammiere, er wolle etwas davon sehen. Wir kannten uns nicht, und ich war sehr verblüfft, dass ein Verleger auf mich zukam. Doch er war ernsthaft interessiert, und so kamen die ersten Anagramme aus ihrem Versteck, ihr geheimes Leben wurde öffentlich in der Anthologie *Die Welt hinter den Wörtern*.[55] Plötzlich waren wir nicht mehr nur zu zweit, meine Freundin Anna und ich, plötzlich war da ein ganzes Buch voller Anagramme, gemacht von Menschen, die wie wir nach dem Sinn hinter den Wörtern suchten. In der Literaturgeschichte, so schreibt die Germanistin Sabine Scholl, würden Anagramme Menschen zugeschrieben, die *zu verrücktem sozialen Verhalten neigten, zu Leidenschaft und prophetischer Rede*.[56] Vielleicht gehören Anna Isenschmid und ich zu ihnen.

Später gab Martin Wallimann einen Band heraus mit meinen Anagrammen: *Das Zierfell kaute* hieß der Titel, der in mir das Bild eines kleinen pelzigen Tieres entstehen lässt, ein junger Fuchs vielleicht, ein Tierchen, das, um den Hals einer Frau gelegt eben diesen Hals zärtlich anknabbert. *Al-*

les für die Katz war die Ausgangszeile, die mich zum Zierfell geführt hatte.[57]

Dank Martin Wallimann lernte ich andere Anagrammleute kennen. Sein unerwarteter plötzlicher Tod ließ uns konsterniert zurück. Er war es gewesen, der unsere Treffen im Rahmen der Buchmesse in Luzern organisierte und an einer der Veranstaltungen jeweils den Schweizer Anagrammpreis verlieh. Einige aus unserer Gruppe erhielten diesen symbolischen Preis, der aus Anerkennung bestand. Martin Wallimann hielt uns zusammen mit seinen Ideen und Vorschlägen, wie zum Beispiel die Menukarte eines Restaurants zu veranagrammieren. Nun fehlte er uns als Ansprechpartner. Zudem war er unser Verleger gewesen, ob wir je wieder einen Verlag finden würden, blieb vorläufig offen. Mein sorgfältig gestaltetes Buch war nach seinem Tod nicht mehr lieferbar. Er hatte auf Bestellung fünf oder zehn Exemplare gedruckt und gebunden.

Wir rafften uns auf und gründeten die *Anagramm-Agentur*[58], ein loser Zusammenschluss, ähnlich wie die *Literatursuppe*. Unsere Gruppe trifft sich unregelmäßig, doch der Austausch und die gelegentlichen gemeinsamen Aktivitäten sind mir wichtig. Einige von uns sind gestalterisch tätig, andere schreiben Bücher. Aber wir alle sind fasziniert von Anagrammen.

Sophie Taeuber und das Quadrat
Sophie uebt unser Dada-Quadrat.
Oberphantast! Die du aus Quader
behaupte, das Quadrat sei rund. O
Tabu ade! Sophie. Rundes Quadrat,
Sophie! Du aber neust da Quadrat.
Du! aus Phantasie bordet Quader.[59]

Esther Spinner

Für das Dada-Jahr 2016 anagrammierten wir Dada-Texte.[60] Die edition 8 war angetan und gab ein Büchlein heraus, wir gestalteten Postkarten mit unseren Anagrammen und boten einen Stadtrundgang an. 2022 erschien ein immerwährender Kalender[61], zu dem die ganze Gruppe und einige Zugewandte beigetragen haben. Das tägliche kurze Anagramm zum Lachen, zum Nachdenken, zur Freude. Es scheint, dass die edition 8 unser neuer Verlag geworden ist, der sich nicht scheut, Anagramme zu verlegen.

Der *Elefant im Porzellanladen* wurde zum Titel meines neuen Büchleins: *Allerlei an Monden zapfelt*, Untertitel *Tieranagramme*.[62] Hier fanden auch die Hunde ihren Platz. Hunde und Anagrammbuchstaben passen zwar nicht immer zusammen. Manchmal bin ich erstaunt, wie leicht das Finden neuer Zeilen nach harzigem Anfang plötzlich geht, bis ich merke, dass ein Buchstabe fehlt. Deshalb wählte ich einmal als Ausgangszeile: *Meine Hündin hat das A gefressen.*
Für Gea schrieb ich das Anagramm *Meine Huendin ist tot.* Ich schrieb es in Stuttgart, wo ich dank einem Stipendium drei Monate lang im Schriftstellerhaus, dem Häusle, schreiben durfte, hundelos nach ihrem Tod.

Gea starb in der Küche, in ihrem Korb. Vor Monaten hatte die Tierärztin einen Tumor im Hals entdeckt. Als Gea schon narkotisiert auf dem Untersuchungstisch lag, empfahl die Ärztin, ihr gerade ganz hinüberzuhelfen, ihr Leiden sei nicht zu heilen. Ich zögerte, Gea sah schon so tot aus, vielleicht wäre es besser, wenn – zum Glück war Johanna dabei, die sich vehement wehrte. Gea habe das Recht, ihr Leben zu ihrem Zeitpunkt zu beenden. So nahmen wir sie wieder mit nach Hause. Dank dieser Entscheidung lernte ich, dass ich den Tod besser ertrage, wenn ich den Prozess miterleben darf. Die schnellen Tode, wie bei meiner sardischen Freundin und später bei Punta, diese schnellen Tode zu akzeptieren fällt mir schwer.

Geas blutender Tumor im Hals veränderte unseren Alltag. Die Wohnungsböden bedeckten wir mit Leintüchern, die wir im Brockenhaus stapelweise einkauften und regelmäßig entsorgten. Gea röchelte nachts, sodass ich sie aus meinem Schlafzimmer verbannen musste. Doch noch immer wollte sie zugedeckt werden. Wir ließen für sie Meditationsmusik laufen, und ich las ihr Abend für Abend Barockgedichte vor, am Boden sitzend neben ihrem Korb, angelehnt an die Küchenwand. Ich glaube, meine Stimme, meine Nähe taten ihr gut. Und natürlich wirkten die Gedichte, der Rhythmus, die Worte auf sie und mich beruhigend. Ich las Christian Hoffmann von Hoffmannswaldau:

Was ist die Welt und ihr berühmtes Glänzen? / Was ist die Welt in ihrer ganzen Pracht? / Ein schnöder Schein in kurzgefassten Grenzen, / Ein schneller Blitz bei schwarzgewölkter Nacht.[63]

Ich las Christian Knorr von Rosenroth:

Morgenglanz der Ewigkeit, / Licht von unerschöpftem Lichte, / Schick uns diese Morgenzeit / Deine Strahlen zu Gesichte / Und vertreib durch deine Macht / Unsre Nacht![64]

Ich las und las, das Lesen wurde zur gemeinsamen Meditation, die Gedichte, meine Stimme und das Schnarchen von Gea vermischten sich zu einem Gewebe, das sich als wärmende und tröstliche Decke um uns beide legte.
Sigrid Nunez beschreibt in ihrem Buch eine ähnliche Szene. Sie liest der geerbten achtzig Kilogramm schweren Dogge vor, und ist, wie ich, überzeugt, dass die Dogge das genießt:

Vom Stapel der Bücher auf dem Tisch nehme ich Rilkes Briefe an einen jungen Dichter, ein Buch, das ich in einem meiner Seminare durchnehme. Ich schlage es auf und beginne laut zu lesen. Nach ein paar Seiten zeichnet sich ein Lächeln auf Apollos Gesicht ab, eine halb geöffnete

Schnauze, die man ständig bei anderen Hunden sieht, aber besorgniserregend selten bei ihm. Während ich weiterlese, legt er sich auf den Boden, auf meine Füße und drückt gegen meine Schienbeine. Er legt den Kopf auf den Pfoten ab und wendet mir jedes Mal den Blick zu, wenn ich umblättere. Seine Ohren bewegen sich als Reaktion auf meine Stimme.[65]

Sie beschreibt im Weiteren, dass Kinder mit Sprechstörungen aufgefordert werden, Hunden laut vorzulesen. Kinder, die Hunden vorläsen, würden schnellere Fortschritte machen als Kinder, die Menschen vorläsen. Eine offizielle Erklärung gibt es dafür nicht. Ich bin sicher, es ist deshalb, weil Hunde unvoreingenommen zuhören. Sie heben keine Augenbraue, wenn das vorlesende Mädchen stockt, sie verziehen nicht den Mund oder schütteln leicht den Kopf, wenn der vorlesende Junge stottert. Hunde hören einfach zu.

Tiere sind so angenehme Freunde, sie stellen keine Fragen und üben keine Kritik.[66]

Dieses Zitat von George Eliot finde ich im Internet. Zu Sigrid Nunez und mir gesellt sich eine ganze Schar von vorlesenden Kindern und zuhörenden Hunden. Wir sind nicht allein.

Ich las Gea vor, Abend für Abend, deckte sie danach zu und schloss die Tür zu meinem Schlafzimmer. Morgen für Morgen war mein erster Gang der in die Küche. Und da lag sie, wedelte schwach, wenn sie mich sah. Noch trottete sie mit mir die Treppen hinunter, erledigte ihr Geschäft hinter dem Haus. Ab und zu nahm ich sie mit ins Spital, die Hintertreppe hinauf in mein Büro, manchmal lag sie während einer Sitzung auf ihrem Leintuch, das ich mitgebracht hatte. Noch war palliative Pflege nicht sehr bekannt, aber Johanna und ich wandten ihre Prinzipien an: Wir linderten Geas Schmerzen und versuchten, ihr ein Stück Lebensqualität zu erhalten. Noch schnupperte sie an interessanten Ecken beim kurzen Rundgang, noch entspannte sie sich, wenn sie meine Stimme hörte. Noch war es, wie es immer gewesen war: Gea war dabei.

Bis sie eines Morgens tot in ihrem Korb lag, in derselben Haltung, in der ich sie am Abend verlassen hatte. Johanna war beruflich unterwegs, in ihrem Bett lag eine Freundin, die sich mit einem *Ah ja* umdrehte und weiterschlief. Ich setzte mich zum letzten Mal neben Gea. Mit zitternder Stimme sagte ich ihr unser Gedicht auf, auswendig, das Gedicht von Silja Walter, das uns beiden gehörte. Ich streichelte ihren erkaltenden, abgemagerten Körper. Wie nur sollte ich ohne ihre Begleitung weiterleben? 14 Jahre hatten wir zusammengelebt, 16 Jahre alt war sie geworden. Meine Trauer wurde nicht von allen Menschen um mich herum verstanden. Gea war doch ein Hund gewesen, kein Mensch. Dass Trauer in jedem Fall ernst genommen werden sollte, war nicht allen klar. Ich aber trauerte um meine kleine weiße Hündin, die ich verloren hatte. Kein Wedeln mehr beim Heimkommen, kein Fellbündel mehr auf meinem Bauch, kein Zudecken mehr der eingekugelten Gea.

Mein kleiner weißer Hund und ich

Mein kleiner weißer Hund und ich,
Wir geh'n durch alle Türen.
Wir suchen dich. Wir suchen mich.
Wir weinen und wir frieren.

Der Regen kreiselt groß im See,
wirft Ringe in die Runde.
Ich weiß nicht, wo ich geh' und steh'
Mit meinem kleinen Hunde.

Die Welt ist weit. Und weit bist du.
Wo enden Weg und Reise?
Ich hör' dem großen Regen zu –
mein kleiner Hund bellt leise.[67]

Silja Walter

1992 bewarb ich mich um ein Aufenthaltsstipendium in Stuttgart und bekam es. Drei Monate durfte ich im Jahr darauf in Stuttgart leben und schreiben. Im Frühling 1993 war Gea gestorben.
Die erste Frage, die ich der Leiterin des Stuttgarter Schriftstellerhauses stellte, war: Haben Sie einen Hund? Sie hatte keinen, obwohl sie nach Hund und langen Spaziergängen aussah. Nein, sie hatte keinen. Ich verbrachte die Stuttgarter Monate ohne Hund, spazierte allein, schlief allein, schrieb allein. Im Herbst war meine sardische Freundin bei einem Unfall gestorben. Ich steckte mitten in einem Buch, das später unter dem Titel *Meine Mutter hat meinem Vater mit einer Pfanne das Leben gerettet* herauskam, ein Titel, der von den einen als wunderbar und humorvoll, von anderen als unsäglich beurteilt wurde. Damals, in Stuttgart, wusste ich von diesem Titel noch nichts. Dafür fand ich für die *Pfanne* die Form, die ich lange gesucht hatte. Ich wusste ungefähr, was ich erzählen wollte, jedoch nicht, aus welcher Perspektive. Sollte ich in der Ich-Form erzählen? Aus mehreren Perspektiven? In der Vergangenheitsform, in der Gegenwart? Bis ich Lettie erfand – oder sie mich fand – und ich mich endlich entschloss, dieser Stimme zu vertrauen. Lettie, die mittlere Tochter der Buchfamilie, berichtete über die Familiengeschehnisse, und zwar nur das, was sie sah und hörte. Damit bestimmte sie den Ton des Textes. Die *Pfanne* blieb für lange Zeit mein letztes Buch, da ich um Gea trauerte und um meine sardische Freundin. Ich fand kaum aus dieser Trauer heraus. Nur das Schreiben über ihren Verlust half etwas, doch bis dieser Text eine Form bekam, lesbar wurde, dauerte es Jahre.

Ein Nebenprodukt meines Schreibens in Stuttgart war das Stuttgarter Skizzenbuch: Notizen übers Schreiben, über das Leben im Häusle direkt an der Autobahn, darüber, wie eine alleine lebt in einer fremden Stadt. Das Skizzenbuch ist unveröffentlicht, ein Exemplar blieb in Stuttgart im Häusle, in dem jede Stipendiatin, jeder Stipendiat etwas hinterlassen sollte als sichtbares Zeichen des Hiergewesenseins, das zweite Exemplar lag bei mir im Keller. Mit den Heften, in denen die Kritiken klebten, trug ich es in meine Wohnung hoch. Viele Jahre habe ich nicht mehr in dieses Skizzenbuch geschaut und finde nun einiges über das Schreiben und das Kreisen um die Schreibmaschine, damals noch, und über die Angst davor, die falschen Wörter aufzuschreiben, die den Text prägen würden, die Angst, den Ton nicht zu treffen.

Dass das früher schon so war, habe ich vergessen, doch in meinem Stuttgarter Skizzenbuch von 1993 steht genau das: *Dann kommt mir in den Sinn, dass ich ein volles Jahr zu Hause rumgehängt bin und danach in drei Wochen die erste Fassung ›starrsinn‹ geschrieben habe.*

Sobald ein Buch fertig ist, vergesse ich, wie es entstanden ist, muss für jeden Text die ihm eigene Arbeitsform finden. Drauflosschreiben oder langsam vorgehen? Abwarten und kreisen oder immerhin täglich einen Satz aufschreiben? Es dauert, bis sich eine regelmäßige Schreibpraxis einstellt.

Eben habe ich mich durch das über 700 Seiten dicke Buch von Georges Perec gelesen mit dem Titel *Das Leben. Gebrauchsanweisung.*[68] Darin beschreibt er verschiedene Mieterinnen und Mieter eines großen Wohnhauses. Auch Bartlebooth wohnt in diesem Haus. Nach zehn Jahren Malstunden macht er sich auf eine Weltreise, auf der er hunderte von sogenannten Seestücken malt. Sein Diener schickt diese Bilder einem der Nachbarn, der diese Bilder auf Spanplatten klebt und auf eine ganz eigene Weise zersägt, so dass jedes Mal ein anderes Puzzle entsteht. Nach seiner Weltreise setzt Bartlebooth diese Puzzles wieder zusammen. Zwei Wochen gibt er sich für jedes, was, wie sich herausstellt, letztlich nicht reicht. Denn jedes neue Puzzle gibt ihm neue Rätsel auf:

> *Jedes Puzzle (...) war für Bartlebooth ein neues, einzigartiges, unersetzliches Abenteuer. Jedes Mal, wenn er (...) die siebenhundertfünfzig Holzteile, zu denen sein Aquarell geworden war, auf der Decke seines Tisches ausbreitete, hatte er den Eindruck, dass die ganze Erfahrung, die er seit fünf, zehn oder fünfzehn Jahren sammelte, ihm überhaupt nichts nützte, dass er es, wie jedes Mal, mit Schwierigkeiten zu tun hätte, die er nicht einmal ahnen konnte.*

Und Günther Grass im Interview mit Iris Raddisch:

> *Das Papier ist nach wie vor erschreckend weiß. Man kann nicht wie bei technischen Berufen auf bestimmte Erfahrungen aufbauen. Das Wagnis, in eine ungeordnete Stoffmasse so etwas wie eine erzählbare Ordnung hineinzubringen, ist für mich ein durch nichts zu ersetzendes Abenteuer.*[69]

Offenbar können auch andere nicht auf ihre Erfahrung zurückgreifen, müssen immer wieder eine Arbeitsweise erfinden, die dem Puzzle oder der Stoffmasse angemessen ist. Einzigartig, neu, durch nichts zu ersetzen sei dieses Abenteuer. So habe ich meine Arbeit noch nie gesehen, als Abenteuer. Als Wagnis schon, weil ein falscher Ton den ganzen Text zerstören kann. Zu diesem Wagnis kommen auch die Fragen nach den Inhalten. Was will ich überhaupt erzählen? Und wie?

Auch mit diesem Text ist es so: Das Thema schält sich langsam aus der Ideenmenge heraus, zeigt sich klarer, gewinnt an Kontur. Ich denke an Wörter und Sätze, Erlebnisse und Erinnerungen auf den Hundespaziergängen, beim Bügeln oder unter der Dusche. Selbst beim Lesen ist ein Teil meines Kopfes mit dem entstehenden Text beschäftigt. Das ist das Faszinierende am Schreiben: Der Fokus, der entsteht.

Alles, was ich lese, sehe, höre, ordnet sich ihm unter oder gesellt sich ihm zu. Ist es Zufall, dass gerade jetzt so viele Artikel publiziert werden über Frauen in der Literatur, Frauen in der Kunst, über Hunde und ihre Fähigkeiten? Alles scheint das, was ich schreibe oder schreiben will, zu ergänzen, zu spiegeln. Dieser Fokus bündelt, was sonst lose um mich herumflattert. Plötzlich ist ein Bezug da, fast hätte ich Sinn geschrieben, was es, mit Blick auf den Text, wohl auch ist. Selbst die Träume nehmen den Rhythmus der Sätze an. Nun gilt es, diesen Sätzen zu vertrauen.

In Stuttgart litt ich, trauerte zweifach: um meine sardische Freundin Nella und um meine kleine weiße Hündin, die mich so lange begleitet hatte. Ich vermisste ihren Blick, ihre Wärme an meinem Bein, sie fehlte mir auf den Spaziergängen. Nichts konnte ihre Fröhlichkeit, ihre Zugewandtheit und ihre unveränderliche Zuneigung ersetzen, ich war allein mit mir und den Wörtern in einer Stadt, die von mehreren Autobahnen durchschnitten wird. Eine, so schien mir, führte direkt durch das Häusle. Im Stuttgarter Skizzenbuch finde ich Fotos von mir. Mit einem Schal um den Kopf versuche ich mich vor dem Lärm zu schützen. In der nahen Bäckerei, in der ich morgens meine Brötchen kaufe, werde ich angeschnauzt: Und außerdem? Mir kommt dieser Umgangston ruppig vor, so wie den Menschen in Stuttgart meine Sprache seltsam vorkommt.

In reizvollem Kontrast zur puristischen Sprache des Erstlingsromans ›die spinnerin‹ steht Esther Spinners verschluckender und gurgelnder Akzent,

schreibt die Stuttgarter Zeitung nach einer Lesung.[70] Ich hingegen, so werde ich zitiert, würde mir mit meiner Sprache voller Helvetismen *eigenartig schwerfällig* vorkommen.

Seit zehn Jahren gab es das Häusle an der Kanalgasse 4 in Stuttgart, als ich als dritte Autorin aus der Schweiz dort sein durfte, einer der beiden Schweizer sei mit einem großen Hund gekommen, wie mir die Leiterin erzählte. Manchmal, wenn die Sehnsucht zu groß wurde, schnupperte ich den Spuren dieses unbekannten Tieres nach, meinte, hinter dem Kühlschrank oder unter dem Bett ein paar Haare zu entdecken, einen Pfotenabdruck im Bad. Ich war nie weiter entfernt, Hund zu werden, als in Stuttgart. Johannes Poethen, der Poet, hatte damals die Politik davon überzeugen können, dass es gescheiter war, das schmale Haus im Bohnenviertel für die Kultur zu nutzen, anstatt es abzureißen. Ich lernte Johannes Poethen im Häusle kennen, wie auch seine ehemalige Gefährtin Margarete Hannsmann. Einen ganzen Tag verbrachten wir zusammen auf dem Neckar, fuhren mit dem Schiff ins Literaturarchiv, wo ich staunend meine Bücher entdeckte. Nahe kamen mir die beiden nicht, wir blieben beim Sie, auch seine Gedichte berührten mich nicht. Als ich ein paar Jahre später Margarete Hannsmanns *Tagebuch meines Alterns* las, da allerdings fühlte ich mich ihr verwandt. Ich finde das Buch im Regal sofort, vorne drin steht mit Bleistift: schreiben S. 49 / lesen S. 55 / altern S. 80. Beim Blättern fallen mir andere Stellen auf, ich bekomme Lust, das Buch nochmals zu lesen. Siebzig Jahre alt war Margarete Hannsmann, als es erschien, 2007 ist sie mit 86 Jahren gestorben. War es der Altersunterschied, der uns trennte, damals auf dem Neckar, in Marbach, waren es unterschiedliche Blicke auf die Welt?

> *Hoffen wider alle Wahrscheinlichkeit. Hoffen, die Erde*
> *möge erhalten bleiben, und auf ihr die Sprache, in der*
> *ich schreibe. (…) … eine Kontinuität herzustellen,*
> *ein Klima zum Schreiben: Regelmäßigkeit.*[71]
> Margarete Hannsmann

Johannes Poethen ist verstorben, ebenso meine beiden Schweizer Vorgänger im Häusle. Margarete Hannsmann schreibe gegen die Angst vor dem Tod, so steht es im Klappentext ihres Buches. Ob ihr das Sterben leicht fiel?
Auch die Dichterin Ewa Najwer lernte ich im Stuttgarter Häusle kennen, wo sie einige Tage auf Besuch war. Die Menschen in Polen, so erzählte sie mir, hätten ihr Papier vor die Tür gelegt, damit sie weiterhin ihre Gedichte schreiben konnte, die unter der Hand weitergegeben wurden.

Poesie

immer mehr Menschen
sprechen in Versen
zu Menschen
deren Zahl
immer kleiner wird

es knirscht
zwischen den Zähnen
der Sand
der tauben Worte[72]

Ewa Najwer

Welch ein Glück, dass sie schrieb. Hoffentlich hatte sie seit der Wende genügend Papier. Ob sich jetzt die Situation wieder ändert? Im Sommer 2022 wurde von einer Fachzeitschrift einer meiner Artikel abgelehnt: Papier sei teurer geworden, deshalb seien sie angehalten zu sparen und nur Texte zu drucken, die strikt mit ihrem Fachgebiet zu tun hätten.
Das Internet berichtet, Ewa Najwer sei 2019 mit 86 Jahren gestorben. Heute traure ich um sie und um eine verpasste Freundschaft. Ein Jahr vor Ewa Najwers Tod wurde ihrer Landsfrau und Kollegin Olga Tokarczuk der Literaturnobelpreis zugesprochen, der ihr allerdings wegen Querelen im Nobelpreiskomitee erst 2019 überreicht wurde, im To-

desjahr von Ewa Najwer, die sich sicherlich darüber gefreut hätte.

Hundelos streifte ich durch Stuttgart, tauchte ein ins Mineralwasser im Thermalbad Berg, das prickelnd leicht nach Schwefel roch und in dessen Außenbecken eine klare Regelung galt: Rechtsherum wurde geschwommen und nicht linksherum. Vielleicht galt auch das Gegenteil. Ich wurde jedenfalls darauf hingewiesen, dass ich verkehrtherum schwamm und doch bitte die Richtung wechseln solle. Rund um das warme Innenbecken standen abgelegte Prothesen und Rollstühle, auf der Wiese hölzerne Liegen. Der ältliche Charme gefiel mir, die Ruhe, kein Kindergekreisch wie auf der Rutschbahn im Leuze, dem moderneren Bad nebenan.

Ich saß in der Milchbar im Schlosspark und las Märchen von Friedmund von Arnim, erinnere mich an einen versteckten Brunnen mit einer Statue, die ich oft besuchte. Stand da ein Spruch, ein Name? Auf dem Hoppenlau-Friedhof schrieb ich Inschriften ab:

> *Ruh sanft in Grabesnacht!*
> *Dich weckt ein schöner Morgen*
> *zu reichem Mutterlohn,*
> *nicht mehr zu Muttersorgen.*
>
> *Freudig die Schule des Lebens nützend*
> *für die Ewigkeit*
> *nahm sie*
> *Leiden als Lehre*
> *Freude als Geschenk*
> *Pflicht als Genuss*

Bevor ich ins 20. Jahrhundert wechselte, las ich *Middlemarch* von George Eliot. Den männlichen Namen als *nom de plume* wählte sie, damit ihre Bücher nicht als Frauenromane oder Romanzen gelesen wurden. Mit ihrem Können und ihrer Strategie wurde sie zu einer der bekanntesten englischen Autorinnen im 19. Jahrhundert. Ich erfreute mich an ihrer Sprache und ihrem Witz:

> *Er hatte seine voluminösen Auszüge und Notizen zusammengetragen und dadurch jene Art von Berühmtheit erlangt, die eigentlichen Taten vorausgeht – und aus welcher der Ruhm eines Mannes oft zur Hauptsache besteht.*[73]

Nach George Eliot las ich Bücher über das Dritte Reich und den Krieg, der Stuttgart fast gänzlich zerstört zurückließ, genügend Platz schuf für die Autobahnen quer durch die Stadt, gegen deren Lärm ich im Häusle anschrieb. Ich suchte nach dem richtigen Blickwinkel für meinen Text, nach der Erzählperspektive, ich schrieb Gedichte und kurze Geschichten, anagrammierte und malte die Anagramme mit Farbstiften zu vielfarbigen Flickenteppichen. Ein Anagramm schrieb ich für den Dichter Johannes Poethen, eines für die tote Gea.

Meine Huendin ist tot

*meine Huendin ist tot /
ein Tod mit Sinn? Heute
ist mein Tod / nein / heut
ist meine Tote hin und
ist nun ohne die Mitte*

*oh die Mitte einst / nun
eint Tod / eint uns heim /
Hund einet im Totsein /*

*ein Sinn huetet im Tod /
niste du im Totenheim /
uns eint dein Heim / tot
tot ist meine Huendin /
du Einheitsminne / tot*

*dein Ton im Einst / heut
ist ein Du ohne Mitten /
meine Huendin ist tot*[74]

Letztlich fand ich in Stuttgart den passenden Ton für die *Pfanne*. Denn jeder Text hat seinen eigenen Ton: Der Ton, in dem Form und Inhalt zusammenfallen.
Drei Monate streifte ich allein durch die Stadt, ausgenommen die Woche, in der mich Johanna besuchte, und drei Tage mit meiner Schwester. Ich entdeckte einen vollgestopften Buchladen, der mich magisch anzog. Herr Niedlich hieß der Buchhändler, der dieses Reich regierte. Der Schriftsteller Otto Marchi schilderte in der Zeitschrift *Du* wie es bei Niedlich aussah:

> *... wohlgeordnetes Chaos, das sowohl Jandl- und Mayröcker-Gassen, eine Achternbusch-Pyramide, eine Brecht-Chaussee, ein Enzensberger-Hochhaus, als auch einen Joyce-Turm und ein Robert-Walser-Gebirge beinhaltete, das alles überragte.*[75]
>
> Otto Marchi

Ich schlängelte mich durch die engen Täler und Schluchten, finden ließ sich gar nichts. Doch Herr Niedlich wusste erstaunlicherweise genau, was sich wo befand.
Einen großen Bogen hingegen machte ich um das Frauencafé und den Frauenbuchladen. Aus Angst davor, erkannt zu werden? Aus Angst davor, nicht erkannt zu werden? Erst wenige Tage vor meiner Abreise wagte ich mich hin, und ja, die Buchhändlerin kannte meine Bücher und lud mich spontan zum Nachtessen ein. Wie schade, dass ich nicht früher den Mut gefunden hatte. Und doch wieder nicht. Ich hatte dem Alleinsein auf den Grund gehen wollen, erfahren, ob und wie es auszuhalten war. Die Begegnung im Frauenbuchladen führte zu einer langjährigen Freundschaft, zu Besuchen hin und her, zu regem Austausch über Bücher und das Schreiben.

Bei Herrn Niedlich bestellte ich ihn: Den Dornseiff, mit dem ich nach Zürich reiste. Sein Gewicht trug dazu bei, dass irgendetwas brach bei meinem Rollwägeli – Rollkoffer waren noch nicht üblich –, das Rollwägeli, auf das ich den Koffer gebunden hatte, brach, sodass ich es nur ziehen konnte, wenn ich tief gebückt ging. Zum Tragen war der Koffer zu schwer, und so zog ich ihn auf dem lädierten Wägeli quasi auf Knien über den Zürcher Bahnsteig, auf dem meine Liebste wartete mit einem Schild, das sie über ihren Kopf hielt, mein Name darauf in Großbuchstaben. Ich fiel ihr um den Hals, der Koffer fiel und das Schild wohl auch.

Den Dornseiff hatte ich in der Bibliothek des Häusle kennengelernt. Doch es kam mir nicht in den Sinn, ihn erst in Zürich zu kaufen. Er musste aus Stuttgart kommen. Meine Ausgabe ist die *siebte, unveränderte Auflage* der Originalausgabe von 1933.
Der deutsche Wortschatz nach Sachgruppen, so der korrekte Titel, über dem in orangeroten Buchstaben Dornseiff steht.[76] Bald hatten wir eine enge Beziehung zusammen. Was meinst du, Franz, frage ich ihn, und meist gibt er Antwort. Wenn wir gerade etwas auf Distanz gegangen sind, nenne ich ihn Herr Dornseiff. Das mag er.
Dieser Franz Dornseiff unternahm in den zwanziger und dreißiger Jahren des letzten Jahrhundert den Versuch, die sprachliche Welt zu ordnen. In zwanzig Sachgruppen teilte er sie ein, von der anorganischen Welt über Raum und Zeit zu Charaktereigenschaften und über Recht und Ethik hin zu Religion. In diesen zwanzig Gruppen versammelte er Wörter, die er wiederum gliederte. Jede der zwanzig Hauptabteilungen hat verschiedenste – bis zu neunzig – Unterabteilungen. Da gibt es Wörter und Gegenwörter, Benennungen aus verschiedenen Gegenden wie Sachsen oder Bayern, Adjektive, Verben und Substantive. Das alphabetisch geordnete Inhaltsverzeichnis umfasst einen Drittel des Buches. Hier finden sich alle vorkommenden Wörter, versehen mit Nummern, damit sie in einer der

Hauptabteilungen und den zugehörigen Unterabteilungen gefunden werden können. Was immer ich suche, im Dornseiff finde ich die passenden Wörter. Einmal stand das Bild einer Frisur vor meinem inneren Auge, den Namen lieferte Franz. Danke, sagte ich zu ihm, als ich ihn auf seinen Platz auf der Kommode zurückschob. Auch den Namen für den *Schriftwechsel* fand ich im Dornseiff. Ich kannte den Briefwechsel, aber nicht den Schriftwechsel, ein Wort, das mir heute noch ausnehmend gut gefällt. Etwas zu finden im Dornseiff braucht seine Zeit. Vom Inhaltsverzeichnis ausgehend arbeite ich mich vor, beim Wort *schreiben* werde ich auf zwölf Nummern verwiesen. Gehe ich diesen allen nach, werde ich geführt und verführt. Da lande ich bei *Leib und Seele* und bei *vollbringen, vollenden*. Einverstanden, Franz, beides hat mit Schreiben zu tun, aber du führst mich auf Abwege und Umwege. Zugleich regst du mich zum Nachdenken an. Die letzte Nummer zum Thema Schreiben führt mich zu *Aberglaube, Zauberei* und schon bin ich bei einem meiner Texte angelangt.

Zeichenzauber

eins

Zeichen zu Wörtern zusammenstellen und sie mit meiner persönlichen Deutung versehen. Jedes Wort beschriften und versorgen in meinem Innern bei ähnlichen Wörtern, ablegen bei ihresgleichen. In meinem Wortarchiv wiederum Wörter hervorsuchen und auslegen aufs Papier, auf den Bildschirm. Das Hin und Her der Wörter von einem Ufer zum andern. Mich entscheiden schon vor der Überfahrt: Welches Wort wähle ich aus? Wie wird das Wort benannt? Lesen und Schreiben heißt übersetzen. Alles ist eins.

zwei

Ängste.
Die Angst vor den Wortschwärmen, die mich verfolgen, vor den

Wörtern, die sich mir auf die Schultern setzen, auf den Kopf, sich festkrallen am Jackenärmel, gefährlich wie Hitchcocks Vögel. Ich werde sie nicht mehr los, selbst nachts sind sie da, schwatzen in meine Träume hinein. Es gibt keinen Schutz.
Und die zweite: keine Wörter zu finden. Oder nur noch solche, die beim Übersetzen verdursten, sich vertrocknet und saftlos aufs Papier legen, zum Sterben bereit und nicht zur Mitteilung. Manchmal bietet sich ein anderes Wort an, doch es ist nicht das richtige, das einzige, das sich verträgt mit den Wörtern vor und nach ihm, mit denen oben und unten. Das ist die zweite Angst: nur noch Ersatzwörter zu finden.

drei
Zaubern
eins zwei drei
ihr Wörter
kommt herbei.[77]

Manchmal stelle ich mir sein Arbeitszimmer vor. Stand Franz an einem Stehpult, wie Walsers Gehülfe? Trug er Ärmelschoner? Arbeitete er in einem zettelübersäten Arbeitsraum, ähnlich wie dem von Friederike Mayröcker, bei der die Zettel selbst an der Lampe klebten? Oder hatte er ein Wörterzimmer wie Herta Müller, die ihre Wörter in Schubladen hortet, aus denen sie immer öfters ausbrechen? Vielleicht war bei Franz Dornseiff alles ordentlich: Gestelle mit eingepassten und nummerierten Karteikästen in denen die Wörter griffbereit lagerten, eine Schreibmaschine, eine Triumph vielleicht oder ein anderes Modell, sicher genauso schwer und unhandlich wie meine Maschine damals. Nach welchen Kriterien erstellte er seine Sachgruppen, die Untergruppen? Auf alle diese Fragen verweigert Franz Dornseiff die Antworten. Einen kleinen Einblick gewährt er mir dank den Vorworten, in denen er jeweils auf Kritik an seinem Werk eingeht. Niemals ist er einverstanden, wenn seine Einteilung in Frage gestellt wird. Er verteidigt seinen

Blick auf die Welt, er bleibt bei den Zauberzeichen und seinem unvergleichlichen Zauberbuch.

Viele Abteilungen widmet Dornseiff den Hunden, die so eng mit den Menschen verbunden sind, dass ihre Benennungen kaum zu zählen sind. Oft sind sie so grob, dass ich annehme, dass sich dahinter eine große Liebe versteckt. Das Wort Hund wird, wie Schwein auch, als Beschimpfung benutzt. Bettler werden als *Hundevolk* diffamiert, ein *Hundsbeutel* ist kein vertrauenswürdiger Mensch.

Canis familiaris: Haushund; Kläffer, Köter; Hündin:
Lärge (schles.), Läutsch (schweiz.), Petze, Tache,
Tachel (hann.), Tebe, Tiffe, Töle, Zaupe, Zobe, Zuppe

Hinweise auf Hunde finde ich auch unter *Gehorsam* und unter *Demut: Hundeseele, geprügelter Hund.*

Später gesellten sich zu Franz Dornseiff und verschiedenen Dudenbänden weitere Wörterbücher. Eines, das für mich wichtig wurde, ist das *Variantenwörterbuch des Deutschen.*[78] Darin steht schwarz auf weiß, dass auch das schweizerische Deutsch eine der deutschen Standardsprachen ist. Damit sind nicht etwa Mundartwörter gemeint. In der Schule habe ich gelernt, das Schweizerische zu vermeiden, anstatt *Trottoir Gehsteig, Bürgersteig* oder *Gehweg* zu schreiben – lauter Wörter, die aus verschiedensten deutschsprachigen Regionen kommen –, anstatt *Weggli* das *Milchbrötchen* zu wählen und für das *Tram* das Wort *Straßenbahn*. Das Variantenwörterbuch befreite mich von diesen verstaubten Regeln, die noch in meinem Hinterkopf wohnten. Auch bei ihm bedanke ich mich jeweils, wenn ich wieder bestätigt werde in der Wahl eines Wortes.

Zwischen dem Variantenwörterbuch und dem Franz steht *Das richtige Wort zur rechten Zeit* von Emil Oesch, ein kleines Schweizer Wörterbuch aus den fünfziger Jahren des letzten Jahrhunderts, das die Wörter versammelt in *Form einer Aus-*

lese sinnverwandter Wörter.[79] Emil lehnt sich nicht nur auf der Kommode an Franz an, der immer wieder etwas wegrückt. Von so einem mageren Abklatsch seines Universums will er nichts wissen. Und doch treffe ich sie manchmal beim Diskutieren. Soll das *Musterbild* unter *Stempel* zu finden sein? Aber ja, sagt Emil, Franz zögert. Er bringt das *Musterbild* bei *Tugend* unter. Aber sicher auch noch anderswo, wie der Emil auch. Stundenlang könnte ich dem *Musterbild* nachgehen auf immer neuen Wegen.

Dass die Arbeit an einem Wörterbuch nicht immer sammeln bedeutet, kam mir noch nie in den Sinn. Doch bei Georges Perec finde ich den *Worttöter*. Dieser Mensch half mit, den *Larousse* auf den neusten Stand zu bringen. Um für all die neuen Wörter und Wendungen Platz zu schaffen, musste er veraltete Wörter und ihre Bedeutung eliminieren. Ein merkwürdiger Beruf, wie er selber sagte.

Als er nach dreiundfünfzig Jahren gewissenhaften Dienstes in Pension ging, hatte er Hunderte und Tausende von Werkzeugen, Techniken, Sitten und Gebräuchen, Überzeugungen, sprichwörtliche Redensarten, Gerichte, Spiele, Spitznamen, Gewichte und Maße verschwinden lassen; er hatte Krambambuli, Dutzende von Inseln, Hunderte von Städten und Flüssen (...), Hunderte von Kuhrassen, von Vogel- Insekten- und Schlangenarten (...), besondere Arten von Gemüsen und Früchten (...) in der Versenkung verschwinden lassen.[80]

Eines meiner Lieblingslexikons ist der Lutz Röhrich, eine einzigartige Sammlung von Redewendungen mit der entsprechenden Herkunftsgeschichte in vier Bänden. Sieben Seiten Redensarten sind dem Hund gewidmet, mehr als dem Himmel, der es nur auf drei Seiten bringt.

Der Hund ist im redensartlichen Ausdruck ebenso sehr ein Bild des Elends, Niederträchtigen und Untermenschlichen wie auch das Symbol der Treue, Wachsamkeit usw.[81]

Neu ist für mich *Da wird der Hund in der Pfanne verrückt.* Das sei ein Ausdruck der Verwunderung, lese ich, während *Das jammert einen (toten) Hund* Missbilligung ausdrückt. Ein *dicker Hund* steht für grammatikalische und orthografische Fehler und allgemeiner für eine große Frechheit. Auch *niemals* kann mit einer hündischen Redewendung ausgedrückt werden: *Niemals* ist dann, wenn *Hunde mit dem Schwanz bellen.*

Die Herkunft des Wortes *Hund* erklärt mir der Wasserzieher, den ich in einem Brockenhaus fand, vielleicht sogar in Stuttgart.[82] Das Vorwort in meinem Buch stammt noch von Dr. Ernst Wasserzieher aus dem Jahre 1917/18. Der Hund, so lese ich, kommt vom Mittelhochdeutschen *hunt,* der sich später zum Hund wandelte. Blut-, Hetz- und Jagdhunde werden aufgezählt. Und der Erzwagen der Bergmänner erwähnt, der Hund genannt werde, was vielleicht aber nicht von Hund, sondern aus dem Slowenischen abgeleitet worden sei. Auch von den Hundstagen berichtet der Wasserzieher, vom 23. Juli bis 23. August dauern sie, einen ganzen Monat lang, beginnend mit dem *Frühaufgang des Sirius, des Hundssterns.*

In letzter Zeit sind drei neue Wörterbücher zu Dornseiff, Oesch und Wasserzieher gekommen. Noch haben sie keinen festen Platz, denn die Kommode ist vollgestellt. Alle drei sind mir geschenkt worden, und als Erstes untersuche ich sie auf Hunde.

In Kurt Martis *Wortwarenladen* finde ich *Tiere* unterteilt in *Allgemein, Insekten, Flugtiere, Bodentiere, Wassertiere.*[83] Keine Wörter für Hunde, auch unter den Bodentieren nicht. Kurt Marti hat über Jahre Wortschöpfungen von Kolleginnen und Kollegen gesammelt, sie nicht nur geordnet, sondern auch benannt, von wem das jeweilige Wort stammt. Unter *Allgemein* sprechen mich die *Niemandstiere (RSchindel)* an und das Wort *stummäugig (EArendt).*

Mein Wortschatz heißt das hübsche kleine Büchlein von Thomas Widmer, der eigentlich über Wanderungen schreibt, aber eben auch Wörter sammelt: *Ich hoffe, dass mein Abc überrasche, unterhalte und amüsiere.*[84] Widmer sammelte Wörter aus der Schweiz oder mit Bezug zur Schweiz, um dem uferlosen Sammeln einen Rahmen zu geben. Hier finde ich die *Hundshenki* als Flurnamen im Appenzellischen und den *Hundsgalgen* im Baselbiet. Beide verweisen darauf, dass es früher Tierprozesse gab, in deren Rahmen Hunde zum Tode mittels Strang verurteilt wurden.

Das dritte Wörterbuch ist ein gescheitertes Projekt, das doch noch zu einem guten Ende gekommen ist. Der Wörtersammler Johann Jakob Sprengs, gestorben 1768, hat eine gigantische Wörtersammlung hinterlassen, die gegen 100 000 Artikel umfasst. Entdeckt hat diese Zettelmenge ein Germanistikprofessor in der Universitätsbibliothek Basel. 2021 erschien nicht nur die Gesamtausgabe des Allgemeinen deutschen Glossariums, sondern auch eine Auswahl unter dem Titel: *Eine unerhörte Auswahl vergessener Wortschönheiten aus Johann Jakob Sprengs gigantischem, im Archiv gefundenen, seit 250 Jahren unveröffentlichten deutschen Wörterbuch.*[85] Immer auf der Suche nach *Hund* finde ich hier *hündeln: junge Hunde werfen oder nach Hunden riechen* und das *hundisch Mahl*, das eine Mahlzeit ohne Wein sei.

Die Entdeckung der Wörterbücher nenne ich meine Stuttgarter Zeit. Schließlich war es auch ein Wort gewesen, das mir zu diesem Aufenthalt verholfen hatte, das Wort *Unterbruch*. Ich könnte einen Unterbruch gebrauchen, soll ich in meiner Bewerbung geschrieben haben. Von diesem Wort sei das Auswahlgremium entzückt gewesen, erzählte mir die Leiterin später. Im Deutschen heiße das nämlich Unterbrechung und nicht Unterbruch – den ich natürlich im Variantenwörterbuch finde, belegt mit einem Zitat aus der Basler Zeitung. Genau dieser schweizerische Ausdruck aber brachte mich nach Stuttgart. In einem mit *Briefe* betitelten

Ordner finde ich meine damalige Bewerbung. Das Wort steht nicht im Bewerbungsbrief sondern in der Kurzbiografie, die ich wirklich kurz gehalten habe. Der dritte Abschnitt beginnt so: *Unterbrüche in der Lohnarbeit, um zu schreiben, zum Teil mit Unterstützung durch Stipendien. 1979 längerer Aufenthalt in Italien, 1981 erste Buchpublikation.* Als Referenz gebe ich Laure Wyss an und meinen damaligen Lektor bei Zytglogge, Willi Schmid. Ich nehme an, dass auch diese beiden Namen und nicht nur die Unterbrüche dazu beitrugen, dass ich das erhoffte Stipendium erhielt.

Zurück in Zürich sollte, wollte ich mein Buch beenden, *vollbringen, vollenden*, ja, *mit Leib und Seele*, wie der Dornseiff meint. Doch ob das überhaupt gehen würde ohne eine Hündin, die mir dabei zuschaut?

Ohne Hund war die Ordnung meiner Tage durcheinandergekommen.

In Stuttgart lebte ich in einer Umgebung, die nicht mit Hunden verbunden war. Jetzt, wieder in Zürich, erinnerte mich alles an Gea. Das Sofa, auf dem sie gelegen hatte, oft mit mir zusammen, der Platz, an dem ihr Korb gestanden oder ihr Fressnapf, selbst die Wege im Quartier erinnerten mich an sie. Hier traf sie die kleine Hündin, die sie so mochte, und hier stritt sie sich mit dem großen Tier, vor dem sie sich eigentlich fürchtete. Hier war der Zaun, den sie jeweils ausgiebig beschnüffelte. Gea war überall. Abends saß ich verloren auf dem Sofa und kraulte die Armlehne, so wie ich Gea gekrault hatte. Ratlos ging ich durch die Wohnung, durch die Tage.
Etwa vierzehn Jahre hatten wir zusammengelebt. Sie sei meine längste Beziehung, sagte ich jeweils, eine Liebe, die mit keiner anderen zu vergleichen war. Johanna erzählte immer wieder, dass ihre Liebe zu mir über Gea geführt

habe. Niemals würde ich eine lieben, die meine Hündin ablehnte, das sei ihr von Anfang an klar gewesen. Johanna hatte recht. Mein Hündin stand sehr hoch oben in meinem Wertesystem. Allzu genau wollte ich ihren Platz nicht benennen, um niemanden zu verletzen. Menschliche Wesen sind sich gewohnt, die Hauptbeziehung zu sein. Johanna konnte leben mit den nicht so genau definierten Plätzen. Als sie mich, Jahre später, einmal fragte, ob ich eher ohne sie oder ohne Hündinnen leben möchte, konnte ich ihr keine Antwort geben.
Falsche Frage, sagte Johanna, ich ziehe sie zurück.

Ein Leben ohne Hunde ist ein Hundeleben

Lieben Hunde Hunde? Bohnenstiele? Einen
Hund? Lieben Hunde Obst, Leine, eine Henne?
Lieben Hunde Nebel duenn? Hostien? Heine?

Lieben Hunde Seelenbote hie und hinnen?
Lieben Hunde Lesben? Eine Note? Dein Huhn?
Lieben Hunde Lenin, Enten und Hosenhiebe?

Lieben Hunde einen Husten? Dohlenbeine?
Lieben Hunde hinten Neues? Holde Bienen?
Lieben Hunde Liebe ohne Dienstehen?
Nun?

Hunde stellen hohen Dieben neu ein Bein.
Hunde lesen die Bibel, hueten Nonnen hie
und heilen Seele. Hunde in Not heben Bein.

Liebe Hunde beten ohne Leine Hundesinn:
Ein Hundeleben ist ein Hoehenleben und
ein Leben ohne Hunde ist ein Hundeleben.[86]

Stuttgart als Zäsur, der Tod als Zäsur, der das Leben in ein Vorher und ein Nachher teilt, das gemächliche Fließen des Alltags unterbricht, ein Schnitt durch den Alltag: der Tod meiner sardischen Freundin, Geas Tod, die drei Monate in

Stuttgart. Vor Stuttgart und nach Stuttgart. Ich war nachher mehr Schriftstellerin als vorher. Das Stipendium hatte mein Schreib-Ich gestärkt, die Menschen, mit denen ich in Stuttgart zu tun hatte, sahen mich selbstverständlich als Schreiberin an, eine Selbstverständlichkeit, die ich mir nur langsam aneignete. Ich schreibe, also bin ich. Doch wer bin ich ohne Hündin? Ich brauche wie Gertrude Stein den vorurteilslosen Blick eines Hundes, damit ich sein kann. Ihre aufeinanderfolgenden weißen Riesenpudel hießen alle Basket, daneben hatte sie noch andere, kleinere Hunde, die sie Byron oder Pépé nannte.

Obwohl Basket jetzt ein großer ungefügiger Kerl geworden ist, springt er doch noch Gertrude Stein auf den Schoß und bleibt dort. Sie sagt, wenn sie ihm zuhört, wie er Wasser trinkt, könne sie an diesem Rhythmus den Unterschied zwischen den Sätzen und Abschnitten erkennen, und dass Abschnitte gefühlsbedingt seien, Sätze aber nicht.[87]
Gertrude Stein

Zufällig fällt mir ein Gedicht von Hilde Domin in die Hände, das genau von diesem Blick spricht, den ich so vermisse. Das Gedicht heißt *Es gibt dich*.

(...)
Es gibt dich
weil Augen dich wollen,
dich ansehen und sagen,
dass es dich gibt.[88]
Hilde Domin

Mich trug ein Foto durch die Stuttgarter Zeit. Bei meiner sardischen Familie hatte ich ein Junges bestellt von Lea, der Hofhündin, der dritten oder vierten kleinen braunen Hündin mit dem Namen Lea. Auf dem Foto, das mir im Sommer geschickt wurde, steht das Tierchen auf der Treppe vor der Tür zu meiner Wohnung. Es sieht klein und schutzlos aus und fast so, als ob es vor meiner Tür auf mich warten würde. Ich plante, nach Stuttgart für zwei Monate nach Sardinien zu fahren. Einerseits um an meinem Buch weiterzuarbeiten, anderseits um der kleinen Hündin und mir Zeit zu geben, uns kennenzulernen. Das Foto lag auf meinem Pult im Häusle, immer wieder betrachtete ich es, nahm es in die Hand, ging mit dem Foto ans Fenster, um noch ein Detail, eine Besonderheit zu entdecken. Dass es weit von Stuttgart eine kleine Hündin gab, die bald zu mir gehören würde, tröstete mich ein wenig. Gefällt sie dir?, fragte ich Gea und sie nickte mir vom Hundehimmel her zu.

In Sardinien lebte ich zwei Monate mit der neuen Hündin Lina in meiner Wohnung im ersten Stock oberhalb meiner sardischen Wahlfamilie. Es war nicht einfach, mit Lina zurechtzukommen. Sie übernahm das Sofa, pisste dahin, wo sie wollte, zerriss beim zweiten Spaziergang Halsband und Leine, weil sie einen Lastwagen jagte. Fünf Kilogramm Hund knapp neben den Doppelrädern eines Lasters. Ich schrie mich heiser.
Nach zehn Tagen erachtete ich die Bindung als so gefestigt, dass sie auch ohne Leine bei mir bleiben würde. Weit gefehlt: Kaum abgeleint, war sie weg. Sie schlüpfte unter Zäunen hindurch, stöberte Hühner und Katzen auf. Erboste Hausbesitzerinnen beschimpften mich. Erstmals dachte ich Hund und Erziehung zusammen. Abends kuschelte sie sich an mich auf dem Lesefauteuil, den ich zum Ofen schob, abends liebte sie mich und ich liebte sie. Zu Bett

bringen und zudecken lassen hingegen wollte Lina sich nicht.
Später stellte sich heraus, dass Lina sich vor Schwellen fürchtete, und ich sah plötzlich vor mir, wie unerwünschte Tiere mit einem Fußtritt von der Schwelle der unteren Wohnung verjagt wurden. Wie konnte ich nur eine kleine Hündin aus meiner sardischen Familie zu mir nehmen. Ich hätte es wissen müssen. Aber nun war sie da, und wir versuchten das Zusammenleben. Zwei Monate lang. Nach dem ersten Monat rief ich Johanna an: Gibt es in Zürich nicht so etwas wie eine Hundeschule?
Johanna stöberte Herrn Ochsenbein mitsamt seinem Buch auf. Das las sie vor unserer Rückkehr und wusste nun Bescheid. Da Lina nicht stubenrein war, sollte sie, so hatte Johanna gelesen, angekommen in Zürich, vor dem Haus Pipi machen, damit sie ein für allemal wüsste, wo sie das zu tun hätte.

Zu dritt standen wir auf der Wiese. Nach einer halben Stunde brachte mir Johanna einen Stuhl, eine Decke, einen heißen Tee. Nach zwei Stunden ging ich mit Lina in die Wohnung. Pipi machte sie drinnen. Das blieb so für einige Zeit. Später entwickelte sie ein neues Spiel: Sie ließ sich nicht mehr anleinen. Rief ich sie, kam sie zu mir, wie ein gut erzogener Hund, bückte ich mich, war sie weg. Rannte ich ihr hinterher, kreiste sie in hohem Tempo über die Wiese, hielt an, lockte mich, ich bückte mich, um sie zu fassen, und lag unversehens im Dreck, Lina weit weg, lachend.
Machtspiele laut Herr Ochsenbein, wie auch das Spiel mit dem Stöckchen, in das sie sich verbiss und nicht mehr losließ, sich durch die Luft schwingen ließ, aber nicht vom Stock abließ, niemals. Die Schulung bei Herrn Ochsenbein brachte nur so viel, dass mir und Johanna klar wurde: Ein Hund braucht Erziehung, eine feste Hand, und er muss gehorchen. Alles, was Gea einfach richtig gemacht hat-

te, machte Lina verkehrt, auch nach dem Hundekurs, in dem sie selbst die gut geschulte Kursleiterin zum Schreien brachte. Lina tat, was sie gerade wollte. Sie war zugänglich und ließ sich streicheln, nur um unerwartet zu knurren und die Zähne zu fletschen. Die Menschen in Johannas Ateliergemeinschaft grüßten Lina mit ihrem Namen und einem Winken, ohne sie zu berühren, zu oft waren sie erschreckt und beschimpft worden. Einer verbeugte sich jeweils leicht vor ihr, hielt Wursträdchen für sie bereit. Lina streicheln? Nie mehr. Zu unsicher ihre Reaktion.

Je mehr die Schwellenangst verschwand, desto mehr wuchsen neue Ängste vor bestimmten Wegen oder vor großen Hunden. Der Ochsenbein'sche Gehorsam brachte uns nicht weiter, je mehr Gehorsam ich einforderte, umso unwilliger reagierte Lina. Johanna wurde es früher klar als mir: Hier ging es um Liebe und nicht um Gehorsam. Eigentlich war Lina eine verschreckte kleine Hündin, die aus lauter Angst herumschimpfte. Johanna hatte den besseren Draht zu Lina, hatte mehr Geduld, ließ Lina mehr Lina sein als ich, die immer noch hoffte, irgendwann einen einigermaßen angepassten, gehorsamen Hund zu haben.

Vor einigen Tagen brachte Johanna Fotos nach Hause, die sie beim Aufräumen in ihrem Atelier gefunden hatte, Fotos von Lina. Aber es waren nicht die Fotos, die ich kannte: Lina als Kugel in ihrem Korb, Lina an mich gekuschelt im Lesefauteuil, Lina in einen Stecken verbissen. Auf diesen Fotos sah ich mich selbst oder Johanna, jeweils auf allen Vieren, obenauf Lina, einmal stehend, einmal sitzend. Johanna erinnerte sich, dass sie zu Beginn viel mit Lina gespielt habe, nicht nur draußen, sondern auch drinnen. Langsam tauchten Bilder in mir auf: ein Ball, der unter das blaue Sofa rollt, Lina, die den Ball sucht und auch wirklich hervorholt, ihn Johanna bringt, ihn aber nicht loslassen will. Und die Kunststückchen, die wir mir ihr übten, wie die Fotos zeigen.

Der Hocker kommt mir in den Sinn, den wir jeweils vors Fenster schoben, bevor wir weggingen. Von der Straße aus winkten wir Lina, die konzentriert hinunterschaute. Mir scheint, sie sei kurz davor, die Pfote zu heben, sagte ich zu Johanna. Wir erinnerten uns, wie Lina im Kreis herumrannte, einmal auf der Landiwiese, unermüdlich, die Leute blieben stehen und lachten ihr zu. Vielleicht war sie eine Komödiantin?

Da ich weiterhin im Spital als Kliniklehrerin arbeitete, brauchte ich eine Hundebetreuerin. Über ein Inserat im Tagblatt fand ich Sonja. Sie würde viele Jahre lang meine Hündinnen betreuen, Lina, Cora, Punta, eine ganze Reihe. Sonja war ein Glücksfall für meine Hunde und für mich. Egal welcher Hund: Sonja kam mit ihm zurecht, selbst mit Lina. Sie war fast die Einzige, die nie von Lina angefaucht wurde. Unsere Welten glichen sich nicht, doch wir mochten uns, luden uns gegenseitig ab und zu zum Essen ein. Ich nahm ihre Einladungen an, auch wenn ich mich in ihrer Wohnung nicht recht wohl fühlte, zu viele Nippes, zu viele deutsche Schlager im Hintergrund. Sonja erzählte zurückhaltend aus ihrem Leben, doch immer wieder davon, wie schlecht sie von diesen und jenen behandelt worden war, von Freundinnen, die sie nie mehr sehen wolle, von ehemaligen Kolleginnen ohne Anstand, von Menschen, die sie früher kannte, aber heute nicht mehr. Manchmal hatte ich Angst. Eines Tages würde sie uns Knall auf Fall verlassen, weil ich mich schlecht oder falsch benommen hatte. Aber das passierte nie. So lange sie konnte, führte sie meine Hündinnen aus, und auch danach sahen wir uns, gingen ab und zu auswärts essen. Kurz vor ihrem Tod entschuldigte ich mich bei ihr dafür, dass ich mich zu wenig um sie kümmere. Aber das stimmt doch gar nicht, sagte sie, sie schätze meine Postkarten so sehr, die farbigen Karten, die ich ihr schickte von jedem Ort, an den ich reiste, um

einen Kurs zu geben, Ferien zu machen oder zu schreiben. Da wusste ich immer, dass du an mich denkst, sagte sie.
Einmal lud ich sie für ein paar Tage ein in mein italienisches Häuschen. Als Erstes monierte sie, dass ich keine Store hätte über dem Vorplatz und abends, als einige Männer draußen redeten und lachten, riss sie um zehn das Fenster auf und schrie in korrektem Italienisch, sie wolle nun schlafen und sie sollten Ruhe geben. Ich schämte mich. Anderntags, als ich durch das Dorf ging, sprach mich niemand auf meine Besucherin an.
Unser Kontakt war lose, und doch fehlt sie mir nach ihrem Tod, ich bin erstaunt, wie sehr. Sie war Teil meines Alltags, ermöglichte mir meine Arbeit, sie glich ein wenig meiner Mutter, klein, mager, zäh und mit unerschütterlichen Meinungen. Die Tierliebe verband uns, denn Tiere liebte sie mehr als Menschen, die sie so oft enttäuscht hatten.

Beruflich war ich nicht so recht zufrieden. Pflege war und blieb mein geliebter und gehasster Beruf. Schon immer war ich physisch überfordert gewesen, oft auch psychisch. Zudem machte mir die Hierarchie im Krankenhaus zu schaffen. Zweimal erlebte ich Oberschwestern, die aus eigener Überforderung wahllos Schuld verteilten. Ein Satz begleitete mich während meiner Zeit als Schwester, wie ich genannt wurde und eigentlich nicht genannt werden wollte. Ich war Schwester meiner zwei Schwestern, aber doch nicht die Schwester aller kranken Menschen. Doch ich wurde jahrelang Schwester Esther genannt, oft auch Schwester Theres. Dies begriff ich nicht. Wie konnte man Esther mit Theres verwechseln? Erst durch das Anagrammieren verstand ich, dass Theres und Esther aus den gleichen Buchstaben bestehen. Ich trug also quasi einen Doppelnamen, zwei Namen in einem. Dann endlich setzte sich die Anrede Frau durch. Allerdings war es auch nicht immer einfach, mich als Frau Spinner vorzustellen.

Der Satz, der meine Überforderung beschrieb, hieß: *Eine gute Krankenschwester tut immer etwas mehr, als ihr möglich ist.* Anders gesagt: Eine gute Krankenschwester macht das Unmögliche möglich, eine gute Krankenschwester geht ständig bis zur Überforderung und darüber hinaus. Der Satz stand in einem der Susanne-Barden-Bände von Helen Dore-Boylston.[89] Diese Bücher, die ich als Jugendliche verschlungen hatte, legten vielleicht den Samen für meine Berufswahl. Am Ende der Ausbildung zur Berufsschullehrerin, erarbeiteten wir in einer Gruppe eine Performance auf der Grundlage von Zitaten aus diesen Büchern und thematisierten die Überforderung. An den eher verständnislosen Reaktionen der Klasse erkannte ich, dass nicht alle ihre Ausbildung und den Beruf mehr als fordernd erlebt hatten.

Nach der Ausbildung zur Lehrerin für Pflege arbeitete ich zunächst als Ausbildnerin im Betrieb, später war ich zuständig für die innerbetriebliche Weiterbildung. Das war physisch weniger anstrengend. Zudem hatte ich eine Vorgesetzte, die mir immer wieder Schreibzeiten ermöglichte. Doch das wiederkehrende Schreiben von Jahreszielen und Konzepten langweilte mich. Mit der Zeit entdeckte ich mein Thema: Sprache und Pflege. Ich durfte eine Weiterbildung in Deutschland besuchen, an der dieses Thema im Zentrum stand. Ermutigt begann ich mit Kursen, in denen es um das berufliche Schreiben in der Pflege ging. Die Pflegeberichte sollten, so wünschte ich es mir, verständlich und aussagekräftig geschrieben sein. Einträge wie *alles ok* oder *es war nichts* sollten verschwinden. Ob sie wirklich verschwunden sind?
1995 wurde ich vom Team des Frauenhotels Monte Vuala angefragt für einen Schreibkurs. Diese Anfrage ließ mich nicht mehr schlafen. Konnte ich das? Selbst noch auf der Suche beim Schreiben sollte ich einen Schreibkurs geben?

Unmöglich. Und doch. Vielleicht. Sprachspiele kamen mir in den Sinn. Mit solchen beschäftigte ich mich seit einiger Zeit, angeregt durch die Anagramme und durch *Oulipo*, der Werkstatt für potentielle Literatur, versuchte ich mich an Palindromen, Wörtern oder Sätzen, die auch von hinten gelesen das Gleiche heißen. *Lieb nie ein Beil* entdeckte ich, was allerdings nicht gerade erhellend war. Ich ließ mich anregen von einem Buch, das *Text als Figur* hieß, und ordnete Wörter und Sätze strengen Formen zu. Die Anagramme verfolgte ich seit längerem, hatte seit Stuttgart weitere Anagramme gemalt. Ein Sprachspielkurs?

Drei Teilnehmerinnen meldeten sich an, darunter meine älteste Schwester, die zu meiner treusten Kursteilnehmerin wurde. Oder waren es zwei Teilnehmerinnen und mit mir waren wir zu dritt? Dieser Kurs war der Beginn meiner jahrelangen Kursarbeit. Immer wieder fuhr ich auf den Walenstadtberg, finde auch ein Foto, auf dem Lina mit einer Kursteilnehmerin um einen Ast kämpft. Später arbeitete ich in verschiedenen Bildungshäusern.

Nein, leben konnte ich davon nicht, genauso wenig wie vom Schreiben. Eine Schreibkollegin vermittelte mir Unterrichtsstunden an einer Schule für soziale Arbeit. Das Thema: Gesundheit/Krankheit. Mit dieser Basis wagte ich es, mich selbständig zu machen. Zunehmend gab es Aufträge von Spitälern und Heimen, an denen ich *Schreiben und Pflege* unterrichtete.

Meine Ausbildungen als Pflegefachfrau und Berufsschullehrerin für Pflege legten den Boden für eine Tätigkeit, mit der ich mehr als 25 Jahre meinen Lebensunterhalt verdiente: Honorare für Kurse und Lesungen, Tantiemen für verkaufte Bücher, ab und zu etwas Geld für einen Artikel oder einen Vortrag. In der Summe reichte es, auch weil ich bescheiden lebte, nach wie vor durch die Brockenhäuser und Secondhandshops streifte und Bücher in der Bibliothek holte.

Mit meinem Rollkoffer reiste ich nun in der ganzen Deutschschweiz umher, während Sonja Lina hütete und später, nachdem Cora zu uns gekommen war, beide Hunde spazieren führte. Johanna schenkte mir einen schwarzen Business-Koffer, leuchtend rot gefüttert. Mit diesem kleinen Koffer unterwegs zu sein, war fast so wie mit einem Hund: Ich hielt beim Gehen zwar keine Leine in der Hand, aber einen Griff, an dem ich den Koffer zog, der mir viel besser gehorchte als Lina.

Dieser schöne kleine Koffer mit dem versteckten Innenleben brach zusammen – ausgerechnet bei meinem letzten Kurs im Herbst 2022. Zum Glück fuhr mich eine Kursteilnehmerin nach Hause, wo sich zeigte, dass die Schale des Koffers in viele Teile zerbrochen war. Noch leuchtete das Futter, noch funktionierten alle Reißverschlüsse, das Fundament aber war zerstört.

Mein Berufsleben als Selbständige gefiel mir. Zwar gab es auch hier Wiederholungen. Ein Schreibkurs für Pflegefachleute lässt sich nicht beliebig verwandeln. Doch ich arbeitete verschiedene Abläufe aus, ersann immer wieder neue Übungen, sah mich um nach Kursmaterialien, suchte Artikel zum Thema. Ich lernte dank meiner Kurse viel über mein eigenes Schreiben, erkannte, wo ich selbst urteilte, anstatt zu beschreiben. Das nicht wertende Beschreiben wurde zur Besessenheit. Viel später merkte ich, dass es auch da zu differenzieren gilt.

Uns liegt das Selbständig-Sein, meinte eine Freundin, die als Beraterin tätig war, das liegt uns, weil wir Lädelikinder sind. Ihre Eltern hatten einen Milchladen geführt, meine ihr Herrenmodegeschäft. Kinder von selbständig arbeitenden Eltern tendieren wiederum zur Selbständigkeit. Finanzielle Ängste plagten mich nicht, ich wusste, dass das Einkommen mal etwas höher, mal wieder niedriger ausfiel, dass ich mich dem anpassen musste, so wie sich meine

Eltern angepasst hatten. In meiner Kindheit gab es Zeiten, in denen für neue Schuhe kein Geld da war, höchstens fürs Sohlen. Ein andermal hingegen, nach einem Tag mit überdurchschnittlichen Einnahmen, entschied mein Vater, uns alle ins Restaurant Zypresse einzuladen. Dort aßen wir Schnitzel und Pommes frites, die noch nicht Schnipo hießen. Aufessen, mahnte mein Vater, lieber den Magen verrenken als dem Wirt etwas schenken.

Immer wieder fuhr ich mit Lina nach Sardinien, wo Johanna und ich eine Wohnung am Meer einrichteten, zwar nicht direkt am *lungomare*, aber in der zweiten Reihe, eine Wohnung mit einem kleinen Innenhof, Vorgarten, zwei Schlafzimmern, Stube und Küche. Ich brauchte etwas Abstand zu meiner Wahlfamilie.
Vor allem im Winter war die Wohnung feucht, das Meer, hieß es, das Meer frisst alles, Metall rostet, Holz fault, selbst Plastik leidet unter der Feuchtigkeit. Und doch war der Winter wunderbar. Der Strand und der *lungomare* verwaist, der ganze Ort fast menschenleer, ich teilte die Wege mit den wenigen Einheimischen und den vielen streunenden Hunden.
Im Winter 1996 besuchte mich Verena Stefan in Sardinien. Ihr Buch *häutungen* war mir vertraut, vor ihr selbst, die ich ab und zu irgendwo traf, fürchtete ich mich eher. Sicher war sie hochnäsig geworden durch die Berühmtheit und nicht an mir interessiert.
Doch sie war nicht hochnäsig und an mir interessiert. Dass wir uns vor dem Haus unserer beider Hausärztin trafen, war ein Zufall, ebenso, dass wir beide Zeit für eine Tasse Tee hatten. So begann unsere langjährige Freundschaft. Die Sprache verband uns und das Schreiben, die Lebensform, die Frauenbewegung.
Bevor Verena nach Sardinien kam, kaufte ich einen alten himmelblauen Renault 4, den ich *Celeste* taufte. Beim Kauf

half mir Giovanni, der Vater einer Nachbarin. Seit kurzem war er Witwer und wollte mich gerne heiraten. Dass ich auch seine verstorbene Frau gekannt hatte, fand er besonders wichtig. Er rechnete mir vor, was mir die Ehe mit ihm bringen würde: das lebenslängliche Wohnrecht in seinem Haus mit Garten, nur wenige Schritte vom Meer entfernt, seine Pension, die nicht allzu hoch war, mich aber nach seinem Tod ruhig schlafen lassen würde. Mein klares Nein nahm er zur Kenntnis. Den umgestürzten Baum in meinem Vorgarten zersägte er dennoch fachmännisch mit Hilfe von Johanna, die sich so anstellig verhielt, dass er nun auf sie setzte und auch ihr vorrechnete, wie gut sie mit seiner Pension leben würde, eine Pension für *quarant'anni cammionista dipendete*, eine Rente für einen, der vierzig Jahre lang Lastwagen gefahren war. Diesen Giovanni bat ich, mich zu beraten beim Autokauf, schließlich, so dachte ich, sollte er etwas verstehen von Fahrzeugen. Um jedes Auto ging er zweimal herum, öffnete und schloss die Fahrertür, nickte bedächtig und meinte: *Questa macchina mi ispira fiducia.* Jedes Auto flößte ihm Vertrauen ein, und so ließ ich mich von der Farbe leiten. *Celeste* war uralt, doch außer dass sie etwas röchelte und ihr Auspuff graue Wolken ausstieß, funktionierte sie prächtig.

Verena kam im Februar. Der Kamin heizte ausschließlich die Stube, Küche und Schlafzimmer waren eisig kalt. Wir wärmten die klammen Leintücher mit Bettflaschen vor. Verena las im Bett mit fingerlosen Handschuhen, eine Mütze auf dem Kopf. Über den Kopf werde am meisten Körperwärme verloren, erklärte sie mir, wenn ich mich über ihren Anblick amüsierte. Tagsüber streiften wir dem Meer entlang, fanden Muscheln und seltsam geformte Wurzeln, sammelten Anfeuerholz im nahen Wald und suchten wilden Spargel. Wir lasen und schrieben am Kamin in der kleinen Stube, in der immer eine ihren Fauteuil mit Lina teilen musste. Wir rauchten, obwohl Verena eigentlich aufhören wollte und deshalb nur ein paar Beedys mitgebracht hatte. Wir kauften *Diana blu*, eine billige italienische Zigarette, die entsprechend im Hals kratzte. Auch ich wollte aufhören, aber nicht jetzt. Noch etwa drei Jahre dauerte es, bis ich das Rauchen endlich aufgab. Zu den unzähligen Zigaretten tranken wir Unmengen starken schwarzen Tee, der mich damals noch nicht am Schlafen hinderte. Lange ziehen lassen beruhigt, kurz ziehen lassen regt an, sagte Verena. Daran hielten wir uns, je länger der Tag, umso schwärzer der Tee.

Mit *Celeste* fuhren wir nach Fordongianus zu den heißen Quellen, die schon die Römer erwärmt hatten, lagen zusammen in einer der Badewannen im kleinen Badehaus und betrachteten unsere schwimmenden Brüste. Wir fuhren nach Santa Cristina, dem Ort, wo sich die Nuraghenkultur mit der christlichen trifft. Auf einem großen, mit Olivenbäumen bestandenen Gelände befinden sich ein Nuraghe, ein aus Steinen aufgebautes rundes Haus, dazu ein Langhaus, der heilige Brunnen und die kleinen Häuschen, im Viereck angeordnet, in denen Mönche gewohnt hatten. Wir setzten uns auf die Stufen des heiligen Brunnens, die in die Tiefe führen, wir saßen mitten in einer Höhle, von der es im Prospekt heißt: *Von oben gleicht der Brunnen einem Schlüsselloch.* Das ist eine mögliche Deutung, wir aber sahen von oben eine Vulva: ein Dreieck, umgeben von einer niederen Mauer. Selbst die Kitoris ist da als kleine Erhebung oberhalb der Spitze des Dreiecks. Durch ihre Öffnung scheint zu bestimmten Jahreszeiten die Sonne in den Brunnen in der Tiefe. Wir amüsierten uns über die Männer, welche sich dem Heiligtum eher scheu näherten, während die Frauen sich sofort zu Hause fühlten, sich, wie wir, auf die Stufen setzten oder über die Mauer gingen und so die Vulva auf ihren Lippen umrundeten.

Wir fuhren nach Oristano und besuchten meine Freundin Tonina, die uns zu ihrem Freund, dem Maskenmacher

brachte. Verena kaufte verschiedene Ledermasken, eine davon, die Schweinemaske, sehe ich auf einem Foto. Die Maske liegt, gebettet auf ein Tuch, auf dem improvisierten Pult in meiner sardischen Stube, daneben sitzt Lina im geblümten Fauteuil.
Beide kauften wir eine daumengroße geschnitzte Maske der *filonzana*, einer sardischen Karnevalsfigur, die die drei Schicksalsgöttinnen in sich vereint: Sie spinnt nicht nur den Faden, sie misst ihn auch ab und schneidet ihn durch. Mit Tonina aßen wir in der nahen *trattoria*, und Verena merkte sofort, dass Tonina von der Sprache und vom Schreiben angezogen war. Du musst schreiben, beschwor Verena Tonina, du bist eine Schreiberin. Ich übersetzte und bestätigte: *Tu devi scrivere, tu sei una scrittrice*.

Nicht nur von den Masken, auch von den Körben war Verena begeistert, vor allem von denen aus Affodill. Die weißblühenden Stängel sind genügsam, sie wachsen selbst im kargen Totenreich. Sardische Körbe werden nicht geflochten, sondern genäht: Schmale Bündel getrockneter Affodillstängel werden umnäht mit Affodillblättern oder mit Bast, Runde um Runde werden die Bündel aneinandergenäht. Wir fuhren nach Flussio, dem Ort der Affodillkörbe. Eine lange, kurvige Straße führte uns hinab ins Dorf. Verena bog in einen Parkplatz ein und sagte: Ich kann nicht mehr bremsen. Das Auto rollte auf dem Parkplatz aus. Wir stiegen aus, schauten zurück. Die Straße, auf der wir hergefahren waren, wand sich den Berg hinab. Erst jetzt begannen unsere Knie zu zittern. Affodill, die Totenblumen, sagte Verena. Ich dachte an die *filonzana*, die die Schere bereit hielt.
Celeste stand beim Mechaniker, wir spazierten durchs Dorf, betrachteten die überall aufgehängten Körbe. Schwierig zu entscheiden, welche wir kaufen wollten, zu groß das Angebot. Wir lasen in der Bar und warteten bis abends auf *Ce-*

leste, dann war sie geflickt, wie neu, sagte der Mechaniker, Bremsflüssigkeit haben Sie verloren, deshalb.
Die damals gekauften Affodillkörbe begleiten mich bis heute.

Eines Morgens erwachte ich mit dem Traumsatz im Ohr: 25 Jahre mit dem Tod gestritten.

Sprache war unser gemeinsames Thema. Nachdem Verena nach Kanada gezogen war und mir die Tagebücher von Virginia Woolf vermacht hatte, lebte sie im nicht-deutschen Sprachraum, doch sie schrieb weiterhin auf Deutsch, wie auch ich in Italien deutsch schrieb. Wie wäre es, sich einmal an einer anderen Sprache zu versuchen? Es fiel uns beiden schwer. Ich weiß nicht mehr, ob Verena in Englisch oder Französisch schrieb, wohl eher in Englisch. Ich schrieb eine italienische Kindergeschichte, die ich der Tochter meiner Nachbarin zur Korrektur gab. Sie, die Dritt- oder Viertklässlerin war entsetzt. So viele Fehler, ihre Lehrerin würde kopfstehen, behauptete sie, kaum eine Präposition sei richtig, und dies und jenes auch nicht. Auf mein Nachfragen meinte sie, das eine oder andere sei vielleicht nicht ganz falsch, aber unüblich, so schreibe man nicht. Da wusste ich es nun: So schreibt man nicht, zumindest nicht auf Italienisch.
Verenas kanadische Lebensgefährtin konnte ihre deutschen Texte nicht lesen. Das beschäftigte mich. Meine Kritikerin ist Johanna, selten gebe ich einen Text weg, ohne ihre Anmerkungen, die ich sehr ernst nehme. Wer las Verenas Texte? Damals, in Sardinien, las ich etwas durch, ich weiß nicht mehr, um welchen Entwurf es sich handelte. Wir saßen an ihrem improvisierten Pult und besprachen den Text, doch nach einiger Zeit schob Verena die Blätter zusammen. Es reicht, meinte sie ungehalten. Genau so ging es mir viele Jahre später, als ich ihr Entwürfe von *Alles*

war schickte. Ihre eher harsche Beurteilung ärgerte mich. Auf meinen Waldspaziergängen haderte ich lauthals mit ihr. Also so geht das nicht, Verena, sagte ich zu einer Buche, hast du denn nicht gelesen, dass, fragte ich eine Tanne. Erst Wochen später machte ich mich daran, ihre Kritik zu überprüfen, gar da und dort meinen Text in ihrem Sinn zu verändern.

1995, als ich zur Weiterbildung *Sprache und Pflege* nach Deutschland reiste, besuchte ich Verena und ihre Lebensgefährtin in München. Zuvor hatte ich ihr mein Manuskript geschickt. Die *Pfanne*, wie ich das Buch nannte, war vom Zytglogge Verlag abgelehnt worden. Gerade deshalb war mir das Gespräch mit Verena so wichtig. Ich sehe uns noch in einem Münchner Biergarten sitzen, das Manuskript vor uns. Dass es ihr gefiel, gab mir den Mut, nach einem anderen Verlag zu suchen.

Zweimal, so entdecke ich in meinen Unterlagen, lasen wir an derselben Veranstaltung. Das erste Mal zwei Jahre vor ihrem Besuch in Sardinien an der Veranstaltung in der Roten Fabrik, an der Gea das Tischtuch lüpfte und an der es um vergessene Autorinnen ging. Ich las am Samstag, Verena am Sonntag. Allerdings kann ich mich nicht an ihre Lesung erinnern. Im Programm entdecke ich, dass Verena die Autorin Cécile Ines Loos gewählt hatte. Im Untertitel steht: *Starb nach großem Erfolg armengenössig*. Dieser Satz trifft mich mitten ins Herz. Hatte Verena deshalb diese Autorin gewählt, weil auch sie immer wieder angewiesen war auf Literaturstipendien oder Zuwendungen von Stiftungen für notleidende Künstlerinnen? Mit viel Mut ging sie durchs Leben, stellte unerschrocken das Schreiben in den Mittelpunkt ihres Seins. Und irgendwie gelang es ihr immer wieder, einen Text zu verkaufen, eine Lesung zu halten oder ein Stipendium zu bekommen. Ich stellte mir das sehr streng vor und war froh, dass ich mit meinen Kursen

genug zum Leben verdiente, auch wenn ich das Schreiben oft hintanstellen musste.
Das zweite Mal erscheinen wir gemeinsam auf dem Plakat der Solothurner Literaturtage 2008. Verena las aus ihrem eben erschienen Buch *Fremdschläfer*, ich stellte meinen dritten Sprachspieltext *Malek, Dörte Klisch und Herr Sause-Flüsternd* Kindern vor. Ein Blick über das Programm weckt Erinnerungen. Ja, an dieser Lesung war ich und an jener. Auch Verena habe ich zugehört, ein verschwommenes Bild erscheint: Der Landhaussaal, sehr viel Publikum, Verena auf der Bühne, ihre Unzufriedenheit mit der Moderatorin. Ich möchte mich nicht verbürgen für diese Erinnerung.

Verena hatte lange auf dem Land gelebt. Nebst den Worten und Sätzen verband uns auch die Liebe zu Pflanzen und Tieren. Es war Verena, die mich im nächtlichen Wald auf das Bellen oder Husten der Rehe aufmerksam machte, sie war es, die mich auf den Ruf des Käuzchens hinwies. Sie schrieb über ihre Erfahrungen auf dem Land, über das Sammeln der Früchte, das Einmachen, das Gärtnern, das sie später in Kanada wieder aufnahm.

An der Seite der Vierpfotigen an der Leine dem Verlangen nachgeben, hineinzugehen auf keinen Wegen, zwischen den Stämmen hindurch über den weichen Boden und die grünen Lichtungen immer tiefer hinein, einfach, aus Liebe.
Nicht Farnkraut holen für die Gartenbeete im Winter oder Laub für die Erdbeeren oder Immergrün für die Böschung oder Tannzapfen zum Anfeuern oder Holz zum Heizen. (...)
Zwischen den Bäumen umhergehen wie zwischen den Buchstaben. In den Schichten der ausgebreiteten Blätter einschlafen am Boden.
Die Bäume lieben wie die Buchstaben.[90]
Verena Stefan

Verenas Sätze abzuschreiben bringt sie mir nahe. Das ist ihr Rhythmus, das sind ihre Gedanken, ihr Weg, dem ich folgen kann durch die Bäume, die Hündin an der Leine. Mit ihren Sätzen hole ich sie ins Leben zurück.
Wie gerne würde ich ihr diesen Text zeigen, ihre Meinung dazu hören. Nein, ganz sicher würde ich mich über ihre Anmerkungen, über ihr Urteil nicht ärgern, sicher nicht. Oder vielleicht doch. Ich würde hadern mit ihr und ihre Bemerkungen doch sehr ernst nehmen.

Im Oktober 2020 las ich unsere Mails. Von Ende Mai 2013 bis zu ihrem Tod Ende November 2017 habe ich die Nachrichten gespeichert. Alle andern sind in alten Computern verschwunden. Zwar sprachen wir ab und zu davon, aus diesen Mails eine Art Briefwechsel zu machen, doch wir verfolgten die Idee nicht weiter. In unseren Mails erzählten wir einander, was wir lasen, welche Filme wir schauten, wir redeten über Politik, die US-amerikanischen Wahlen 2016 sind ein Thema, ich beschrieb Verena den Frühling und sie mir den kanadischen Winter. Ich las von den speziellen Kapuzen, die so konstruiert sind, dass sie den Wind abhalten, der einem sonst die Haut vom Gesicht reißen würde. Immer wieder lange Pausen zwischen den Mails, dann schrieb die eine: *Schick ein Wörtelein.* Und die andere schickte eines, sofort. Das Wörtelein wurde zum Ausdruck der Sorge.

Oft redeten wir über ihre Krankheit, die sie all die Jahre begleitete. *Tut so gut: eine ruhige Reaktion. Das Zweitschlimmste nach so einem Schock ist ja immer, wem und wie weitervermitteln und dann die Reaktionen zu empfangen. Es muss sein, ich habe auch gelernt, wem und wem nicht,* schrieb sie, nachdem in ihrem Hirn neue Metastasen entdeckt worden waren. Einmal möchte sie von mir wissen, wie lange sie noch zu leben habe, niemand wolle ihr Auskunft geben. Ich wagte es. Ein Jahr, schrieb ich nach Kanada. Es dauerte dann ziemlich

genau anderthalb Jahre, bis ich die Nachricht bekam: Verena Stefan starb am 29. November 2017, einen Tag vor meinem 69. Geburtstag.
Während ich durch die Mails blätterte und mich ab und zu festlas, zog es meinen Finger immer wieder zum Feld *Antworten*. Aber wir konnten nicht mehr reden miteinander, auch wenn ich eine Antwort schickte, es würde keine mehr zurückkommen. Meine Wangen waren nass, ich schloss den Computer, bevor ich alle Mails gelesen hatte, wagte mich erst Tage später an die restlichen Nachrichten.

Im April 2016 schickte mir Verena ihre Rückmeldung zu meinem Text, die kritischen Anmerkungen, mit denen ich so haderte. Heute sehe ich, wie sehr sie sich mit meinem Manuskript auseinandergesetzt hat, wie sorgfältig sie las, sehe auch, wie viel von ihrer Kritik ins fertige Buch eingeflossen ist, das ein Jahr nach ihrem Tod erschien.
Wie gerne würde ich ihr dieses Manuskript schicken und ihre Anmerkungen lesen. Verena, ein Wörtelein.

Auch Neid gab es in unserer Beziehung. Dass Verena bekannt war, viel Lob für ihre Texte bekam, während ich in dieser Hinsicht eher kurz gehalten wurde, wurmte mich ab und zu, so wie sie mich um das blühende Kurswesen beneidete, das mir finanzielle Sicherheit bescherte. Jede hätte gerne das gehabt, was die andere scheinbar mühelos bekam. Doch war der Neid nicht sehr lebendig in uns, viel stärker als das Trennende war das Verbindende: das Schreiben, die Auseinandersetzung mit Wörtern und Sätzen, die Sprache, auch die Mundart, die ihr so sehr fehlte in Montreal. Wo ist Johanna, fragte sie mich, kaum angekommen in Zürich, wann kommt sie? Und dann parlierten die beiden in Berndeutsch und amüsierten sich über mich. Nie gelang es mir, Kirchberg richtig auszusprechen – *Chöuperg* – oder Burgdorf, der im Dialekt *Burtlef* heißt.

Dass Verena auf Englisch schrieb, erfuhr ich nach ihrem Tod von ihrer Lebensgefährtin. Dass sie schrieb, wusste ich, dass sie sich ein ganzes Buch abrang, und das in Englisch, wusste ich nicht. Satz für Satz trotzte sie der Krankheit ab. Ich stelle mir vor, dass die fremde Sprache, die angelernte Sprache, ihr Abstand gab zu sich selbst, zur Krankheit, und ihr vielleicht gerade deshalb das Schreiben ermöglichte, Wort für Wort, Satz für Satz.
Niemals besuchte ich sie in Kanada. Es war immer Verena, die reiste, auch als die Osteoporose ihre Wirbel zerbröseln ließ und sie nur noch ein Kilo Gewicht tragen durfte. Einen Liter Milch, spottete sie, ich reise mit einem Liter Milch. Ich selbst bin eine Nah-Reisende, reise meist nach Italien, seit einigen Jahren mit Johanna und dem Campingbus auch nach Frankreich oder Deutschland. Die Ferne schaue ich mir in Filmen an und setzte sie mir lesend aus Wörtern zusammen. Und doch, einmal nach Kanada, warum nicht? Wir planten eine Reise, eine längere Reise, wenn schon. Wir würden zu Verena und ihrer Lebensgefährtin fliegen, dann aber auch weiterreisen mit einem gemieteten Campingbus, der allerdings, wie alle Campingbusse in Kanada, die Größe eines Einfamilienhauses hätte. So jedenfalls sahen sie im Internet aus. Dann schrieb Verena, sie könne keinen Besuch brauchen, sie müsse schreiben.
Das verstand ich sehr gut und doch irritierte es mich. Gerade jetzt, wo wir gedanklich schon fast in Kanada waren, schon wussten, wie wir uns verhalten mussten, wenn ein Bär auf uns zukäme. Es geht nicht, schrieb Verena, ich muss, ich muss schreiben. An ihren Worten hielt sie sich fest, an ihren englischen Worten. Wir aber blieben in Zürich und in Europa.

Ihr letztes Mail schrieb sie an eine Gruppe von Leuten. Kein persönliches Mail mehr von ihr zu bekommen, schmerzte mich. Doch ich verstand. Die *filonzana* hatte aufgehört, den

Faden zu spinnen, sie stand mit der Schere bereit. Irgendwo in Verenas Wohnung lag die kleine geschnitzte Maske mit der markanten Nase auf der Lauer, irgendwo standen die Körbe aus Affodill, der Blume, die sie im Totenreich wieder antreffen würde.

Solange ich kann, werde ich noch im Stuhl sitzen und Robert Gernhardt lesen, schrieb Verena. Gernhardt, dessen Texte in der *Titanic* wir meist als machohaft eingestuft und seine Witze auf Kosten der Frauen nicht gern lasen, dieser Gernhardt inspirierte auch mich letztes Jahr, als ich krank im Spital lag. Mit Gernhardt also ist Verena gestorben. Ich blättere durch den dunkelgrünen Band der gesammelten Gedichte und frage mich, welche sie wohl besonders angesprochen haben. Die Gedichte unter dem Titel *Krankheit als Changse?* Andere? Ich suche und mag mich nicht festlegen. Oder doch? Das hier vielleicht, das vom Trost der Tiere handelt. Tiere waren etwas Verbindendes zwischen uns. Verena lebte mit Katzen, ich mit Hunden, doch kam es nicht auf diese Unterscheidung an, sondern auf die Freude, die die Tiere in unsere Leben brachten, der andere Blick, zu dem sie uns erzogen, auf ihr ruhiges Dasein. Genau das hebt Gernhardt hervor. Niemals würden die Tiere nach dem Ergehen fragen, was er als tröstlich empfand:

(...)
»Fressen!« bedeutet dem Kranken der Hund.
»Spielen!« bedrängt den Kranken die Katze.
(...)
Tief getröstet wacht lange der Kranke.[91]
Robert Gernhardt

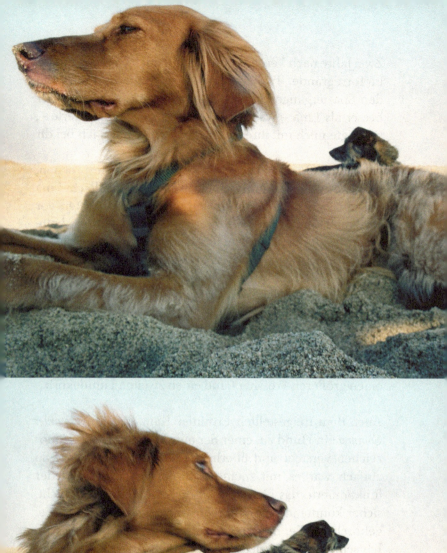

Zwei Jahre nach Verenas Besuch fand mich Cora am Strand in Torregrande. Täglich begleitete sie Lina und mich auf den Spaziergängen. Sie blieb eng bei mir, gehorchte mir besser als Lina – was sich allerdings später relativierte –, sie fragte mich mit ihren Bernsteinaugen: Kann ich bei dir bleiben?
Johanna und ich hatten schon öfters darüber gesprochen, uns eine zweite Hündin zuzulegen, eine, die vielleicht Lina ein bisschen helfen würde, sich weniger zu fürchten vor anderen Hunden und bestimmten Wegen. Allerdings hatte ich noch immer die Worte des Hundefachmanns Ochsenbein im Ohr: *Wenn Sie einen Hund haben und der sich langweilt, legen Sie sich einen zweiten Hund zu. Dann langweilen sich zwei Hunde. Ein Hund braucht menschliche Ansprache.* Lina langweilte sich nicht, sie war unsicher. Ob wir mit zwei Hündinnen die Unsicherheit verdoppeln würden? Nachdem ich Johanna am Telefon von Cora erzählt hatte, diesem goldenen Hund mit den Bernsteinaugen, kaufte Johanna einen größeren Fressnapf und einen zweiten Hundekorb.

Auch dem freigestellten Ermittler Kauz läuft im *Gommer Sommer* ein Hund zu, einer der aufs Wort gehorcht, Handzeichen versteht und überhaupt sehr verständig ist.[92] So einfach war es mit meinen Hündinnen nie. Entweder funktionierte das Gehorchen oder es funktionierte nicht, sicher konnte ich nie sein. Nur wenn ich sehr laut schrie, gehorchten alle, merkten offenbar, dass es nun ernst galt. Ich schrie und schreie noch, wenn ich Angst habe. Wenn ein Hund auf die Straße hinausläuft, einen Lastwagen jagt, wie das Lina tat, irgendwo verschwindet und normales Rufen nichts nützt. Erst jetzt, mit Cima, habe ich mir das Schreien etwas abgewöhnt, da sie so leicht erschrickt. Kauz muss ein ganzes Buch lang nie schreien. Zwar verschwindet der Hund nach wenigen Tagen, taucht aber wieder auf, und Kauz gewöhnt sich an den Gedanken, mit einem

Hund unterwegs zu sein. Gegen Ende des Buches fällt ihm auch der richtige Name zu: Max. Der lässt sich ohne Probleme in einem umgebauten Picknickkorb verstauen und auf dem Motorrad festbinden, er wartet vor Wirtshäusern auf ein Handzeichen hin, er bleibt auf der Alp, weil Kauz ihn gerade nicht brauchen kann, und freut sich, wenn er wieder abgeholt wird. Offenbar gibt es Hunde und Hunde. Doch fast hätte ich Gea vergessen. Sie kam ohne jegliche Erziehung aus, lernte durch Beobachten, kannte mich und meine Wünsche genau. Ich kann mich nicht erinnern, dass ich Gea je angeschrien habe. Gea war ein Max.

Nun war ich mit zwei Hündinnen unterwegs, die sich sofort zum Rudel zusammenfanden. Lina erklärte sich zur Rudelchefin, außer wenn wir unterwegs waren. Kam ein Hund auf sie zu, begann sie zu jaulen, Cora kam gerannt und stellte sich außer Atem an ihre Seite. Es kam mir vor wie zu Kinderzeiten, als die einen mit ihrem großen Bruder drohten, der ihnen sofort zu Hilfe eilen würde. Ich beneidete die Kinder mit ihren großen Brüdern, nie aber wäre es mir in den Sinn gekommen, einen solchen zu erfinden. Cora also eilte Lina zu Hilfe, hielt den fremden Hund in Schach, während Lina, so schien es, hochmütig an ihm vorbeiging: Habe ich es dir nicht gesagt? Doch Lina übertrieb es, schrie, kaum sah sie einen Hundeschwanz, und Cora überlegte sich zweimal, ob sie dem Hilferuf Folge leisten wollte, entschied ab und zu, dass sie nicht wollte, überließ Lina dem fremden Hund, der sich in den meisten Fällen als durchaus freundlich herausstellte.

Cora hatte Angst, mich zu verlieren, hielt mich ständig im Blick. Monatelang stand sie im Halbschlaf auf, um mich nachts auf die Toilette zu begleiten. Verlor sie mich aus den Augen an der Limmat oder auf der Werdinsel, vernebelte ihr die Panik die Sinne. Sie rannte rund um die Insel, mehrmals an mir vorbei, ohne mich zu erkennen. Hatte sie mich endlich gefunden, lachte sie mich an mit hängender Zunge. Meisten kam sie auch gerannt, wenn ich sie rief, lachend, mit flatternden Ohren.

Das Kursegeben lag mir, und doch kam ich ab und zu an meine Grenzen. Was tun, wenn eine Kursteilnehmerin in Tränen ausbricht? Was tun, wenn eine ganze Gruppe sich nicht einlässt? Um mehr über Reaktionen von Menschen und Gruppen zu lernen, begann ich eine Psychodrama-Weiterbildung. Mit beiden Tieren reiste ich nun jeden Monat an diese Weiterbildung, die mal da, mal dort stattfand. Sie verschliefen die Tage, nur ab und zu, wenn es allzu laut wurde, schauten sie auf. Cora kam manchmal auf die Bühne, um sich zu versichern, dass mir nichts passierte. In den Pausen ging ich mit ihnen raus, spazierte im nahen Wald oder an einem Flussufer, dann ging es weiter mit dem Nachstellen und Neuinszenieren von Szenen aus dem Leben der Teilnehmerinnen und Teilnehmer. Wir spielten auch die Morgenszene, die Johanna und ich täglich erlebten: Die Milch, die Johanna für ihren Milchkaffee aufsetzt, schäumt über, die ganze Wohnung riecht nach verbrannter Milch. Da ich mich fast täglich darüber ärgerte, wollte ich diese Situation verändern. Wir stellten uns auf die Bühne, ich saß schreibend am Pult, der schwule Kollege in einem Nachthemd – das Johanna niemals tragen würde – spielte Johanna, die beiden Hunderollen wurden übernommen, die Tiere lagen links und rechts von meinem Pult. Wir inszenierten die Szene als Forumtheater, das heißt, alle durften unterbrechen und eine Rolle übernehmen. Schon ging die Milch über, schon roch es im ganzen Raum, ich schimpfte, ich schrie, jemand löste mich ab, versucht es mit Freundlichkeit, die Milch ging über, Johannas Alter Ego sang fröhlich vor sich hin, und langsam rutschte die Situ-

ation ins Absurde: Die Milch überschwemmte die ganze Bühne, Johannas Double tänzelte in seinem Nachthemd, die beiden Hündinnen leckten die Milch auf.
Unglaublich lustvoll die ganze Inszenierung, die erstaunlicherweise dazu führte, dass die Milch nie mehr überging. Ein Wunder? Oder war es, weil ich morgens nicht mehr angespannt auf das Zischen aus der Küche wartete und auf Johannas Flüche? Jedenfalls ist es bis heute so geblieben: Die Milch bleibt in der Pfanne, der Tag beginnt freundlich.

Damit mir mein Rudel nicht über den Kopf wachsen würde, besuchte ich wöchentlich den Altstetter Hundeklub. Ziel war es, eine Hundeprüfung abzulegen. Wir übten Gehorsam, gingen mit den andern im Kreis oder hin und her, auf Befehl blieben wir stehen und die Hunde mussten sich setzen. Das taten sie. Meistens. Einer der Hundetrainer ging über die Wiese, verlor seinen Schlüsselbund, sein Portemonnaie, der Hund fand beides und brachte es dem Besitzer, der ihm stolz über den Kopf strich. Wozu, fragte er, wozu brauche ich einen Hund, wenn er das nicht kann? Da meine beiden niemals lernen würden, Schlüssel oder Ähnliches zu finden, musste ich wohl andere Gründe haben, mir nicht nur einen, sondern sogar zwei Hunde zu halten. Auch die Hundeprüfung werden sie nicht schaffen, der Leiter rät von einer Anmeldung ab. Doch die Agility-Gruppe bot mir an, bei ihnen mitzumachen, auch wenn die Hundeprüfung fehle. Und Lina machte mit, rannte im Slalom an Stecken vorbei, durch eine Röhre hindurch, sprang durch einen aufgehängten Pneu, durch einen Sack. *Röhre Pneu Sack* blieben mir als Agility-Befehle, in dieser Reihenfolge. Sie lernte, über Balken zu gehen und über einen Stab zu springen. Schnell war sie, und ich rannte atemlos neben ihr her. Zum Schluss sollte sie auf ein kleines Podest sitzen, gelobt und mit Leckerli verwöhnt werden. Das war so einfach, dass es alle Hunde konnten. Aber nicht Lina. Nach absolviertem Parcours setzte sie sich in Szene: Sie rannte wie wild im Kreis herum, vorbei an allen Agility-Bauten, vorbei an allen Hunden, die mitrennen wollten. Die ganze Gruppe bellte und feuerte Lina an. Keine Chance hatte ich, sie zu fassen. Lina und ich wurden vom Agility ausgeschlossen.

Auch Cora gehörte nicht zu den Besten im Hundeklub. Nie konnte ich ihr das Ziehen an der Leine abgewöhnen. Sie setzte sich zwar auf Befehl, doch sitzen bleiben, während ich mich entfernte, klappte nicht. Sie ertrug es nicht, dass ich wegging, und wenn es nur wenige Schritte waren. Sofort kam sie mir nach, zu stark die Erinnerung ans Verlassenwerden oder Verlorengehen. Das sollte ihr nicht noch einmal passieren. Etwa fünf Schritte Distanz hielt sie aus, mehr nicht. Ich fragte mich, warum sie das lernen sollte, schließlich ließ ich sie nicht irgendwo allein, nirgendwo musste sie auf mich warten, und wenn, dann angeleint. Trotzdem: Ich blieb lange dabei beim Hundeklub, dies und das blieb bei meinen Vierbeinern haften, dies und das lernte ich, den Rest vergaßen wir alle drei. Mit halbwegs erzogenen Tieren ging ich durch den Alltag, immer leicht angespannt. Wenn nur nichts passierte. Früher träumte ich oft, Gea sei in eine Gletscherspalte gefallen, und ich wusste nicht, wie ich sie retten konnte. Schweißnass wachte ich jeweils auf, überprüfte ihren Korb, und da lag sie, eingerollt und eingepackt, ich wartete, bis ich sicher war, dass sich ihre Brust langsam hob und senkte. Sie lebte und ich kroch zurück ins Bett. Auch Cora und Lina lebten, das sah ich im Zwielicht, wenn ich nachts zur Toilette ging. Ungedeckt lagen sie an ihren Schlafplätzen, auch Cora verweigerte das Tuch, das Gea so sehr liebte. Eine lag als Kugel im Korb, die andere ausgestreckt auf dem Sofa. Stand ich morgens auf, sah ich, dass sie die Plätze getauscht hatten. Auch tagsüber tauschten sie. Wie auf Befehl standen plötzlich beide auf, streckten sich, standen unschlüssig herum und dann, schwupps, wurde getauscht. Cora zwängte sich in den Korb, quoll über den Rand, was ihr den Übernamen *Soufflé* eintrug: golden, eben aus dem Ofen gezogen und wunderbar aufgegangen. Nicht nur nachts träumten die beiden, auch tagsüber hörte ich Coras tiefes Knurren, Linas hüpfendes Bellen. Cora schlug mit den Vorderbeinen, Lina wedelte, die Augen verdreht, sodass das Weiße sichtbar wurde. Offenbar wurden im Traum Hasen gejagt oder Katzen, vielleicht wurden auch andere Hunde vermöbelt. Ich fragte mich, ob sie gemeinsam träumten, so wie sie gemeinsam davonrannten an der Limmat, nach einem Blick hin und her ging es los, ich hatte keine Chance, sie zurückzurufen. Vielleicht jagten sie nachts gemeinsam auf ihren Traumpfaden ihren Traumtieren nach.

Endlich, im Herbst 1996, in dem Jahr, als mich Verena in Sardinien besucht hatte, erschien die *Pfanne*. Der lange Titel war wirklich lang, so lang wie die Jahre, in denen ich mich mit dem Text beschäftigt hatte.
Zunehmend fiel es mir schwer, meine Berufsarbeit, die meinen Lebensunterhalt sicherte, mit meinem Schreiben zu verbinden. Das Aufenthaltsstipendium im Stuttgarter Häusle hatte mir drei Monate konzentriertes Arbeiten ermöglicht. Doch der Text erwies sich als sperrig, er wollte und wollte nicht rund werden, obwohl er großzügige Unterstützung fand. Nach der Stadt Zürich sprachen Pro Helvetia und Migros Kulturprozent weitere Beiträge. Insgesamt, so stelle ich erstaunt fest, wurde die *Pfanne* mit gegen 40 000 Franken unterstützt. Eine unglaubliche Summe. Nach der Veröffentlichung kam dazu noch die Ehrengabe des Kantons Zürich von 5000 Franken. Die Arbeitsgruppe für Literatur der Kantonalen Kulturförderungskommission verteilte im November 1996 vier Werkbeiträge, drei davon an Männer. Verteilt wurden nebst den Werkbeiträgen neun Ehrengaben, drei davon an Frauen. Die Feier

fand am 29. November 1996 statt, einen Tag vor meinem Geburtstag. Die Ehrengabe bekam ich ... *für ihr Buch, das genau und beobachtend in witziger Art die abgründige Banalität eines Familienalltags in den fünfziger Jahren nachzeichnet.*[93]
Ich bin mehr als erstaunt über diesen Geldsegen, an den ich mich nicht erinnere. Dass ich je so viel finanzielle Anerkennung für mein Schaffen erhalten habe, ist mir entschwunden. Es sei so, sagt die Erinnerungsforschung, dass wir uns eher an Schlechtes erinnern, das Unangenehme bleibe haften, während das Schöne verschwinde. Wäre ich je in den Keller gestiegen, hätte in meinen Heften, in denen ich Kritiken sammelte, geblättert: Ich hätte es nicht vergessen können. Denn da finde ich einen eingeklebten Zettel in Schreibmaschinenschrift:

```
Finanzielle Unterstützung E:
84: Stadt Zürich ½ Werkjahr Fr. 12 000.–
84: kostenloser Aufenthalt in Schuls, Binz 39
(6 Wochen)
Migros nach Eingabe Werkbeitrag Fr. 12 000.–
Pro Helvetia nach Eingabe im März 93 Werkauf-
trag Fr. 20 000.–
Sommer 93 Stuttgart: 3 Monate Aufenthalt im
Häusle plus monatlich DM 1500.–
Soll keine sagen, die CH lasse sich Kultur
nicht etwas kosten!!
```

Ich schäme mich ein wenig. Für die überreichliche Unterstützung und dafür, dass ich sie einfach vergaß. 24 000 Franken waren in meinem Kopf abgelegt, je 12 000 von Migros Kulturprozent und der Stadt Zürich. Dass mich Pro Helvetia ebenfalls unterstützte, war mir völlig entfallen. Läse ich es nicht schwarz auf weiß, ich würde es nicht glauben. Aus Scham beginne ich zu rechnen. Gut zehn Jahre habe ich an der *Pfanne* gearbeitet – das macht also 5000 Franken pro Jahr. So gesehen ist die Unterstützung zwar großzügig, aber nicht übertrieben, denke ich.
Nach der *Pfanne* war es allerdings mit dem Geldsegen vor-

bei, mein weiteres Schreiben musste ich selbst finanzieren. Nochmals rechne ich: Wenn ich den für die Pfanne erhaltenen Betrag auf alle meine Bücher verteile, habe ich pro Buch etwa 4500 Franken erhalten, nebst den Tantiemen, die je nach Buch unterschiedlich hoch waren. 2020 verteilte die Stadt Zürich Werkjahre und Auszeichnungen in der Höhe von 723 000 Franken. So lese ich in der Zeitung. Ein Werkjahr, so erfahre ich, ist heute mit 48 000 Franken dotiert. Damals, 1984, war der Betrag genau halb so groß.

Die *Pfanne* bekam, wie die meisten Bücher, auch einen Druckkostenbeitrag meiner Heimatgemeinde. Diese 3000 Franken gehen an den Verlag und nicht an die Autorin. In ihrem Brief, so habe ich es in Erinnerung, änderte die Stadt Winterthur den Titel. Sie sprach den Druckkostenbeitrag für das Buch *Meine Mutter hat meinen Vater mit einer Pfanne erschlagen.*
Vielleicht hatte mein Ruf als Feministin zum neuen Titel geführt, undenkbar, dass in einem meiner Texte eine Frau einem Mann das Leben rettet. Oder ob es doch ein Zufall war? In meinen Unterlagen finde ich besagten Brief und lache laut heraus, denn der Titel, der da steht, ist noch viel prägnanter als der in meiner Erinnerung: *Meine Mutter hat meinen Vater in die Pfanne gehauen* steht hier in fehlerfreier Schreibmaschinenschrift, unterschrieben vom Winterthurer Kultursekretär.[94]

Diese mit Geld überhäufte *Pfanne* war vom Zytglogge Verlag abgelehnt worden, was mich verletzte und enttäuschte, sah ich in diesem Verlag doch mittlerweile meine geistige Heimat. Der Zytglogge Verlag hatte nicht nur *die spinnerin* neu aufgelegt, die zunächst im Zürcher eco-verlag erschienen war, auch *Nella* und *starrsinn* waren hier veröffentlicht worden. *Alles in allem zu viele Einwände...,* schrieb mir der Verlagsleiter 1994. Diese Absage tat weh. Mit der *Pfanne* stand ich verlagslos da. Liliane Studer, eine Mitorganisatorin von *Schriftwechsel,* hatte eben den eFeF-Verlag übernommen und war bereit, mein Buch herauszugeben. eFeF war nach Ruth Mayers edition R&F der zweite Frauenverlag der Schweiz. Ruth Mayer gab nicht nur Anthologien mit Texten von Frauen heraus, sondern veröffentlichte auch ihre eigenen Aphorismen. Einen ihrer prägnanten Sätze finde ich im Netz: *Phantasie: Einen Regenbogen über den Alltag malen.*[95] Ein Satz, der mich lächeln macht.

Nach dem Lektorat und einer weiteren Überarbeitung war die *Pfanne* endlich rund. Die Gestaltung des Buches übernahm die Grafikerin Christina Meili. Für den Schutzumschlag ließ sie sich von den Tischtüchern der fünfziger Jahre inspirieren.
Die *Pfanne* wurde nicht gut aufgenommen, sagt meine Erinnerung, insbesondere die Kritik in der NZZ machte ihr den Garaus. Eine Überprüfung ergibt, dass die Pfanne 28-mal besprochen wurde. Sechs Kritiken waren halb positiv, halb negativ, zwanzig durchwegs positiv. Und zwei, nur zwei Besprechungen sind vernichtend. Tages-Anzeiger und NZZ berichten in je einer knappen Spalte von dem verfehlten Buch: *Es ist das Schulaufsatzdeutsch einer Heranwachsenden, das in seiner forcierten Einfachheit konstruiert wirkt,* schreibt der Tages-Anzeiger.[96] Und die NZZ titelt *Erzählerin auf Abwegen* und doppelt gleich nach: *Es ist beileibe kein Vergnügen, einer begabten Erzählerin zusehen zu müssen, wie sie ein achtjähriges Schweigen bricht und bei ihrer Rückkehr in die Welt der Fiktion auf Abwege gerät.*[97] Diese Sätze überdeckten in meinem Kopf die positiven Aussagen, welche die präzisen Beobachtungen betonen, die schlanke, klare Sprache, den gekonnt eingesetzten Gestaltungswillen der Autorin, den Witz und die Wärme. Alle diese Sätze sind verschwunden hinter dem Schulaufsatz und den Abwegen. Wieso ließ ich das zu? Wieso rief ich meinen Kopf nicht zur

Ordnung und las ihm immer und immer wieder vor, dass viel Gutes in der *Pfanne* zu finden war? Weil ich es selbst nicht recht glaubte? Etwa 1800 Exemplare der *Pfanne* seien verkauft worden, meint die heutige eFeF-Verlegerin. Genauere Zahlen finde ich auch in meinen Unterlagen nicht.

Seit einigen Jahren arbeitete ich selbständig. Ich bot an Spitälern, Altersheimen und an Pflegeschulen Weiterbildungen an, immer zum Thema *Pflege und Schreiben*, ein Thema, das noch kaum ins Pflegebewusstsein gerückt war. Es ging mir um aussagekräftige Pflegeberichte und darum, dass Menschen nicht bewertet wurden. Ihre Aussagen, ihre Handlungen sollten beschrieben werden, ebenso wie die Beobachtungen der Pflegefachleute. Eine kurze Beschreibung des Erlebten sagt mehr aus als *sie nörgelt* oder *er ist schlecht gelaunt*. Wie zeigt sich das Nörgeln, die schlechte Laune, wie zeigen sich Schmerzen? Beobachtungen lassen sich beschreiben, Aussagen und Rückfragen können protokolliert werden.

Im Jahr 2000 wurde ich eingeladen, zu diesem Thema einen Vortrag zu halten am Kongress des Berufsverbandes für Krankenpflege SBK. Woher nahm ich den Mut, zuzusagen? Woher den Mut, im Kongressaal in Montreux zu stehen, mit eiskalten Händen meine Blätter umklammernd, langsam meinen Text zu lesen in die Stille hinein? Danach wurde ich umringt von sämtlichen Pflegekoryphäen, von ehemaligen und jetzigen Kolleginnen. Was ich gesagt hatte, war neu, war unerhört und beunruhigend. Wollte man meine Worte ernst nehmen, würde das Konsequenzen im Pflegealltag nach sich ziehen.

Eben las ich diesen Vortrag nochmals und bin erstaunt über seine Kraft und Aktualität. Plötzlich war ich als Vortragende gefragt, reiste an Kongresse und Symposien, schrieb Texte, die sich alle in irgendeiner Form mit Sprache und Pflege befassten. 2003 gab ich selbst die gesammelten Vorträge heraus, die sogar den Weg in die Buchhandlungen fanden. Als *ein Leckerbissen* wurde das schmale Büchlein bezeichnet, als *kleines Wunderwerk*, gelobt wurde der *trockene, erfrischende Humor.*[98] Diese Zitate finde ich in meinen Heften mit den eingeklebten Kritiken. Ich bin froh darüber, niemals hätte ich mich daran erinnert, hätte wohl behauptet, der kleine Band habe gar kein Echo gehabt. Dabei führte er mich sogar nach Berlin an die Charité, wo ich einen Vortrag über Fallpauschalen hielt. Ganz anders die Stimmung im alten Hörsaal, kein konzentriertes Publikum wie in Montreux, einige schrieben, arbeiteten an ihren Laptops, andere gingen während des Vortrags hinaus. Wenige hörten mir aufmerksam zu, sprachen mich nachher an. Mein Text sei der einzig kritische gewesen an dieser Tagung, sagten sie mir, für sie sei das wohltuend gewesen. Mit meinen Schulungen und den Vorträgen war es mir gelungen, meine beiden Berufe zu verbinden: die Krankenpflege und das Schreiben.

Trotz solchen positiven Erlebnissen fragte ich mich immer wieder, ob ich genüge als Schriftstellerin. Nichts Schlimmeres als eine halbbatzige Schriftstellerin, sage ich mir, doch ich gehöre nicht zu den Großen, Berühmten, Bekannten. Ein gutes Feuer braucht auch Kleinholz, sagt meine Lektorin. Kann man vom glimmenden Kleinholz zur lodernden Flamme werden? Vicki Baum, eine der Autorinnen die oft in die Trivial-Ecke abgeschoben wird, drückt es so aus: *Ich bin eine erstklassige Schriftstellerin zweiter Güte.*[99] Was bin ich? Eine zweitklassige Schriftstellerin dritter Güte? Zeigt nicht schon meine Liebe zu Vicki Baums Büchern, dass aus mir nichts Rechtes werden kann? Umso größer ist meine Freude, dass 2020 eines ihrer Bücher bei der Büchergilde Gutenberg neu aufgelegt wurde. *Vor Rehen wird gewarnt* heißt es und sei allen Leserinnen und Lesern empfohlen.
Trotz all diesen Gedanken schreibe ich weiter, bewahre

mir den Glauben, dass es wichtig und richtig ist, was ich tue, auch wenn die Anerkennung nie genügt. Wie machen das andere? Bekommen sie nicht viel mehr Lob, Zuwendung, Aufmerksamkeit als ich? Und was, wenn auch eine größere Menge Anerkennung nicht genügt? Ein bekannter Schweizer Schriftsteller, so erzählt mir eine Schreibkollegin, erwarte schon längst den Nobelpreis. Wir lächeln ein bisschen über ihn. Wieso eigentlich? Auch bei ihm wird es um die mangelnde Anerkennung gehen, eine Anerkennung, die mir in seinem Fall zwar als riesiges Feuer vorkommt, ihm aber vielleicht eher wie ein Schwelbrand erscheint. Es geht um das ewige Zuwenig, das offenbar nicht nur mich begleitet.
Manchmal frage ich mich, ob ich unsichtbar bin. Auf die leicht irritierte Frage einer Journalistin: *Wieso kenne ich Sie nicht? Ihr Buch ist ja richtig gut!*, wusste ich keine Antwort. Noch kaum je wurde ich eingeladen an ein Literaturfestival. Ich selbst halte mich fern von solchen Veranstaltungen. Aus Angst, den Begegnungen nicht gewachsen zu sein? Aus Scham darüber, nicht eingeladen zu sein? Aus Hochmut? Sicher ist, dass Abwesenheit keine neuen Kontakte, keine unerwarteten Gespräche ermöglicht. Mache ich mich selbst unsichtbar?

Wiederum arbeitete ich lange Jahre am neuen Text. Erst 2008 erschien mein nächstes Buch, zwölf Jahre nach der *Pfanne*. Ich schrieb mich durch die Trauer um meine sardische Freundin. Das Formen half mir, die Trauer besser zu ertragen, ich hüllte sie in Wörter ein, verschnürte sie mit Sätzen. Es waren düstere Jahre voller Melancholie.
Da der Zytglogge Verlag sich im Nachhinein für die *Pfanne* erwärmt hatte, bot ich ihm mein neues Buch an. Doch der Verlagsleiter war nicht zu begeistern für mein Manuskript:
… kurz: Dein Roman ist mir zu artistisch.
Nach vielen Verlagsabsagen entschied sich der Zürcher

Verlag edition 8 für *Lamento*. Das führte dazu, dass ich für meine nächsten Bücher nicht lange einen Verlag suchen musste. Besonders erfreulich ist, dass auch die verschiedenen Publikationen der Anagramm-Agentur ihren Platz fanden im kleinen Verlag, der seine Bücher so lange auf der Backlist behält wie kaum ein anderer.

Die Lektorin hieß Verena Stettler und war die gleiche Verena, die gut zwanzig Jahre früher *die spinnerin* lektoriert hatte. Es war beglückend, wiederum zusammenzuarbeiten, der berühmte Kreis schloss sich. Immer wieder tauschten wir Erinnerungen aus und waren uns nicht immer einig. Insbesondere nicht darüber, ob der eco-verlag mein Manuskript *Nella* abgelehnt oder ob ich den eco-verlag verlassen hatte. Jahrelang hatte ich am 1. Mai einen Bogen um den Stand des eco-verlags gemacht, um Verena nicht zu begegnen, zu groß die Scham, dass sie meinen Text für schlecht befunden hatte. Wir legten die unterschiedlichen Erinnerungen weg, weder Briefe noch Notizen konnten die eine oder andere Sicht belegen, wir mussten uns begnügen mit *es war so oder so*. Wir arbeiteten gut zusammen und tun es immer noch, jetzt, wo wir uns über Hunde und das Schreiben unterhalten.

Sieben Besprechungen erhielt *Lamento*, alle positiv, alle von Frauen. Ab und zu wird das Buch als Frauenbuch bezeichnet. In *Lamento* geht es um Abschied und Trauer, um das Fremdsein in der Fremde. Frauenthemen? Offenbar ja. Das Buch war schön geworden, die Fotos von Johanna auf dem blauen Grund des Schutzumschlags hatten wir gemeinsam ausgesucht: Vorne die drei Steinfiguren, die damals noch auf freiem Feld neben einer Scheune standen, die Wäscheleine hinten auf dem Buch, bestückt mit weißer, Schatten werfender Wäsche. Noch heute nehme ich das Buch gern in die Hand, streiche über die Bilder, die von der Urzeit ins Heute führen.

Lamento war mein zweites Buch, das in Sardinien spielte,

ein Erinnerungsbuch, basierend auf Erlebnissen und Beobachtungen. Christa Wolf sprach von der Unmoral des Berufs der Schriftstellerin, die im Augenblick des Erlebens schon an den zu schreibenden Text denke. Ungefähr so hatte ich ihre Aussage im Kopf, machte mich auf die Suche nach dem genauen Zitat, ging dem Büchergestell entlang, blätterte in Büchern auf der Suche nach den feinen Bleistiftlinien, mit denen ich mir wichtige Sätze und Abschnitte kennzeichne.

Autobiografisches Schreiben muss, jedenfalls in unserer Zeit, Selbsterforschung sein, was heißt, in die Untiefen der eigenen Erinnerung abzutauchen, Schmerz und Scham zu erfahren und die Funde, die man in die Bewusstseinshelle heraufbringt, in ihrer Authentizität immer wieder in Frage zu stellen.[100]

Dies schrieb sie in *Nachdenken über den blinden Fleck*. In *Lamento* erforschte ich mich selbst und meine Trauer, mein Fremdsein, aber ich erforschte auch andere Menschen, spionierte sie aus, schaute ihnen zu, dachte mich in sie hinein, schrieb ihnen etwas zu.

Schriftsteller beuten Schriftsteller aus, sie lügen, betrügen, stehlen, Mutter, Vater, die Geliebte, sie alle sind Opfer, werden ihrer Freiheit beraubt, betrogen und bloßgestellt.[101]

So ließ Kerstin Ekmann eine ihrer Protagonistinnen die Unmoral des Berufs beschreiben. Ich war froh, dass mein Buch nie ins Italienische übersetzt worden war, zu genau die Beschreibungen, zu nahe am Erlebten. Und doch mit der Ungenauigkeit der Erinnerung behaftet, ja gar mit ihrer Erfindung.

Ich blätterte mich durch die Bücher von Christa Wolf, entdeckte das Zitat: *wahrheitsgetreu (zu) erfinden auf Grund eigener Erfahrung*, las, dass auch sie nach dem richtigen Ton suchte.[102] Das Zitat über die Unmoral des Berufes fand ich nicht.

Im letzten Drittel ihres Buches *Lesen und Schreiben* gab es keine Anstreichungen mehr. Vielleicht habe ich das Buch nicht fertig gelesen. Aber auf Seite 213 steckte eine Karte von Regula Schnurrenberger, meiner viel zu früh verstorbenen Freundin, der Historikerin, die mich angeregt hatte, meine Entwürfe und die Korrespondenz zu behalten. *Hier eine schöne Karte für dich,* steht darauf, vorne sind zwei griechische Göttinnen abgebildet, zwei Schlangengöttinnen, wie es hinten heißt. Schlangen stehen für Weisheit und wurden in vielen Erdteilen verehrt. Die Göttinnen mit ihren Schlangen ruhten seit Jahren bei Christa Wolf. Ich steckte die Karte zurück, sie gehörte zu diesem Buch auf die Seite 213.

Ich wog andere Bücher von Christa Wolf in der Hand, das gewichtige *Ein Tag im Jahr*, in dem sie von 1960 bis 2000 jeweils einen bestimmten Septembertag beschrieb, und das leichtere *Leibhaftig*. Das möchte ich wieder lesen, dachte ich, überprüfen, was meine eigene Erkrankung mit diesem Text zu tun hat, der Geschichte über eine Krankheit, die eine namenlose Heldin – Christa Wolf selbst? – an den Rand des Todes brachte. Immer war mir Christa Wolf nahe, ich blieb ihre treue Leserin über Jahre, auch wenn Verena Stefan sie zu bieder fand.

War ich zu Hause, schrieb ich oft am Morgen, streifte danach mit meinen Hunden durch den Altstetter Wald, lief bis nach Schlieren oder Engstringen, ging der Limmat nach stadtwärts und über den Hügel zurück nach Altstetten. An vielen Tagen lief ich drei Stunden, Cora wurde nicht müde, rannte jeden Weg mehrmals hin und zurück. Ging ich arbeiten, spazierte Sonja mit den beiden, doch sie mussten auch alleine bleiben. Lina war vor Cora ohne Murren zu Hause geblieben, saß vor dem Fenster, auf ihrem Holzwürfel, der so hoch war wie ein Sofatisch und aus der Werkstatt von Johannas Vater stammte. Sie schaute uns nicht nur nach beim Weggehen, oft saß sie schon da, wenn wir zurückkamen. Ob sie uns schon von weitem hörte oder einfach gern hinausschaute?

Ganz anders Cora. Sie riss Bücher aus dem Büchergestell, zernagte und zerfetzte die Buchdeckel. Sie biss Johannas hölzernem Flusspferd die Ohren ab, die sich kaum mehr ankleben ließen, sie zerstörte, was wir liebten. Und nie kam es mir in den Sinn, dass sie Angst haben könnte ohne mich, ohne Johanna, dass sie nicht gerne alleine blieb und Lina ihr keine Hilfe war. Erst vor einem Jahr erkannte ich, dass sie gelitten haben musste. In einem Dokumentarfilm sah ich alleingelassene Hunde, schaute zu, wie sie unruhig durch die Wohnung geisterten, da etwas anknabberten, dort etwas umwarfen, wie sie angespannt vor der Türe hockten und warteten, wie sie jaulten oder bellten. Erst da verstand ich, dass ich Cora ganz langsam ans Alleinsein hätte heranführen müssen, gerade sie, die Findelhündin, die verloren gegangen oder ausgesetzt worden war.

Die Situation verschärfte sich, als Johanna und ich entschieden, unsere Wohnorte zu trennen. Ich zog mit den Tieren weiter Richtung Stadtrand. Schon in der ersten Woche bekam ich Reklamationen: Ihre Hunde bellen. Ständig, stundenlang, ab und zu. So unterschiedlich waren die Einschätzungen. Eine Rückfrage am alten Wohnort ergab, dass sie auch dort gebellt hatten. Nie hatte es Beschwerden gegeben, weder von unserer Nachbarin noch von den Restaurantbetreibern, die selbst einen Hund besaßen. Völlig überrascht von den Reklamationen am neuen Wohnort, wusste ich nicht, was tun. Jemand empfahl mir eine Bekannte, ein Medium, die auch mit Hunden reden könne. Es sei Lina, sagte sie, die Cora zum Bellen anstifte. Sie rede ihr ein, dass ich niemals zurückkommen würde, was Cora so erschrecke, dass sie bellen müsse. Sie habe nun Lina gebeten, das nicht mehr zu tun. Dass meine Hunde wortlos miteinander kommunizierten, war mir bewusst, ich konnte mir auch gut vorstellen, dass Lina Cora aufhetzte. Leider blieb die Wirkung des Besuches gering, Lina schien die Bitte des Mediums nicht ernst zu nehmen.

Es dauerte lange, bis Cora nicht mehr bellte. Einige Briefe gingen hin und her zwischen mir und der Verwaltung, einige Gespräche brauchte es mit Nachbarinnen und Nachbarn. Meine späteren Hündinnen jedenfalls ließ ich anfangs nur so lange allein, wie ich brauchte, um die Wäsche in der Waschküche zu holen oder ein Buch im Keller zu suchen. In Fünf-Minuten-Portionen gewöhnte ich sie ans Alleinsein. Ließ ich sie später länger allein, brannte jeweils das Leselicht und das Radio spielte klassische Musik für sie.

Immer wieder fuhr ich mit Cora und Lina nach Sardinien, oft mit Johanna zusammen, oft allein. Ich erlebte die Veränderungen der Züge, der Schiffe, der Fahrpläne. Früher gab es täglich einen direkten Zug von Zürich nach Genua und zurück, einen uralten Zug mit geschlossenen Sechserabteilen und einem schmalen Korridor. Aufgeschlitzte Polster, verschmutzter Boden, oft die Fenster so zerkratzt, dass kaum etwas von der Landschaft zu sehen war, durch die der Zug fuhr.

In einem meiner Notizbücher finde ich einen Traum aus dem Jahr 2000, aufgeschrieben im Zug von Genua nach Zürich. Offensichtlich komme ich von Sardinien. Auf der schmalen Pritsche in der Schiffskabine hatte ich geträumt: Das Schiff strandete, stand still, bohrte sich in den Sand. Der *canile*, in dem Cora und Lina schliefen, war tief unten im Unterdeck. Ich war mit meiner Mutter dort, sie war vor mir unten und sah, dass der ganze *canile* mit Sand zugepackt war. Die Hälfte des Schiffes steckte im Sand. Ich suchte jemanden, der zuständig wäre, fand endlich einen Schalter und einen Mann, den ich nach den Hunden fragen konnte. *Canile*?, wiederholte er und studierte einen Plan. Nichts zu machen, da ist alles voller Sand. Und meine Hündinnen? Er meinte, dass sie sicher friedlich gestorben seien. Ich rastete völlig aus, tobte und schrie, schlug um mich. Ich will das nicht, ich will das nicht, schrie ich immer wieder. Meine Mutter befahl mir, mich zu beruhigen. Ich erwachte aufgelöst, zog mich hastig an, eilte zum *canile*. Da saßen die Tiere, gesund und ganz. Ich befreite sie, suchte später mit ihnen im Genueser Hafen nach Grasbüscheln, wo sie sich erleichtern konnten.

Im Zug, während des Aufschreiben des Traumes, bin ich froh, dass sie da sind, alle beide, nahe bei mir.

Oft ging es in meinen Träumen um den Verlust der Hündinnen, um die Unmöglichkeit, sie zu retten. Viele Male träumte ich, dass Gea in eine Gletscherspalte gefallen sei. Es ging darum, nicht zu genügen als Hundemensch. Es ging und geht um meine Grenzen.

Das Schiff war ebenso heruntergekommen wie der Zug. Viele Jahre gab es neben der Treppe ein Rollband, auf das die Koffer geworfen und bequem hinauf und hinunter transportiert wurden. Damals stand unten neben dem Rollband ein Traktor mit einem Anhänger, auf dem das Gepäck zum Zug gefahren wurde. Erst als diese Bequemlichkeit aufhörte, merkte ich, wie entlastend das gewesen war: Vom Zug zum Schiff und umgekehrt ging ich ohne Gepäck, zwei Hunde an der Leine, die nicht dahin wollten, wo ich hin wollte und jeden Grasbüschel beschnuppern mussten. Irgendwann stand das Rollband still, kein Traktor wartete, und ich schleppte selber meinen Koffer voller Geschenke für meine sardischen Wahltöchter, voller Schreibunterlagen für mich, später steckte wohl auch ein Laptop darin. Dazu die beiden Hunde an den Leinen, die sich verhedderten mit dem Koffer, mit meinen Beinen. Wie ich das schaffte, weiß ich nicht mehr. Doch wir erreichten jedes Mal den Zug oder, in der Gegenrichtung, das Schiff.

Und dann änderte sich alles. Einen direkten Zug gab es nicht mehr, dafür war er neuer. Die durchsichtigen Fenster, die glatten Polster bezahlte ich mit Umsteigen in Mailand:

Koffer raus, Hunde raus, ich raus, und alles wieder hinein in einen der italienischen Züge mit den hohen Stufen. Früher, als der Zug in Mailand eine halbe Stunde lang stand, wurde ich oft angesprochen von Menschen, die dringend Geld brauchten. Ausgeraubt seien sie worden, dabei warte der Onkel, die Mutter oder wer auch immer auf sie und ängstige sich. Das Billett koste 50 000 Lire und sie seien ohne eine einzige Lira. Ihnen folgten die Menschen, die auf jeden Tisch zwischen den Sitzbänken einen Kugelschreiber oder sonst etwas Kleines legten, begleitet von einem Zettel auf dem stand: Ich bin taubstumm, gefolgt von der Bitte um Unterstützung. Kurz vor der Abfahrt wurden die Kugelschreiber jeweils wieder eingesammelt. Lange Jahre stand da vor mir das Wort *taubstumm* und wurde nicht ersetzt mit *gehörlos*.

Ein einziges Mal glaubte ich einer Geschichte vom gestohlenen oder verlorenen Geld, schrieb auch meine Adresse auf, damit mir das Ausgelegte erstattet werden könnte. Es kam nie zurück. Und doch hätte ich gewettet, dass dieser Mensch ehrlich war. Schlechte Menschenkenntnis? Ist es gar nicht möglich, Ehrlichkeit von einem Gesicht abzulesen? Oder bin ich einfach auf eine gute Geschichte hereingefallen?

Nicht nur die Züge, auch das Schiff veränderte sich. Eines Tags ankerte da ein neues Schiff, eine Rolltreppe führte hinein, die Kabine befand sich nicht mehr zuunterst im Schiffsbauch, sondern weit oben. Sie hatte sogar ein rundes Fenster, das nicht zerkratzt, aber voller Salz war. Immerhin war Hell und Dunkel zu unterscheiden. Neuerdings gibt es sogar die Kabine für *amici a 4 zampe* – und ich darf mit meiner vierbeinigen Freundin ganz legal die Kabine teilen – gegen Aufpreis, versteht sich.

Auf den langen Strandspaziergängen in Sardinien dachte ich über Texte nach, ordnete Inhalte und formte Sätze, während Cora und Lina über den Strand rannten, da und dort Löcher gruben und alles fraßen, was irgendwie fressbar schien. Cora als ehemaliger Straßenhund war es gewohnt, für ihr Essen selbst zu sorgen. Sie verschmähte weder Trauben noch Schokolade, was beides für Hunde als gefährlich gilt.

An Weihnachten waren Johanna und ich Teil der Familie meiner Schwester, saßen mit Schwester und Schwager, mit Neffen, Großkindern und zwei Urgroßmüttern um den Esstisch. Lina hatte sich aufs Sofa verzogen und knurrte alle an, die sich näherten, Cora lag schlafend unter dem Christbaum. Erst nach dem Essen fand jemand die zahlreichen silbernen Schokoladenpapierchen. Offenbar hatte Cora ganz sanft die aufgehängten Schokoladenengel, Nikoläuse und farbigen Schokokugeln vom Christbaum gezupft, ohne dass der Baum ins Wanken geraten war, danach sorgfältig das Papier entfernt und die Schokolade gefressen, zum Glück ohne Folgen.

Lina als ehemaliger Hofhund hatte zwar Essen hingeworfen bekommen, musste aber das Essbare zwischen Salatblättern und faulenden Orangen suchen und zudem auch noch teilen mit anderen Hunden, mit Katzen und Hühnern. So hatte auch sie gelernt, alles zu fressen, was ihr vor die Nase kam, auch die paar Brosamen, die sie am Strand mit viel Sand schluckte. Zu Hause erbrach sie sich im Schwall, was, wie ich als ehemalige Krankenschwester wusste, auf einen Darmverschluss hindeutete. Ich packte sie in *Celeste* und fuhr zum Tierarzt, der längst nicht mehr im Schlachthof residierte. Einen beginnenden Darmverschluss zeigte das Röntgenbild an, vielleicht noch ohne Operation zu behandeln. Irgendwie gelang es, Lina ein Klistier zu verabreichen, der Sand kam heraus und die Sache war ausgestanden.

Cora hingegen erbrach nicht, sondern begann zu niesen. Nach einer Stunde entschied ich, zum Tierarzt zu fahren. Eine der Meeralgen, in denen sie gerne wühlte und schnüffelte, war dabei in ihre Nase gestiegen. Aufgrund der Widerhaken stieg sie immer höher. Cora musste kurz narkotisiert werden, pisste Johannas Hose voll, die Alge wurde ohne bleibenden Schaden mit einer schmalen Zange herausgezogen. Später, in Norditalien, kroch ihr eine Ähre der wilden Gerste zwischen die Zehen, auch sie mit Widerhaken bestückt. Wochenlang musste ich die offene Wunde spülen und neu verbinden, was Cora geduldig über sich ergehen ließ. Wie wenn sie wüsste, dass ihr die schmerzhafte Prozedur letztlich gut tun würde, legte sie vertrauensvoll ihre Pfote auf mein Knie, sobald ich mich auf den kleinen Stuhl setzte und Salbe, Desinfektionsmittel und Verbandsmaterial bereitlegte.

Spaziergänge dem Strand entlang, die Welt offen vor mir bis zum Horizont, wo ich die Krümmung der Erde ausmachte, manchmal ein Schiff, das an dieser Krümmung Stück für Stück verschwand. Ob die sogenannten *terrapiattisti*, die Flacherdler, nie in einem Meerort waren? Über Strand und Meer ein großer Himmel mit wenigen Wolken, in denen ich den Hundehimmel und Gea zu erkennen glaubte. Wir gingen bis zum *pontile*, wo ab und zu ein Frachter lag, und im Winter hin und wieder ein Fischer stand, und weiter über den leeren Strand bis zur Mündung des Tirso. Menschenleer. Ein zerfallenes kleines Haus, an dessen Mauer ich mich setzte, während meine Hunde den herumliegenden Abfall untersuchten und auch die Stelle fanden, wo der Tirso mehr süßes als salziges Wasser führte. Hier standen sie mit den Füßen im Fluss, löschten den Durst, auf dem Heimweg die Münder und Schnauzen wieder voller Sand und Salz. Sehr allein waren wir auf diesen Gängen, doch Angst hatte ich nie.

In der Wohnung am Meer gab es kein Telefon, so wie früher in meiner sardischen Familie. Die Nachbarin erklärte sich bereit, einmal in der Woche Johannas Anruf entgegenzunehmen. Sie rief um den Mittag herum an, besprach mit der Nachbarin die abendliche Anrufzeit, die Nachbarin informierte mich am Nachmittag und zur verabredeten Zeit ging ich hin, zitternd vor Vorfreude auf Johannas Stimme.

Immer fühlte ich mich in Sardinien auf seltsame Art geschützt. Das Land ist gewaltig und gewalttätig, es ist sehr heiß und sehr trocken, die Feuersbrünste sind gefährlich, Banditen streifen durchs Land, verarmte ehemalige Schafzüchter, die in den siebziger und achtziger Jahren gut bezahlt wurden für Entführungen und das Bewachen der Geiseln. Nie passierte mir etwas. Lange war ich von meiner Freundin und ihrer Familie geschützt gewesen, viele Jahre danach schützte mich ihr Geist, so schien es mir. In Sardinien konnte mir nichts passieren. Meinen Hunden aber schon, und so wie ich mich um Gea gesorgt hatte, sorgte ich mich nun um Cora. In meinem Kopf geisterte die Novelle von Marie von Ebner-Eschenbach herum.[103] *Krambambuli* heißt sie, das ist auch der Name des Hundes, der im Mittelpunkt steht, buchstäblich in der Mitte, nämlich zwischen seinem früheren und seinem heutigen Herrn. Der arme Hund kann sich nicht entscheiden, er leidet sichtlich, kriecht zwischen seinen Herren hin und her. Da ihn der heutige Herr als Verräter zurückweist, bleibt der Hund heulend bei seinem toten früheren Herrn. Eine fürchterliche Geschichte, die ich nicht lesen kann, ohne zu weinen.
Am Meer fand mich Cora. Schnell wurde klar, dass sie schon einmal jemandem gehört hatte, sie lief an der Leine und war stubenrein. Wem hatte sie gehört? Wer hatte sie verloren oder ausgesetzt? Setzt man einen so schönen Hund aus? Also doch eher verloren, und es wäre möglich, dass wir die frühere Besitzerin, den früheren Besitzer treffen würden, es wäre möglich, dass Cora in den Konflikt käme, zu entscheiden. Zu wem gehöre ich? Cora gehörte

so sehr zu mir, nein, es ist nicht möglich, dass sie sich für jemand anderen entscheiden würde. Und doch. Was weiß ich denn, welche Sehnsüchte ein Hund hat. Das ist es, wieso ich gerne mit Hunden lebe: Ihr Fremdsein zieht mich an, ihr Blick auf die Welt interessiert mich, gerade weil ich ihn nie ganz entschlüsseln kann. Hunde sprechen in mir das Unaussprechliche an.

Nie passierte es, dass jemand Cora erkannte oder sie gar zurückforderte. Sie war und blieb mein Hund bis zu ihrem Ende. Die Krambambuli-Angst jedoch wurde ich erst los, als ich Sardinien verließ und mein Schreibhaus in den Norden Italiens verlegte.

Johanna und ich hatten im Dezember die Möbel, das Geschirr, die Bücher in einen Transporter geladen und waren mit dem Schiff übers Meer gefahren, hatten die Möbel aus Süditalien in Norditalien ins leere Häuschen gestellt. Eine zweite Ladung fuhren wir von Bern nach Norditalien. Ende 2000 war Johannas Mutter gestorben, das Haus musste geräumt werden, gerade zur richtigen Zeit. Verschiedene Möbel, geschreinert von Johannas Vater, zogen gegen Süden.
Provisorisch richteten wir das Häuschen ein mit den Südmöbeln und den Nordmöbeln, die sich erst aneinander gewöhnen mussten. Nach Johannas Abreise blieb ich allein zurück. Zunächst wollte ich einfach hier leben, ein Gespür für das Haus entwickeln, bevor ich entschied, was verändert werden sollte. Ich saß in der Stube neben dem Gasofen, der leise zischte und mir nicht allzu viel Vertrauen einflößte. Ich verbrachte meinen ersten Abend, meine erste Nacht allein in meinem Schreibhaus in Norditalien.
Am Radio suchte und fand ich den Sender, der Radio SRF2 ähnelt und *Raitre* heißt. An diesem Abend im Januar wurde ein Konzert aus einem Konzertsaal in Cagliari übertra-

gen. Die Musik, im Süden Sardiniens gespielt, füllte meine norditalienische Stube und diese Tatsache rührte mich zu Tränen. Dank dem Radio war ich verbunden mit meiner geliebten Insel, die ich eben verlassen hatte. Sardinien und ich, wir würden uns nicht trennen, auch wenn ich in den *Oltrepò* gezogen war. An diesem Abend vor gut zwanzig Jahren schickte mir das Radio ein Zeichen, das mich ganz direkt ansprach, mich meinte und niemanden sonst. Das Konzert schuf eine Verbindung zwischen Süd und Nord.

Als es darum ging, Sardinien zu verlassen, hatte ich mir eine Liste erstellt. Mein neuer Schreibort sollte, anders als Sardinien, einfach erreichbar sein mit Zug und Bus, das Häuschen sollte bezahlbar sein und natürlich am Meer liegen. Sardinien zu verlassen, fiel mir schwer. Doch die Reise war jedes Mal beschwerlicher, der Hausvermieter wollte mehr Geld, meine Wahlfamilie saß mir im Nacken, wünschte sich dies und jenes von mir, vor allem Aufmerksamkeit und Zuwendung. Ich entschied mich für ein neues Schreibdomizil. *Meer* war ein wichtiger Punkt auf meiner Liste, und so fuhr ich nach Ligurien. Da auch *zahlbar* wichtig war, besichtigte ich kleine Häuser im Hinterland, alle schmal und hoch mit vielen Treppen, mehrere Kilometer vom Meer entfernt mit unregelmäßigen Busverbindungen. Vor die Wahl gestellt, *zahlbar* oder *Meer* von der Liste zu streichen, musste das Meer weichen. Unmöglich für mich, da ein Haus zu bezahlen. Auch entsprach das ligurische Meer nicht meinen Vorstellungen, zu gezähmt kam es mir vor mit den befestigten Stränden, die im Sommer mit den sogenannten Bädern, den *bagni*, möbliert waren. Kein Platz für Hunde, dachte ich. Nachdem ich Ligurien abgehakt hatte, fuhren Johanna und ich in die *Lunigiana*, eine Gegend hinter La Spezia, voller steiler Hügel, auf jedem ein kleines Dorf oder eine Festung. Die Häuser klebten aneinander, mehrere Stockwerke hoch, im obersten gab es

etwas Sonne. Die unteren Zimmer waren feucht und dunkel, die Straßen mit Kopfstein gepflastert und kaum begehbar. Die Maklerin führte uns aufs Land, wir besichtigten halbfertige Einfamilienhäuser und ein alleinstehendes ehemaliges Gruppenhaus mit einem Schlafsaal für zehn Personen. Keines der Häuser war richtig, genau so wenig wie die Gegend.
Einige Nächte verbrachten wir auf einem Bauernhof in einer Ferienwohnung. Abends gingen wir ins Hauptgebäude zum Essen. Auf dem Heimweg sahen wir sie: die Glühwürmchen. Die ganze Hecke war voll, sie umkreisten unsere Köpfe, sie begleiteten uns bis zur Ferienwohnung, wo wir uns auf den Vorplatz setzten und ihrem Glühen zuschauten. Ein Auf- und Ab von Lichtpunkten, vor, hinter, neben und über uns. Wir saßen zusammen im fahlen Licht, ich weiß nicht mehr, wie lange. Vielleicht bis sie ihre Lichter löschten, wenn sie denn überhaupt gelöscht wurden. Vielleicht leuchteten sie auch die ganze Nacht, und als ich erwachte, die Tür öffnete, sah ich noch immer das leuchtende Gewimmel. Vielleicht.
Ligurien war nicht das Richtige, die *Lunigiana* auch nicht, trotz der Glühwürmchen und der bezahlbaren Häuser. Ich recherchierte im Internet und fand eine Webseite, die für den *Oltrepò* warb. Ich las: Im *Oltrepò* lebe man noch im Menschenschritt, *a passo d'uomo*, stand da mitten auf der Seite. Das gefiel mir. Mein zukünftiges Schreibhaus sollte irgendwo stehen, wo es langsam zu und her ging, so langsam, wie meine Texte wuchsen. Die Webseite fand ich nie mehr und kann nicht überprüfen, ob der Satz da stand oder ob ich ihn geträumt habe. Jedenfalls leitete er mich. Ich nahm Kontakt auf mit Maklern, wir planten eine Woche Ferien im *Oltrepò*, der Gegend ennet dem Po, unbekanntes Gelände sowohl in Italien wie in der Schweiz.
Die Gegend gefiel uns sofort, der Blick streifte über die Hügel und die Poebene bis zu den Alpen. Noch niemals

hatten Johanna und ich so viele aneinandergereihte Berge gesehen und glaubten zunächst, vor einer Theaterkulisse zu stehen.
Wir wohnten in einer kleinen Wohnung auf einem Weingut, eine Wohnung, die eigentlich für Weinhändler gedacht und zufällig frei war. Mitten im Rebberg lebten wir, was besonders den Hündinnen gefiel. Cora rannte so oft den Weinberg hoch und runter, bis sie sich völlig erschöpft auf die Terrasse warf. Lina ging es ruhiger an, rannte nur mit, wenn ein Hase in Sicht war, doch die beiden waren hoffnungslos unterlegen, verloren die Spur, kaum dass der Hase einen Haken schlug.

Zweimal verbringen wir eine Woche im *Oltrepò*, lernen Makler und Hausbesitzer kennen. Die Häuser werden verkauft, weil die Kinder nicht mehr mitkommen wollen in die Ferien, weil die Frauen den Holzofen nicht mehr einheizen wollen. So jedenfalls erzählen es uns die Männer, die stolz auf die eingebaute Bar weisen, selbst gebaut, selbstverständlich, auf schwankende Trennwände und schief verlegte Bodenplatten. Alles selbst gemacht, und jetzt will es niemand. Auch wir wollen es nicht, das selbst ausgebaute Haus, wollen keinen Rückbau, keine Trennwände einreissen oder Bartheken zusammenhauen. Das schwebte uns nicht vor. Je mehr Häuser ich anschaue, umso besser weiß ich, was ich nicht will. Unklar bleibt, was ich will. Bis ich es sehe, das eine Haus: klar und einfach geschnitten, kleiner Garten. Perfekt bis auf den Standort, genau unterhalb der Kirche, die ein Wallfahrtsort ist: der Kirchhof umschlossen von Schaufenstern, in denen lebensgroße Holzfiguren den Kreuzweg nachstellen. Unmöglich ein paar Meter weit davon zu wohnen. Alpträume hätte ich nachts, erkläre ich dem Makler, der mich nicht versteht.
Doch dann finde ich es: Ein Häuschen aus den vierziger Jahren in einer Zeile mitten im Dorf, Stube und Küche

unten, zwei Zimmer oben, alles unverbaut, alles wie es war, inklusive einem kleinen, gedeckten Hof und einem Plumpsklo, das schon lange außer Betrieb ist. Der Makler, den wir Müüli nennen, weil er ein spitzes Maul hat, Müüli weist auf den gepflegten alten Steinboden hin. Das Dorf mit Bar, einem Laden und einem Bus, der Blick aus dem Fenster auf den Dorfplatz und das Gemeindehaus. Alles perfekt bis auf das fehlende Meer. Doch wenn ich durch den Spalt zwischen den beiden stattlichen Häusern gegenüber ins Weite schaue, kann ich das Meer dahinter erahnen, achtzig oder hundert Kilometer entfernt.

Im ersten Monat, den ich im Häuschen verbringe, schreibe ich täglich einen kurzen Text auf Deutsch und Italienisch. Dieses Manuskript finde ich unter Papierstapeln, es stammt aus dem Januar 2001, mit Schreibmaschine getippt auf Makulatur, grün bedruckten sehr dünnen Blättern mit der Adresse der Schreinerei von Johannas Vater. Dreißig Kurztexte, die mich durch den ersten Monat tragen.

1
angekommen
im Haus riecht es dumpf
(...)

5
der Wind ahmt
den Atem des Meeres nach
(...)

23
den Kopf senkend
unter den Arkaden
der Weinstöcke
übe ich mich in Demut
(...)

26
ein roter Schal
das Abendrot
ausgespannt
zwischen den Hügeln
(…)
30
Fragen sind wie Hügel
hinter jedem
verbirgt sich
der nächste

Wie lebt man sich ein in einem Dorf, in dem vorwiegend Menschen wohnen, die hier aufgewachsen sind? Zwar gibt es ein paar Zugewanderte, vor allem aus Albanien und Rumänien, Touristinnen gibt es keine. Ablehnung erfahre ich nur einmal, und das schon beim Einzug. Ich gehe auf die Frau zu, die über die Straße auf das große Haus gegenüber zusteuert, nenne meinen Namen. Sie schüttelt mir freundlich die Hand. *Gut, dass das Haus bewohnt wird,* sagt sie, *Sie werden hier leben, ja?* Auf mein *Nein, nur zeitweise* wendet sie sich ohne Gruß ab, schmettert das Gartentor zu. Später befreunden wir uns dennoch. Als die ganze Häuserzeile verwaist ist, freut sie sich, dass bei mir wenigstens ab und zu die Fensterläden geöffnet sind und abends das Licht brennt.

Im Allgemeinen werde ich bei ersten Begegnungen gefragt, was ich denn hier tue, wie ich dazu gekommen sei, genau ihr Dorf auszuwählen. Die Leute sind verwundert, sie hätten doch hier nichts zu bieten. Ich sage, ich sei Schriftstellerin, und ich schäme mich nicht. Das Kopfnicken als Antwort gefällt mir. Niemand hier kann einen Text von mir lesen, niemand weiß, ob ich eine Schriftstellerin erster oder dritter Güte bin, niemand hat eine Vorstellung davon, wie ich als Schriftstellerin in meiner Heimat wahrgenommen werde. Das gibt mir wie schon in Sardinien eine große Freiheit. Später lerne ich die Dorfautorin kennen, die Krimis im Stil von Agatha Christie schreibt. Da ich Agatha Christie liebe, besuche ich eine ihrer Lesungen, setze mich beim Dorffest in ihre Nähe. Wir wechseln drei Sätze über das Schreiben, dann wendet sie sich ab. Ein kleines Verstehen wuchs in mir, mehr nicht, zu fremd sind wir uns. Ihr Nagellack blendet mich, ihr Lippenstift schreckt mich. Und sie schaut von der Höhe ihrer Stöckelschuhe verwundert auf meine Turnschuhe.

Oft sind die Hündinnen ein Anknüpfungspunkt. Dass ich mit Hunden durch die Rebberge streife, ist ungewöhnlich, Hunde leben hier in Zwingern und werden nur zur Jagdzeit herausgelassen. Den Rest des Jahres leben sie auf drei, vier oder fünf Quadratmetern, das Anbellen der Vorübergehenden ist ihre einzige Beschäftigung. Einer nur geht mit seinem Hund jeden Morgen los. Im Sommer, wenn auch ich frühmorgens unterwegs bin, treffen wir uns auf dem AHV-Weg, den ich so benenne, weil er keine großen Steigungen und auch kaum kniebelastende Abstiege hat.
Mit der Tortenschachtel begann das Benennen. Die Tortenschachtel steht schräg gegenüber von meinem Häuschen, ein riesiges rosa Haus mit weißem Stuck verziert. Nach der Tortenschachtel kam der AHV-Weg, der Batzocka-Weg, der seinen Namen einem kaugummirosa Haus verdankt und so ausgesprochen wird, wie wir als Kind die Kaugummimarke aussprachen: mit tz und ck. Am oberen und am unteren Schwefelweg gibt es je eine Schwefelquelle. Am Doggenweg lebt schon längst keine Dogge mehr, doch vor vielen Jahren tauchte eine vor mir im Nebel auf und erschreckte mich maßlos.
Nebel gibt es in meinem Dorf, auch wenn uns versichert worden war: *Noi non abbiamo mai la nebbia, mai*, niemals, nie. Im Winter steigt der Nebel von der Poebene auf. Nach einem blauen Morgen füllt der Nebel gegen zwei oder drei Uhr das Dorf. Dann beginnt das Ringen zwischen der Sonne und dem wogenden Nebel, manchmal gewinnt die Sonne, dann ist es um vier Uhr wieder blau. An manchen Tagen ist der Nebel schon am Morgen da. Ich streife mit den Hunden durch die Rebberge, kenne jeden offenen Durchgang, orientiere mich an den Rebstöcken. Manchmal sehe ich Cora oder Lina nur noch zur Hälfte oder gar nicht mehr.
Ich lerne auch einige offizielle Namen kennen. *Cinque vie* heißt der Ort, an dem sich fünf Straßen treffen, *Boffalo-*

ra die Anhöhe, von der aus man bei Bise die Alpen von Frankreich bis Österreich bestaunen kann. Tatsächlich: keine Kulisse.

Die Rebberge sind aufgeschlagene Bücher, die Zeilen zu lesen von rechts nach links oder von oben nach unten. Die Hügel eine einzige Bibliothek.

Die Sprache verändert die Welt. Verde ist verde und nicht grün, blu ist blu und nicht blau, das Gelbe vom Ei ist rot, sagt die Nachbarin, siehst du das nicht? Die Sprache, in der eine einfache Endung den Tisch, il tavolo, in ein klitzekleines Tischchen verwandelt, il tavolino, oder zu einem tavolone, einem riesigen Tisch, in der eine einfache Verdoppelung – caldocaldo, freddofreddo – die Hitze heißer und die Kälte kälter werden lässt. Es ist die Sprache, die kein Wort kennt für Heimat oder Sehnsucht, es ist der Rhythmus, die Gestik, es ist der Satzbau, der sofort offenbart, wovon die Rede ist, kein Warten auf das letzte Wort im Satz wie im Deutschen, kein Warten, um zu erfahren, wovon die Rede ist, ob es um Ja oder Nein geht, ob etwas getan wird oder nicht, über den italienischen Umweg lerne ich Deutsch.
Es ist die Sprache. Schleicht sie sich in meine Träume, bin ich angekommen.[104]

Nach und nach bekommen auch die Menschen Namen, wie der *barista*, der mir immer freundliche Ratschläge gibt und dessen richtigen Namen ich erst nach Jahren erfahre. Es sind vor allem Männer, die das Dorf bevölkern, sie stehen vor der Bar am einen Ende der Häuserzeile, ich kenne die Männer, sie kennen mich, wie sie heißen, weiß ich nicht. Einen nennen Johanna und ich den Öl-am-Hut, weil er schon früh am Tag schwankt. Einer ist das Schlitzohr, den ehemaligen Feuerwehrobmann nennen wir schlicht die Feuerwehr. Ihn lerne ich besser kennen, weil er meine Hilfe braucht. Er will seinen Feuerwehrfreund in Deutschland anrufen und ihn wegen eines möglichen

Treffens befragen. Die beiden gehören zu einem europaweiten Feuerwehr-Netzwerk und mögen sich sehr, auch wenn sie gegenseitig nur wenige Worte verstehen. Nach meinem Gespräch übernimmt die Feuerwehr das Telefon und schreit: *Friiitz, Friitz tutto bene? Alles gutt, alles gutt?*
Die Feuerwehr bringt mir bitteren Salat aus dem eigenen Garten und selbst gekelterten Wein, Granatäpfel zu Weihnachten oder Neujahr, weil sie Glück bringen. Die Feuerwehr heißt eigentlich Giovanni, wenn er kommt, klopft er zwar an, steht aber fast gleichzeitig schon mitten in der Stube und Johanna ruft zu mir nach oben: Die Feuerwehr ist da!
Es gibt im Dorf die Honigfrau, die in ihrem Vorgarten zwei Rottweiler hält, es gibt Signora Ladyfritz, ebenfalls mit zwei Hunden im Vorgarten, der große heißt Fritz, die kleine Lady. Der Signora Knorrwürfel muss ich ab und zu solche bringen. Amanda ist einfach Amanda, uns verbinden die Katzen. Als im übernächsten Haus Amandas Onkel schwer erkrankte, hat sie ihm versprochen, für seinen Kater zu sorgen. Doch Fumino erweist sich als Fumina und im nächsten Frühling ist unser Hof bevölkert mit Katzen, die ich versorge, wenn ich da bin, damit Amanda auch einmal frei hat. Natürlich bekommen auch die Katzen eigene Namen: *La gallina*, das Hühnchen, *Caffèlatte*, der Milchkaffee, *La Zampetta*, das Hinkebein, *Nerino*, der Schwarze und das Gritli. Jedes Frühjahr, jeden Herbst kommen neue kleine Katzen zur Katzenschar, andere verschwinden. Gegen zwanzig sind es, die wir füttern, kastrieren, falls wir sie erwischen, denen wir Wunden verbinden und Zecken entfernen. Sind wir weg, übernimmt Amanda die ganz Gruppe, fährt jeden Morgen mit ihrem *Cinquecento* vor, auf dem Beifahrersitz einen Sack Katzenfutter.
Ich kartografiere meine neue Welt, bis ich mich zu Hause fühle und Johanna und ich uns verständigen können. Dank unseren Bezeichnungen kann ich ihr erzählen, auf welchen

Wegen ich war und wen ich getroffen habe. Je länger ich hier lebe, umso mehr echte Namen mischen sich unter unsere Benennungen. Ich bin wohlbekannt im Dorf und gut integriert, scheint es mir. Ich werde mit meinem Namen gegrüßt, einmal legt jemand einen Strauß wilder Tulpen auf die Bank vor dem Haus. Der Feigenmann schenkt mir Früchte, und komme ich zu lange nicht an seinem Garten vorbei, bringt er sie mir nach Hause. Bleibt mein Auto, die weiße Nachfolgerin von *Celeste*, irgendwo unvermittelt stehen, weiß ich, wen ich anrufen kann. An Dorffesten sitze ich unter den Dorfleuten, doch die Gespräche versanden schnell. Ich kenne die Menschen nicht, von denen gesprochen wird, die Probleme der hiesigen Menschen sind nicht meine Probleme. Eingeladen werde ich in zwanzig Jahren ein einziges Mal. Ich selbst lade Roberta und Amanda ein zum selbstgebackenen Kuchen. Sie kommen mit Wein und Blumen. Alles bleibt italienisch formell. Als Amanda den damaligen Papst lobt, frage ich: Weißt du, was er zu Homosexualität sagt? Sie wendet sich ab, beginnt von den Katzen zu reden.

Als Zugezogene befreunde ich mich mit Zugezogenen, mit meiner Nachbarin gegenüber, die früher in Mailand lebte. Mit ihr ist alles etwas weniger formell. Nach ihrer Scheidung und ihrem Wegzug bleibt mir ihre Schwiegermutter, die ich mag und auch nicht mag. Ungeniert erzählt sie, wie ihr Vater während des Krieges in Schiebereien verwickelt war. So geschickt sei er gewesen, dass sie immer genug von allem gehabt hätten. Nach zehn Jahren bietet sie mir das Du an.

Für mich ist das alles die richtige Mischung. Bin ich am Schreiben, reichen mir die kurzen Gespräche auf dem Dorfplatz, ich werde angesprochen, wahrgenommen. Das Wissen, dass mir geholfen wird, wenn es nötig ist, beruhigt meine Ängste. Einmal schaufelt mir Piero den Schnee vor der Türe weg, ungefragt, einmal liegt meine Kappe, die ich im Rebberg verloren hatte, auf der Bank vor dem Haus. An die Sprache muss ich mich gewöhnen, mein Italienisch ist in Sardinien gewachsen, ein korrektes Schulitalienisch, so wie es die Sardinnen und Sarden sprechen. Hier mischen sich Dialektwörter unter die Hochsprache, viele Wörter mit ü. Und auch das Italienische ist nicht das gewohnte, Dinge werden anders benannt, die Betonung variiert. Der sardische *motocarro*, das dreirädrige Vespagefährt mit Ladefläche heißt jetzt *ape*. Zwei oder drei Dialektwörter lerne ich, doch sprechen zwei Menschen zusammen, verstehe ich gar nichts. Meine aus Mailand zugezogene Nachbarin findet Dialekte sowieso eine Unterschichtssache, nie habe ihr der Papa erlaubt, Mailänder Mundart zu sprechen.

Zwei Schreibmonate liegen vor mir. Zwei Monate schreiben, lesen, durchs Dorf laufen, Hundespaziergänge. Die Tage finden ihren eigenen Rhythmus. Morgens das Frühstück in der Stube mit Blick aufs Haus gegenüber, auf den Balkon, dessen Schatten je nach Jahreszeit sich flach über die Hauswand zieht oder steil abfällt. Winter oder Hochsommer. An Nebeltagen sehe ich kaum etwas von ihm. Ich sitze am runden Tisch und schreibe von Hand, mit dem Füller, den ich frisch mit Tinte gefüllt habe, die blauen Flecken an den Fingern zeugen davon und erinnern mich an die Schulzeit, damals, als die Feder übers Papier spritzte und die Finger immer blau waren. Ich schreibe in mein Journal, schreibe von meiner Befindlichkeit, schreibe Träume auf und welche Bücher ich gerade lese. Meine Bibliothek im Haus ist gewachsen, verschiedene Bücher, die ich in Zürich kaum je zur Hand nahm, lese ich hier. Im Dorf hat es eine Bibliothek, die ist mein stilles Glück. Beim administrativen Zusammenschluss einiger kleiner Dörfer fiel sie uns zu, dafür wurde der Sozialdienst ausgesiedelt. Mir persönlich ist die Bibliothek lieber und der Schwatz mit

Stella, die den ganzen Haufen mehr oder weniger ungeordneter Bücher übernommen hat. Tagelang füllt sie Karteikarten aus und ordnet sie ein, meine Ausleihe wird in einem Heft notiert.

Ich sitze am Stubentisch und schreibe über den Balkon und die Neigung des Schattens, schreibe auf, an welchem Text ich arbeite, darüber, wo es hapert, wieso ich nicht vorwärtskomme, wie es weitergehen könnte. Ich schreibe. Später trage ich das dunkelrote Bakelittablett einen Stock höher, darauf die Tasse, die Milch, den kleinen Thermos, der *rabbit* heißt, so steht es auf seinem Bauch. Von meinem Pult aus sehe ich auf die Schrankwand, die voller Zettel hängt, die mir helfen, mich in meinem Text zu orientieren. Cora tappt die Treppe hoch, legt sich zu meinen Füßen, ich schlüpfe aus den Pantoffeln, stecke meine Füße unter sie. Wohlige Wärme. Ich beginne zu schreiben.
Nach knapp zwei Stunden ist es vorbei mit der Konzentration. Strecken. Aufatmen. Cora schubst mich. Unten ziehe ich meine Hundekleidung an, der Boden ist nass und lehmig. Rebberge rauf und Rebberge runter, Zeile um Zeile, von Absatz zu Absatz. Unten im Tal beobachte ich zwei spielende Hunde, ziemlich genau in der Mitte zwischen den sieben Häusern von *Casa Madama* auf der einen und dem alleinstehenden hässlichen Schweizer Chalet auf der anderen Seite. Es sind große Hunde, ich gehe langsamer, damit Cora und Lina nicht auf die Idee kommen, die beiden da unten zu stören. Da schlägt die Kirchturmuhr zwölf und die zwei im Tal stieben davon, der eine hinauf nach *Casa Madama*, der andere auf die Gegenseite, wo das Chalet liegt. Als der letzte Schlag verklingt, sind sie weg, nach Hause zum Mittagessen, scheint mir, das hier früher aufgetischt wird als in Sardinien.
Wir gehen weiter, umrunden den Spielort der fremden Hunde. Cora ermüdet nicht schnell, Lina stapft tapfer mit,

ich hinterher, nachdenkend über das eben Geschriebene, vorausdenkend, wie ich weiterschreiben möchte. Zurück vor dem Haus werden beide gewaschen, der Lehm ist zäh und klebrig.
Mittagessen, Siesta, vielleicht nochmals schreiben, sicher lesen.
Die Tage vergehen, einer wie der andere, gemächlich im Menschenschritt, wie es mir versprochen worden ist.

In den ersten Wochen wird mir klar, was im Häuschen verändert werden soll. Die Scheiben klirren bei jedem Traktor, der vorbeifährt, und es sind viele Traktoren, die ins Land hinausfahren, beladen mit neuen Rebstickeln oder Geräten zur Bodenbearbeitung. Der Gasofen stottert, kein Gas entzündet sich am Zündholz, dann kommt ein ganzer Schwall, eine Stichflamme, ein Knall, der das Haus erzittern lässt und mich so erschreckt, dass ich lieber friere, als den Ofen nochmals in Betrieb zu nehmen. Später zeigt sich, dass der Terrassenboden nicht dicht ist, es tropft ins Höfli, wo immer noch das Plumpsklo auf den Abriss wartet. Wir kaufen einen Holzofen für die Stube, wir kaufen Holz, das wir im Höfli aufschichten und abdecken, weil die Terrasse erst im Sommer geflickt werden kann. Oben wird ein neuer Gasofen installiert, nach Euronorm, direkt unter dem Fenster. Die Abluft wird nach außen geleitet und der kleine Ofen mit einem Knopfdruck in Betrieb genommen. Jetzt fühle ich mich sicherer. Im Sommer dann der Umbau: neue Fenster, neue Haustüre, innen neuer Anstrich.
Das Häuschen ist bewohnbarer geworden. Ich lade die beiden Schwestern ein, die mir das Haus verkauft haben. Die Schwestern selbst wohnten nie hier, hatten das Häuschen von ihren Eltern geerbt, die darin ihre letzten Lebensjahre verbrachten. Ein Altershaus also, so wie ich es mir auch vorstelle. Die eine der Schwestern spricht mit sehr hohe Stimme, Frau Zwitscher nenne ich sie im Stillen, die ande-

re ist mürrisch und kritisch. Neue Fenster? Das wäre wohl nicht nötig gewesen, befindet sie. Ich aber bin sehr froh um die Neuerungen, um die Türe, die sich nicht mit einem Fußtritt aufstoßen lässt, um die Fenster, durch die nicht länger der Wind pfeift.

Im nächsten Winter beginnt meine Beziehung zum Holzofen. Jeden Morgen setze ich mich auf dem kleinen Stühlchen vor das Ofenfenster, lege einige dicke Prügel auf den Rost, darauf Anfeuerholz, zuoberst, zwischen das Anfeuerholz, einen Anzündwürfel. Ich schließe das Fenster und schaue zu, wie sich das Feuer langsam ausbreitet, die dünnen Äste erfasst, wie es nach unten wächst, glühend wird wie flüssiges Gold, die dicken Äste entzündet, jetzt große Flammen schlägt, rotgolden oben und unten blau. Meine Feuermeditation. Ich halte sie nicht allein. Cora kommt Morgen für Morgen, setzt sich neben mich, legt ihren Kopf auf mein Knie, ich meine Hand auf ihren Kopf. Ob sie auch ins Feuer staunt oder die Augen schließt – ich sehe es nicht. Sie ist golden wie das Feuer, wärmt mich von der Seite, schnauft, ihr Kopf wird schwer, ich streichle ihr weiches Haar. Das Feuer, Cora und ich, für Augenblicke eine Einheit in Raum und Zeit.
Lina hingegen hält nichts von Feuermeditationen. Sie zieht das Sofa vor, kugelt sich zusammen und steckt den Kopf unter ihren Schwanz.

Manchmal verlor ich eine Hündin – oder sie verlor mich. Ich stapfte nach Hause und entdeckte Cora wedelnd vor der Haustüre. Dann verschwand Lina, ließ sich nicht mehr abrufen. Wütend saß ich zu Hause, schaute immer wieder die Straße hinauf, bis das Schlitzohr klopfte: Deine kleine Hündin kommt die Straße herunter, jetzt beim Eindunkeln sieht man sie sehr schlecht, du solltest sie holen. Das tat ich, und sicher schimpfte ich mit ihr, was ich nicht sollte.

Auch Gea hatte ich ab und zu verloren. Zweimal musste ich sie auf dem Polizeiposten abholen. Sie sei mit einer Schnur an einen Baum gebunden im Altstetter Wald gefunden worden, erzählte mir das erste Mal der nette Polizist auf dem Posten. Gefährlich wurde es, wenn es knallte. Seit Gea in Sardinien aus dem Töfflikorb gesprungen war, wusste ich, dass sie an Schussangst litt. Bei jedem Knall rannte sie nach Hause, überquerte allein die stark befahrene Limmatstraße und wartete auf mich vor unserem Wohnhaus. Wegen eines Knalls rannte sie einer Freundin auf dem Waidberg weg, nahm am Bucheggplatz den richtigen Bus, doch vergaß sie, am Limmatplatz auszusteigen, fuhr mit bis zur Endstation, wo der Chauffeur sie der Polizei übergab. Diesmal hatte ich auf dem Posten für die Umtriebe zu bezahlen, bekam eine Quittung auf der stand: 1 Hund Fr. 35.–.

Das schlimmste Erlebnis erzählte mir Johanna. Gea rannte ihr auf dem Limmatweg davon weil es knallte, sie rannte Richtung Straße und kroch vor lauter Angst unter ein an der Haltestelle wartendes Tram. Johanna habe sich gebückt, sei hingekniet, habe Gea gelockt mit süßer Stimme. Das Ausstrecken der Hand habe nur dazu geführt, dass Gea noch weiter unter das Tram gekrochen sei. Als das Tram anfuhr, langsam, sanft, erschrak Gea, schoss hervor, Johanna griff zu und leinte sie an. Gea war unverletzt. Nochmals gut gegangen.

Lina verlief sich im Dunkelhölzliwald, auch sie konnte ich auf dem Posten abholen. Ob die Quittung ihr galt? Genaues will das Gedächtnis nicht zuliefern.

> *Erinnern ist etwas zutiefst Menschliches und bedeutet in aller Regel eine Anstrengung. Es geht um einen schöpferischen Prozess mit Hilfe von Einbildungskraft und Fantasie. Unser Gedächtnis liefert zu.*[105]
> Sr. Hildegard Willi

In Sardinien fiel Lina in einen Bewässerungskanal. Sie, die Vorsichtige, beugte sich tief hinunter, um zu trinken und fiel hinein. Die schrägen gemauerten Wände boten ihr keinen Halt. Ich lockte sie zu mir, sie schwamm herbei und – typisch Lina – schwamm weg, als ich die Hand ausstreckte, um sie zu fassen. Ich verlor das Gleichgewicht und fiel selbst in den Kanal. Ich konnte stehen, das Wasser ging mir bis zur Brust. Zuerst hob ich Lina hinaus, dann erst wurde mir meine Situation bewusst. Auch mir boten die Wände keinen Halt, meine Fingerspitzen reichten genau bis zum Ende der Mauern, festhalten konnte ich mich nicht. Lina schaute mir erwartungsvoll zu. Was jetzt? Schritt für Schritt ging ich im Kanal weiter, an Land begleitet von Lina. Es dauerte, bis endlich dichtes Gebüsch ins Wasser hinunterhing. Die dünnen Äste hielten, als ich mich an ihnen emporzog. Mit zerkratzten Armen und nass bis zum Hals spazierte ich mit einer vergnügten Lina nach Hause.

Und dann verschwand Lina für immer. Es war Januar, ich war allein in der Schreibklausur, fuhr mit den Hündinnen zum oberen Schwefelweg, stellte das Auto auf den Parkplatz beim Friedhof. Es schneite, die Rebberge waren verzuckert. Schon bei der ersten Kurve blieb Lina zurück. Dann bleib halt, schrie ich sie an, nachdem sie auf mein Rufen nicht reagierte, mach was du willst. Ich wusste, dass sie das Gelände und den Schwefelweg gut kannte, dass sie den Ablauf des Spaziergangs kannte. Ich würde auf dem Weg gehen bis zum Anfang der Steigung und dort umkehren. Cora hingegen würde neben mir in die Rebberge rennen, und erst auf dem Heimweg in meiner Nähe bleiben. Diesmal folgte Lina uns nicht wie sonst.
Das war das letzte Mal, dass ich sie sah, schnuppernd an einem Rebstickel.
Lina tauchte nicht auf, auch weit hinten nicht. Ich kürzte den Spaziergang, doch als Cora und ich zurückkamen, war

sie nicht da, wo wir sie zurückgelassen hatten. Ich stand im Schneegestöber und schimpfte, schmeichelte, lockte, stapfte den Rebberg hinauf und hinunter. Keine Lina. Irgendwann war mir so kalt, dass ich mit Cora nach Hause fuhr. Ich stellte mir vor, ich würde in Ruhe Tee trinken und später Lina auf dem Parkplatz abholen. Ich fand keine Ruhe zu Hause. Kaum war mir ein bisschen wärmer, fuhr ich wieder los. Such Lina, ermunterte ich Cora, doch die weigerte sich. Ich suchte, ich rief bis zum Eindunkeln. Keine Lina.

Tagelang suchte ich das Gelände ab, ging mit einem Nachbarn durch die Rebberge, durchsuchte mit einer Freundin, die mich besuchte, leerstehende baufällige Scheunen, klebte Zettel an sämtliche Abfallcontainer. Lina war nicht aufzufinden. Ein Jahr später rief mich ein Mann an, unten im Tal streune ein Hündin auf einem Parkplatz herum, sie sei halbhoch, schwarz mit weißen Pfoten, das sei vielleicht meine. Sie war es nicht. Lina war ein Dackelmischling, ihr Fell gemischt in verschiedensten Brauntönen, etwas Rot war dabei, aber kein Weiß.

Im folgenden Frühling packten Johanna und ich Linas Lieblingsfutter ein und eine Decke. Wir setzten uns ins Wäldchen nahe der Stelle, wo ich sie zuletzt gesehen hatte. Wir erzählten einander von Lina und Cora saß dabei. Wir erzählten davon, wie schwierig sie gewesen war, aber auch davon, wie gerne sie schmuste, von ihrer großen Liebe zu Sonja, der Hundemutter. Erzählend nannten wir sie bei ihrem sardischen Kosenamen: Linighedda. Wenn wir sie mit diesem zärtlichen Namen ansprachen, war es uns manchmal gelungen, ihre Sanftheit hervorzulocken. Wir erzählten davon, wie sie mit Johanna und ihrer ganzen Wohngemeinschaft vor dem Fernseher saß, an Johanna gekuschelt, während Cora ihr goldenes Fell, ihre langen Beine und den breit gefächerten Schwanz über drei Zuschauende ausbreitete, ein Bild, das sich mir bot, wenn ich von einem Besuch nach Hause kam. Wir erzählten einander Erlebnisse mit ihr, davon, wie eigensinnig sie gewesen war, davon, wie schnell sie über die Agility-Hindernisse gerannt war, wie sie damals, bei einem Besuch auf dem Land, völlig unerwartet eine Rinderherde zusammengetrieben und die großen Tiere in einer Ecke der Weide festgehalten hatte, eine ganze Weile nicht abrufbar war. Wir erzählten davon, wie sie in die herbe Kaki biss, um es Cora gleichzutun, die alle Früchte unter den Bäumen mit Genuss aß. Es schüttelte sie richtig, und sie tat es nie wieder. Sie zog fortan große Bogen um die Bäume, unter denen die reifen, aufgeplatzten Kaki lagen. Wir streuten für sie Futter aus, hielten Cora davon ab, es zu fressen, wir sangen für Lina. Wir ließen sie gehen.

Erst jetzt, bei diesem Abschiedsritual, weinte ich über ihren Tod. Vorher war ich wütend auf sie gewesen. Dass sie mir das antat. Wo ich doch ein umsichtiger und sorgfältiger Hundemensch war. Niemals hatte ich mir vorgestellt, eine meiner Hündinnen wirklich zu verlieren. Und doch war es mir geschehen. Ich weinte über ihren Tod und vor allem über ihr Leben. Wie schwierig war es für sie gewesen, sich zu befreunden, sich lieben zu lassen. Wie viele Ängste musste sie überwinden, angefangen mit der Schwellenangst über die Angst vor bestimmten Wegen bis zu der vor unbekannten Hunden. Ich weinte darüber, dass ich sie zu oft angeschrien hatte, dass wir stritten zusammen und die Liebe immer wieder zu verschwinden drohte. Ich tröstete mich damit, dass Johannas Liebe konstanter gewesen war als meine. Bevor wir aufbrachen, entschuldigte ich mich bei Lina für alles, was ich ihr nicht hatte geben können.

Johanna hatte schlimme Vorstellungen über Linas Tod. Sie sei vielleicht beim Jagen in einem Loch stecken geblieben, meinte sie. Ich glaube das nicht. Lina war nie ihren

Aufgaben als Dachshund nachgekommen. Ich sprach mit der Tierärztin, die mir erklärte, dass ältere Hunde oft am Herzschlag sterben würden, vor allem bei großer Kälte. Schließlich war Lina 15 Jahre alt gewesen. Ich stellte mir vor, dass sie einfach tot umgefallen war. Ihre Fellfarbe entsprach genau der Erde in den Rebbergen. Sicher war sie in kurzer Zeit beschneit und kaum mehr zu sehen gewesen. Jahrelang erwartete ich bei der Fahrt über die Straße oberhalb des Schwefelwegs, dass Lina hinter einer Hausecke hervorspringt. Es geschah nie.

Dass Cora Lina bei ihrem Verschwinden nicht suchte, verwunderte Johanna und mich, doch dann kam uns in den Sinn, wie es gewesen war, als Cora nach einer Operation fast verblutet war. Sie lag in der Tierarztpraxis, die Blutung war gestillt, doch ob sie überleben würde, war unklar. Johanna fuhr nach Hause und brachte Lina mit, damit sie von Cora Abschied nehmen könne, Lina aber ging nicht zu ihr hin, sondern suchte sich die hinterste Ecke in der Praxis und kugelte sich ein. Ihre Botschaft war klar: Von dieser Sache will ich nichts wissen. Vielleicht wollen Hunde mit sterbenden oder toten Artgenossen nichts zu tun haben?
Wir machten aus, dass ich in der Praxis bleiben würde. Der Tierarzt überließ mir sein Liegebett, auf dem er mittags ruhte, Johanna hatte Decken mitgebracht. Cora wurde neben die Liege gebettet. Meine Hand reichte genau zu Coras Kopf. Ich streichelte ihre kalten Ohren, ihr seidiges Fell. Wir machen ein Wunder, sagte ich zu ihr, Cora, wir machen ein Wunder. Ich sah mich mit Cora in einer Art Sänfte liegen, die von vier fliegenden Figuren durch die Luft getragen wurde, ein Bild, das mich seit Jahren begleitet: In meinem Rücken fliegt ein Paar in Hochzeitskleidung, vorne hält links eine runzlige, weißhaarige Frau die Sänfte, rechts eine junge Frau mit einem Zopf. Wir flogen durch die Nacht. Wir machen ein Wunder, sagte ich ab und

zu, ein Wunder machen wir, Cora. Gegen fünf Uhr wurden ihre Ohren warm. Und?, fragte der Tierarzt, als er um sieben hereinstürmte. Und?, fragte er. Ihre Ohren sind warm, antwortete ich. Er kniete schon neben ihr. Sie lebt, sagte er mehrmals, sie lebt.

Sie lebte und lebte weiter zusammen mit Lina. Bis zu jenem kalten Januartag, an dem Lina verschwand. Lina zog einen schnellen Abschied vor, es blieb keine Zeit, ihr Gedichte vorzulesen, so wie ich es bei Gea hatte tun können.

Das Lesen und damit die Liebe zu Büchern hatte mir mein Vater beigebracht. Nicht das Buchstabieren, wie ich es in der Schule lernte, sondern das Lesen, das das Eintauchen in Bücher bedeutete, den sorgfältigen Umgang mit ihnen, als wären sie Lebewesen, das Streicheln ihrer Einbände, das Beschnuppern. Er selbst war verewigt worden in einem Jugendbuch des Schweizer Schriftstellers Fritz Brunner, der sein Lehrer gewesen war. *Zwischen Seeräubertum und Rettungsbake* handelt von einer Gruppe Jungen in einem Ferienlager.[106] Der Dicke sei er, der Langsame, erzählte mein Vater, nicht nur in diesem Buch, auch im Leben. Das Buch steht noch immer in meinem Büchergestell.

Es gibt ein weiteres Buch, das mich mit meinem Vater verbindet: *Im Dutzend billiger.*[107] Ein Sohn und eine Tochter der Familie Gilbreth beschreiben darin ihren Vater, der seine zwölf Kinder dazu trainierte, ihre Bewegungsabläufe zu optimieren. Dieser Vater gleicht meinem eigenen Vater: Ersetzt man den steifen Kragen des einen durch den Hut des andern, ist das Bild perfekt. Der Buchvater hat keine Angst vor Nachbarn oder Lehrerinnen, sagt immer und überall laut und deutlich seine Meinung und lacht am lautesten über seine eigenen Witze. Und nicht nur darin gleicht er meinem Vater. Beide Väter starben früh: Mr. Gilbreth mit sechsundfünfzig an einem Herzen, das offenbar schon lange krank war, mein Vater etwas älter, mit sechzig an seinem vierten oder fünften Herzinfarkt.

Mein Vater hatte drei Töchter und, so meinte er, Mädchen seien auch etwas wert, eine Haltung, die damals vielleicht schon fast fortschrittlich zu nennen war. Ein Witwer mit vier Töchtern sei zugezogen, hieß es in der Seegemeinde. Sofort machte er aus seinem Dreimädelhaus ein Viermädelhaus, wir alle gehörten ihm, fraglos. Meine Mutter war stolz darauf, zu den Mädeln zu zählen.

Meine Eltern führten ein Geschäft für Herrenmode, insbesondere auf Hüte waren sie spezialisiert, auf die weichen

Borsalinos, die damals in Mode waren dank des Films Casablanca und dem Hauptdarsteller Humphrey Bogart, der darin einen Borsalino trug. Daneben verkauften sie die wetterfesten Haarfilzhüte, verschiedene Mützen und Berets. Mein Vater verließ nie ohne Hut das Geschäft, auch wenn er nur die Straße überquerte, um im Laden gegenüber Zigaretten zu kaufen. Mit der Kundschaft ging er freimütig um. Mit einem Kunden, der Hut um Hut anprobierte und bei jedem etwas zu mäkeln hatte, verlor er langsam die Geduld. Als der Kunde ausrief: In diesem Hut sehe ich aus wie ein Idiot, konnte sich mein Vater nicht mehr zurückhalten. Daran ist nicht der Hut schuld, sagte er trocken. Anstatt den Hut zu Boden zu werfen, begann der Kunde zu lachen, er war offenbar ein Mensch mit Humor.
Vor Weihnachten, als ich alt genug war, um im Geschäft auszuhelfen, staute sich die Kundschaft, da mein Vater laufend Witze erzählte, während meine Mutter und ich Beigen von Pullovern falteten und Hemden als Geschenke verpackten. Zu den treuen Kunden seit jeher gehörten die Angehörigen der jüdischen Gemeinde. Und als in den sechziger und siebziger Jahren sich viele Italiener im Quartier ansiedelten, begannen meine Eltern Italienisch zu lernen, um sie besser bedienen zu können. Die Italiener lohnten es ihnen. Vielleicht lassen sich heute noch verblichene Pullover, abgetragene Mützen, Strohhüte und zerschlissene Schirme aus unserem Geschäft in Gartenhäuschen oder Schuppen tief im Süden Italiens finden.
Ob mein Vater Hunde liebte? Bei Katzen bin ich mir sicher, sehe ihn in unserer niederen Stube, damals im Bauernhaus im Tösstal, groß und massig, wie er war, füllte er sie fast aus. In seinen Händen hielt er unsere kleine Katze, hielt sie zärtlich in beiden Händen, kraulte sie sanft mit dem Daumen, ich sehe sein lächelndes Gesicht.
Als ich ein Kind war, bettelten meine Schwestern und ich um eine Katze. Meine Mutter scheute den Aufwand, sie

traute uns Kindern nicht zu, uns um die Katze zu kümmern, und schließlich war sie fürs Putzen verantwortlich und das neben ihrem Vollzeitjob im Familiengeschäft. Hinten, in der kleinen, dunklen Küche kochte sie unser Mittagessen, immer etwas, das nicht all zu kräftig duftete und nicht den Laden mit Essensgerüchen erfüllte. Wir aßen weißen Reis und weiße Bratwürste vom Grill, den mein Vater zu seiner Freude und zur Entlastung meiner Mutter anschaffte. Zwei von uns Kindern saßen auf dem durchgelegenen Sofa, der Tisch ging uns fast bis zum Hals. Wenn die Ladenglocke klingelte, schluckte meine Mutter hastig, ging nach vorn mit freundlichem Lächeln: *Was dörfs si?* Zurück kam sie erst, wenn wir schon fertig gegessen hatten. Unzufrieden stocherte sie im erkalteten Reis. Eine halbe Stunde für ein paar Socken, murmelte sie über der Bratwurst. Sie war sich das Zuhören gewohnt. Das Geschäft befand sich neben dem Bezirksgericht. Manchmal stolperten frisch geschiedene Männer herein, ließen sich allerlei vorlegen, Hemden, am liebsten solche, die nicht gebügelt werden mussten, denn fürs Bügeln waren sie von nun an selbst zuständig. Unterwäsche, die sich selber wusch, gab es noch nicht, doch es gab Wäschereien mit Schildern in den Fenstern mit der Aufschrift: *Junggesellenwäsche.* Sie ließen sich Pullover zeigen, während sie erzählten, wie schnöde sie von ihrer ehemaligen Frau, vom Gericht oder von beiden behandelt worden waren. Am Schluss kauften sie eine Krawatte oder ein einzelnes Paar Socken. Vermutlich kamen sie nie mehr, schämten sich für ihre Offenherzigkeit, für ihre Klagen.
Keine Katze, sagte meine Mutter, die verlieren Haare. Mein Vater aber sagte ja. Und so zog Vreneli bei uns ein, eine rote Katze, die sich später als Kater entpuppte. Doch der Name blieb: Wir nannten den Kater Vreneli und sie. Sie wurde groß und schwer, kam Besuch, gelang es ihr noch immer, sich unter dem Kühlschrank zu verstecken. Keine Einbauküche damals, der Kühlschrank, der das

Speisekämmerchen ersetzte, stand eigenständig neben der Spüle. Die Spalte zwischen Boden und Gerät war schmal, und wir bangten jedes Mal, ob Vreneli wieder hervorkriechen würde. Vreneli mochte keinen Besuch. Sie mochte uns alle und ganz besonders meinen Vater. Ging sie zur Eingangstür, war klar, dass er im Treppenhaus war und die Türe bald öffnen würde. Sie schlief bei ihm im Bett, bei uns Kindern durfte sie nicht schlafen, weil das unhygienisch war. Sie rollte sich am Fußende seines Bettes zusammen und ließ sich nicht stören von den Bewegungen meines Vaters. Immer war Vreneli dabei, wenn er mir vorlas. Ihr Schnurren begleitete die Stimme meines Vaters. Ich lag im Bett meiner Mutter, ganz nahe an der Spalte zwischen den beiden Matratzen, so nahe, dass ich meinen Vater durch die Decken spüren konnte. Manchmal schob ich mich auf oder gar über die Spalte, um ihm und der Geschichte näher zu sein.

Beim Essen durfte Vreneli nicht gefüttert werden, jedenfalls nicht von uns Kindern. Für meinen Vater galt diese Regel nicht. Vreneli sprang auf den Sims der Vitrine, von da auf die Stuhllehne meines Vater, blieb mit den Hinterbeinen auf dieser Lehne stehen und stellte ihre Vorderbeine auf seine breite Schulter. Nun hatte sie freien Zugang zu seiner Gabel, schnurrte direkt in sein Ohr und bettelte schamlos. Ab und zu traute sie sich sogar trotz Besuch ins Esszimmer und auf ihren Lehnen-Schulter-Platz. Die Bewunderung war ihr sicher.

Nie fragte ich meinen Vater, ob er auch Hunde möge. Gea kam erst einige Jahre nach seinem Tod zu mir. Mein Vater starb auf dem Parkplatz hinter dem Geschäft, den Autoschlüssel in der Hand brach er neben dem Auto zusammen. Meine Mutter rannte in den nahen Polizeiposten, man trug ihn hinein, niemand beatmete ihn, keine Herzdruckmassage. Das Cardiomobil ließ auf sich warten, und als es endlich kam, sagte der Sanitäter zum Arzt: *Mir fehlt der Schlauch für den Sauerstoff.* So erzählte es meine Mutter. Es war der Tag meines 25. Geburtstages, eine halbe Stunde vorher hatte mich mein Vater angerufen, um mir zu gratulieren und mich für den nächsten Tag, einen Samstag, ins Geschäft zu bestellen. Ende November zog das Geschäft an, es war mit viel Kundschaft zu rechnen.

Der Körper meines Vaters wurde direkt in die Leichenhalle gebracht, es blieb meiner Mutter keine Zeit, Abschied zu nehmen. Allein bestieg sie den Bus nach Hause, verbrachte die Nacht wachend, vielleicht weinend, ohne eine ihrer Töchter zu benachrichtigen. Erst am Morgen rief sie mich an, das Geschäft bleibe geschlossen, sagte sie.

Ich besuchte meinen Vater in der Leichenhalle und rannte schreiend wieder hinaus. Leichen schreckten mich nicht, als Krankenschwester hatte ich selbst oft tote Menschen gewaschen und sie so zurechtgemacht, dass sie für ihre Angehörigen einen möglichst vertrauten Anblick boten. Hier hatte niemand diesen Liebesdienst übernommen. Mein Vater lag so da, wie er von der Straße eingeliefert worden war, mit weit offenem, zahnlosen Mund, blickstarren geöffneten Augen, das Leintuch bis zum Hals über seinem nackten Körper. Ein Angestellter überreichte mir einen Sack mit seinem verschmutzten Anzug, irgendwo darin fand ich auch das Gebiss.

Es blieb keine Zeit, ihn nach Hunden zu fragen. Es blieb überhaupt keine Zeit, ihn irgendetwas zu fragen. Zum Beispiel wie die Katze hieß, die er in seiner Jugend hatte, ob sie wirklich Minöggel oder doch Minouche hieß oder beides oder ganz anders.

Was mir blieb war die Freude am Lesen, die Lust am Vorlesen. Viele der Bücher, die er mir vorlas, auf die er mich aufmerksam machte, sie mir zu Weihnachten schenkte – Bücher aus dem Antiquariat, damit er mir mehr Bücher schenken konnte, als wenn er sie neu gekauft hätte –, viele dieser Bücher lagern in den Gestellen in meinem Kopf und in den realen Gestellen in meiner Wohnung. Wenn ich diese Regale durchforste, entdecke ich, wie viele Hunde über die Buchseiten spazieren, Hunde, die ich als Kind kennenlernte, die mich jahrelang begleiteten, noch heute zu meinem Leseschatz gehören. Nie will ich sie verlieren.

Meine erster Hund hieß Piefke, später folgten Piddel und Stierkopf, alle drei Buchhunde.
Pünktchen und Anton heißt das Buch von Erich Kästner, in dem Piefke, Pünktchens Dackel, eine Rolle spielt.[108] Er muss als Spielzeug herhalten, wird in eine Bratpfanne gesetzt und durch die Wohnung gezogen, mit Rasierschaum eingeschmiert und verkleidet. Ein einziges Mal benimmt er sich hundemäßig, als er den Bösewicht anknurrt. In den eingeschobenen *Nachdenkereien*, in denen Erich Kästner über Migräne als eingebildete Krankheit philosophiert oder über Jungen, die kochen, weil die Mutter krank ist, und natürlich nur dann, in diesen *Nachdenkereien* wird Piefke nicht erwähnt. Ich schließe daraus, dass Kästner genauso wenig Ahnung von Hunden und ihrer Haltung hatte wie von Frauen und Migräne. Doch ich liebte das Buch, hätte gerne selbst so einen Piefke gehabt, der wie eine lebendige Puppe war.
Auch bei Lisa Tetzner gibt es Moral und einen Hund. Im ersten Band von *Die Kinder aus Nr. 67* beschreibt sie, wie Paul im Berlin der dreißiger Jahre aus Hunger zum Brötchendieb wird.[109] Sein Freund Erwin aber hält trotzdem zu ihm und findet einen Weg, um Paul vom Stehlen abzuhalten. Als Miriam, ein Waisenmädchen aus Oberschlesien, zu ihrer Tante nach Berlin kommt, wird sie von einigen Jungen als *Poln'sche* beschimpft. Sie gehen so weit, ihren struppigen und rasselosen Hund Piddel zu entführen und wie ein Paket zu verschnüren. Zum Glück kann Miriam ihn retten, bricht sich dabei aber ein Bein. Piddel jedoch,

der viele Kunststücke kann, hat seinen großen Auftritt am Maskenball, den die Kinder organisieren.

Ein politisches Buch, dem viele Bände folgten, bis die Kinder sich nach dem Krieg als Erwachsene wieder treffen und einen Bund gründen. Die neun Bände der *Kinderodyssee* beschreibt die Wege der verschiedenen Kinder. Die einen wurden Nazis und zogen freudig in den Krieg, andere wurden zur Auswanderung gezwungen, wie Erwin, der mit seinem antifaschistischen Vater nach Norwegen geht. Wieder andere müssen flüchten, wie Miriam. Wer weiß, wo sie stranden wird. Da ist es sicherer, Piddle Erwin zu schenken, der ihn mit nach Norwegen nimmt, wo er sich als richtiger Hund erweist und Erwin aus Eis und Schnee rettet.

Der erste Band konnte 1933 noch in Deutschland erscheinen, im Jahr, in dem Lisa Tetzner in die Schweiz flüchtete. Die weiteren Bände erschienen nach dem Krieg in der Schweiz und, so steht es im Nachwort des ersten Bandes,

fanden wenig Zustimmung in Deutschland, weil die Mehrzahl der Erwachsenen damals nicht bereit war, mit Kindern und Jugendlichen der Wahrheit gemäß über die jüngste Vergangenheit zu reden.

Auch diese Bücher zeigen Spuren mehrmaligen Lesens. Das Wiederlesen eines Buches war und ist mir Trost in schwierigen Zeiten. Das Wiedererkennen gewisser Szenen, die erneute Begegnung mit Menschen und Tieren, das Auffinden bestimmter Wörter und Wendungen, die mir gefallen, hat für mich etwas Vertrautes, Beruhigendes. Es ist wie das Ankommen in meinem italienischen Häuschen. Ich weiß, wo das Holz lagert und wie ich einheizen muss, ich kenne den Herd und den Wasserkessel, in dem ich das Teewasser koche. Ab und zu täuscht sich meine Hand, wenn sie auf dem falschen Regal die Teebeutel ergreifen will. Abends sinke ich ins Bett, das dem in Zürich nicht gleicht und doch mein Bett ist. Mein Körper schmiegt sich in die kaum wahrnehmbare Kuhle, das richtige Kissen liegt bereit. Ich bin angekommen, bin zu Hause und doch in der Fremde.

Ganz ähnlich ist es mit dem Wiederlesen. Ich erwarte gewisse Wendungen wie Freundinnen, bin gespannt, ob ich eine bestimmte Szene richtig erinnere. Und ob der Druckfehler auf Seite 72 noch da ist. Ja, er ist es. Bei Agatha Christie steht: *Sie war die achte Tochter ihrer Mutter* – es sollte wohl *die echte Tochter* heißen. Ein Fehler, der mich immer wieder zum Schmunzeln bringt.

Stierkopf finde ich bei Dickens.[110] *Oliver Twist* übt die gleiche Faszination auf mich aus wie *Jane Eyre*.[111] Beide Bücher des 19. Jahrhunderts erzählen ausschweifend von einem schweren Schicksal, das sich irgendwann zum Guten wendet. Es gibt die guten und die bösen Menschen, es gibt Richtig und Falsch. Und bei Dickens leise Ironie. Der Hund, Stierkopf geheißen, gehört Bill Sikes, einem Räuber, der zum Mörder an seiner Lebensgefährtin wird. In meiner Erinnerung ist Stierkopf ein schmutzigweißer Hund von mittlerer Größe, der seinem Herrn bedingungslos ergeben ist. Dieser schlägt ihn, tritt ihn, misshandelt ihn ständig, doch Stierkopf läuft ihm hinterher, gebunden mit einer unsichtbaren Schnur.

Ein weißer, zottiger Hund kroch herein, mit einem Schädel voller Kratzer und Risswunden. Der Mann grollte ihn an: »Warum bist du nicht vorher gekommen? Bist du zu stolz, mich in die Gesellschaft zu begleiten? Da ... leg dich!« Diesen Befehl begleitete er mit einem Fußtritt, wodurch das Tier in die entfernteste Ecke des Raumes geschleudert wurde. Ohne einen Laut, an solche Umgangsformen gewohnt, legte es sich und rollte sich zusammen. Seine bösen, hässlichen Augen zwinkerten beständig und schienen alles, was zwischen den vier Wänden vorging, scharf zu beobachten.

Meine Oliver-Twist-Ausgabe ist eine der Büchergilde Gutenberg aus dem Jahr 1949. Da lag das Erscheinen des Buches gerade hundert Jahre zurück. Von 1837 bis 1839 erschien die Geschichte als Fortsetzungsroman in einer Zeitschrift. Ich nehme an, dass Dickens nicht von Anfang an wusste, wohin sie ihn führen würde. Ich suche im Buch die Stellen über den Hund von Bill Sikes, der in meiner Erinnerung ein freundliches, anhängliches Tier ist und sicher keine bösen, hässlichen Augen hat – und natürlich lese ich mich fest. Lese zuerst den Schluss, dann die Mitte und muss auch noch den Anfang lesen. Fällt mir zum ersten Mal auf, wie wohlerzogen Oliver ist, obwohl er keine Erziehung genossen hat, sondern im Armenhaus aufwuchs? Habe ich bisher nie bemerkt, dass Fagin ständig als Jude bezeichnet wird, und das ohne jeden Bezug zur Geschichte? Wikipedia listet auf, dass Fagin über 250-mal so benannt wird. Von niemandem sonst wird die Religionszugehörigkeit angegeben. Dickens selbst habe einer Kritikerin geschrieben, dass zur Zeit, in der die Geschichte spiele, ausschließlich Juden das Geschäft der Hehlerei betrieben hätten. Natürlich ist er mit seinem Antisemitismus nicht allein. Letzthin las ich im Tages-Anzeiger, dass der Diogenes Verlag antisemitische Äußerungen aus den Tagebüchern von Patricia Highsmith herausgestrichen habe.
Als Bill Sikes seine Lebensgefährtin wegen Verrat umbringt, wird auch Stierkopf mit Blut bespritzt. Nach dem Mord folgt er seinem Herrn, der vom schlechten Gewissen gehetzt über Land flieht. Nach Tagen entschliesst sich Sikes, nach London zurückzukehren. Damit der Hund ihn nicht verrät, will er ihn ersäufen, doch dieser merkt die Absicht und bleibt weit zurück. Als Sikes von einem Hausdach in den Tod stürzt, springt der Hund ihm nach.
Dieser Hund geistert in meiner Erinnerung umher seit meiner Kindheit. Dass er schlimm zu Tode kommt, wusste ich, die Details aber waren mir zum Glück entfallen. Nun aber

werden mich diese Details begleiten: die wunden Füße des Hundes nach Tagen der Flucht und sein Kopf, der auf dem Stein aufschlägt.

2021. Ein Monat in Italien. Es ist ein Abschiednehmen in der Luft. Irgendwann will ich das Häuschen verkaufen. Weder Häuschen noch Ort bewähren sich als Alterssitz, zu steil die Treppe im Haus, zu streng für mich, das Holz aus dem Hof treppauf zu tragen, zu schlecht die Busverbindungen. Wie oft nehme ich das Glas mit den Teebeuteln noch in die Hand? Wie oft sitzen wir noch auf der Terrasse beim Mittagessen? Es ist auch ein Anfangen in der Luft mit dem kleinen Laden nebenan und der neuen Bar. Der *barista* hat die alte Bar definitiv geschlossen, er hat genug davon, alten Männern um zehn Uhr morgens Weißwein auszuschenken. Doch jeden Morgen ist er da, hält Hof im Bushäuschen gegenüber der neuen Bar, sitzt da auf den alten Stühlen, die vorher vor seiner Bar standen, vertieft in Gespräche mit seinen ehemaligen Kunden, die sich um ihn scharen, das Glas aus der neuen Bar in der Hand. Das Läuten der Totenglocke verstärkt das Gefühl von Abschiednehmen. *Un morto*, murmeln wir uns bei Begegnungen zu. Wir warten, bis neben dem Bushäuschen das Auto der *pompe funebre* hält, ein Mann herausspringt und eine schwarz umrandete Anzeige an die Wand klebt. Nun können wir lesen, wer der Tote ist und wie alt er war. Das Alter ist wichtig, je näher beim eigenen, umso eher wird der Tod das nächste Mal die Hand nach mir ausstrecken. Wie viel Zeit habe ich noch?
Vorläufig gibt sich der Tod mit Hunden zufrieden. Milli, die kleine Hündin der Dottoressa stirbt nach zweitägigem Unwohlsein. Die Dottoressa hatte Milli zu sich genommen und damit ihr Dasein als Gebärerin beendet. Jack Russell Terriers sind begehrt, und so werden schöne Zuchtweibchen laufend gepaart mit ebensolchen Männchen, viel-

leicht auch wird ihnen der Samen eingespritzt. Sie müssen mehrmals im Jahr gebären und sind nach wenigen Jahren erschöpft. Einige Gebärerinnen werden aufgenommen von Menschen wie der Dottoressa, die anderen werden getötet. Sie wendet sich ab, als sie mir von Millis Tod erzählt, damit ich ihre Tränen nicht sehe.
Gianna frage ich nach Toffi und erfahre, dass auch sie gestorben ist. Eigentlich gehörte der Hund dem Sohn und seiner Familie, die jedoch in Mailand wohnt. Kein gutes Pflaster für Hunde. So blieb Toffi immer öfters bei Gianna, lebte tagsüber im Garten, bellte uns an, wenn wir vorübergingen. Sie, Gianna, habe gerade mit dem Sohn telefoniert, der sich nach Toffi erkundigte. Es gehe ihr gut, sagte Gianna und schaute zu, wie Toffi die paar Stufen vom Garten heraufkam. Genau vor ihr habe sie die Augen verdreht und sei zusammengebrochen. Herzinfarkt. Zwei Monate ist das her, sagt Gianna, und sie fehlt mir noch immer. Zuerst wollte ich sie gar nicht, aber dann, sie war so anhänglich, schlief neben meinem Bett. Sperrte sie Toffi in die Stube, begann die Hündin nach fünf Minuten zu jammern. Dann ließ ich sie halt ins Schlafzimmer, sagt Gianna, sie fehlt mir so.
Auch Pieros Hund ist gestorben. Er war immerhin 14 Jahre alt. Aber dennoch Nein, mehr will er nicht dazu sagen. Hast du Milli begraben?, frage ich. Piero nickt: *L'ho sepolta là in fondo, e se passiamo, la salutiamo.* Ganz hinten im Garten der Dottoressa liegt Millis Grab, vielleicht neben dem Grab von Enigma, dem früheren Hund dessen Namen Rätsel bedeutet. Sind Hunde für Menschen Rätsel, die es zu lösen gilt? Oder sind und bleiben sie für uns unverständlich und unverstanden?

Auf dem Weg Richtung Schloss treffe ich Signora Knorrwürfel im Gespräch mit einem Mann, den ich nicht kenne. Als er meine kleine Hündin sieht, beginnt er sofort eine

weitschweifige Geschichte zu erzählen vom Hund seiner Mutter, einem *maremmano*, einem großen weißen Hund, der, so meine ich, in Sardinien *maremannu* heißt, großes Meer. Eines Tages habe der Hund seine Mutter, die gerade *parmigiano* rieb, angefallen, einfach so, der Mutter sei nichts passiert, aber erschrocken sei sie schon. So ein Riesenbiest, das übrigens den Vater niemals ins Bett ließ, wenn die Mutter schon darin lag.
Wikipedia belehrt mich, dass der vermeintliche *maremannu* nichts mit dem Meer zu tun hat und mit ganzem Namen *pastore maremmano abruzzese* heißt. Er kommt aus der Maremma und die wiederum liegt in den Abruzzen. Er sei ein ausgezeichneter und sehr selbständiger Hütehund, lebt er doch mit den Schafen über Wochen allein. Deshalb habe er gelernt, selbständig zu entscheiden. Er sei zwar dem Menschen zugetan, aber er unterwerfe sich niemals, sondern behalte seine Selbständigkeit. Er sei früh gestorben, sagte der Mann im Weggehen, so große Hunde würden nicht alt. Für mich aber bleibt er das große Meer und trägt stolz seinen Namen *maremannu.*

Mein abendlicher kleiner Hunderundgang führt mich meist die Lindenallee entlang zum Friedhof. Das Tor ist zu, schließt und öffnet sich automatisch. Ich hüte mich, gegen Abend über den Friedhof zu gehen, um ja nicht eingeschlossen zu werden. Das *telefonino* habe ich selten dabei, ich könnte zwar laut rufen, doch der Friedhof liegt etwas abseits, niemand würde mich hören.
Bei Esther Kinsky lese[s] ich von einem italienischen Friedhof. Sie schreibt von Grabwänden, die Kolumbarien heissen würden: *Taubenschläge für die Seelen.*[112]
Die Särge werden auch hier in Grabwände geschoben, deren Öffnungen offiziell *loculi* heißen, im Dorf aber *fornetti* genannt werden, kleine Backöfen. Die Särge als Gratinformen? Die Grabwände stehen in mehreren Reihen

unterhalb eines Grabfeldes mit alten Grabsteinen, umrundet von Kapellen der wohlhabenderen Familien. Überall bei den Kapellen, den Grabwänden, stehen die kleinen immer brennenden Lichter, *lux perpetua*, seit einigen Jahren von Batterien gespiesen. Sie werden *lumini* genannt, erklärt mir Lilia, die wir in ihrem am Südhang gelegenen Haus besuchen. Da wachsen Oliven, Feigen, Palmen, verschiedene Kakteen blühen, eine Ringelnatter sonnt sich, die blaugestrichenen Läden erinnern an Griechenland. Sie zeigt uns verschiedene Chrysanthemen: Die habe ich alle aus dem Container beim Friedhof herausgezogen und aufgepäppelt, aber nicht für mich, die bringe ich denen, die nie besucht werden. Die gelbe Chrysantheme hier ist für Antonietta, mehr ist auf dem Grabstein nicht zu lesen. Die gesammelten Mohnsamen wird Lilia über den ganzen Friedhof säen. Ich stelle mir den rot wogenden Mohn zwischen den grauen Mauern und den *lumini* vor. Ein Akt des Widerstandes gegen den Tod.

Bevor ich hier wegziehe, will ich über den Friedhof gehen und mich von den Toten verabschieden.

2010, fast genau ein Jahr nach Linas Verschwinden starb Cora. Nach ihrer schweren Blutung war sie gehörlos geworden. Bis ich das merkte, dauerte es einige Zeit, ich rief und schrie, sie reagierte nicht. Ich dachte an Alterssturheit oder gar Demenz. Erst als ich unabsichtlich einen Pfannendeckel neben ihr fallen ließ und sie keine Reaktion zeigte, wurde mir klar, dass sie von ihrer Erkrankung einen Gehörschaden davongetragen hatte. Von nun an ging es wieder besser mit uns beiden. Sie war sich gewohnt, Handzeichen zu lesen, drehte sich vor jeder Abzweigung um, schaute zu mir, ich streckte den rechten oder linken Arm aus, kam mir vor wie ein alter VW mit Klappzeigern. Cora nickte und spurte entsprechend ein. Schon seit einiger Zeit rannte sie nicht mehr die gleiche Strecke drei- oder viermal, dann rannte sie gar nicht mehr, sondern blieb in meiner Nähe, ging jeden Weg nur einmal wie ich auch. Ihre Hinterbeine wurden schwächer, sie wurde inkontinent. Johanna und ich erfanden Hilfsmittel: Ein breiter Stoffstreifen unter ihrem Bauch hindurch, den ich oben hielt, entlastete ihre Hinterbeine. Der Joghurtbecher fing im Lift das auf, was sie nicht bis unten halten konnte. Später reichte es nur noch bis zum Balkon, auf dem ich ein System einrichtete mit einem Kübel und Schnüren, damit der Urin und das Spülwasser aufgefangen wurden und nicht den Balkonen entlang nach unten lief. Dann ging gar nichts mehr, und ich sagte zu ihr: Cora, ich muss den Tierarzt anrufen, er wird dir hinüberhelfen. Am Montag kommt er, sagte ich und mir schien, sie nicke. Willst du nicht besser vorher sterben? Nochmals ein Nicken. Eine ganze Nacht lang tigerte sie von der Stube ins Schlafzimmer und zurück, legte sich morgens mitten in die Stube und stand nicht mehr auf. Drei oder vier Stunden atmete sie leise und immer langsamer, bis der Atem aussetzte.

Als sie tot war, legten wir sie auf ein dunkelblaues Tuch und trugen sie auf den Balkon, stellten eine Kerze daneben und luden alle Mitbewohnerinnen und Mitbewohner ein, von Cora Abschied zu nehmen. Einige kamen, auch Kinder, die wissen wollten, warum und wohin denn und weshalb. Die Eltern fanden keine zufriedenstellenden Antworten.

Nach drei Tagen fuhren wir Cora ins Hundekrematorium. Sie roch schon etwas nach Verwesung, wir fuhren mit offenen Fenstern mitten im Februar.

Ich kam zurück in eine hundelose Wohnung, eine seelenlose Wohnung, so kam es mir vor, die ich niemals allein würde füllen können. Und doch: vorläufig kein Hund. Nun würde ich endlich das alles tun, was ich schon immer hatte tun wollen: stundenlang in Museen herumstreunen, in Bibliotheken lesen, nachmittags im Kino sitzen.

Im Januar 2022, als wir mein italienisches Häuschen räumen, ziehe ich Coras Korb unter meinem Bett hervor. Sie war die Einzige, die immer neben mir geschlafen hatte, so lange, bis sie die Treppe nicht mehr gehen konnte. Nachdem sie einmal heruntergefallen war, sperrten wir sie nachts in die Stube, wo sie auf einer Matte auf dem Boden schlief, auch das Sofa für sie jetzt unerreichbar. Johanna und ich erinnern uns, dass sie ab und zu die Treppe ins Höfli hinunterging und sich dort vor die Türe stellte, die in den Abstellraum unter der Treppe führte, genau wie in Zürich vor dem Lift stand sie da, geduldig wartend. Mehrmals mussten wir sie die Treppe hinaufführen, bis sie begriff, dass dieser Lift niemals kommen würde.
Es ist herzbewegend, einen alternden Hund beim Sterben zu begleiten. Coras Fell wurde stumpf, die Augen trüb. Bei Lina hatte ich nichts von Altern gemerkt. Erst nach ihrem Verschwinden wurde mir bewusst, dass sie schon 15 Jahre alt gewesen war und dass ich sie vielleicht öfters überfordert hatte, wenn ich zusammen mit Cora loszog und sie aufforderte, mitzuziehen. Auch in diesem Januar denke ich an Lina, als wir mit Cima, die seit etwa vier Jahren bei mir lebt, über den oberen Schwefelweg spazieren. Ich bin ängstlicher als auf anderen Wegen, behalte Cima genau im Auge. Und irgendetwas in mir hofft noch heute, dass hinter der nächsten Biegung Lina auf uns wartet. Seit ihrem Verschwinden sind 13 Jahre vergangen.

Die Hundelosigkeit bekam mir nicht. Stunden verbrachte ich am Bildschirm. Ich suchte die Seiten auf, die Hunde aus Tierheimen anboten, aus ungarischen, bulgarischen, spanischen Tierheimen. Hunde mit einer Geschichte, die oft niemand kannte. Ich besuchte keine Museen, streifte nicht durch die Stadt, ich betrachtete Hunde. In meinem Hinterkopf tauchten Fragen auf. Hinaus bei Regen? Morgens im Winter? Beim Einkaufen hetzen, damit der Hund nicht

lange allein bleibt? Sofort nach Hause nach dem Kino aus dem gleichen Grund? Und die Ängste, die Verantwortung? Will ich, will ich nicht, fragte ich mich und schaute Hunde an, große, kleine, traurige, lustige, solche mit langen Ohren und kurzen Schwänzen, alte, junge, ein dreibeiniger. Ich besuchte sie täglich, bis Johanna sagte, vielleicht wäre ein lebendiger Hund besser als die Bilder im Computer.
Ich stimmte ihr zu.

Auch Honeys Geschichte kannte niemand. Sie war klein und hell, *caffèlatte*-farben, ähnlich wie es Gea gewesen war. Sie sei sehr anhänglich und freundlich, hieß es. In Spanien war sie von einem Tierheim ins andere weitergegeben worden, dabei ging ihre Geschichte verloren.
Die Vermittlerin prüfte mich als angehende Halterin, wollte Bescheid wissen über meine Hundeerfahrungen und Wohnverhältnisse. Das schien mir richtig so.
Am 15. August 2010 zu Maria Himmelfahrt, ein knappes halbes Jahr nach Coras Tod, erwarteten wir Honey auf dem Flughafen Kloten bei den Schließfächern, Honey, die wir schon vor ihrer Ankunft in Punta umgetauft hatten. Mehrere Menschen warteten an dieser besonderen Ecke des Flughafens auf ihren neuen Hund. Wir waren alle aufgeregt. Und dann kamen sie. Vier oder fünf schläfrige Hunde wurden zum Treffpunkt gebracht. Jemand legte mir das weiße Bündel in den Arm. Das war Punta, die sofort ihren Kopf in meine Achselhöhle steckte. Damit erklärte sie mir ihre Liebe, die bis zu ihrem frühen Tod dauerte. Sie nahm mich fraglos an, während ich mich etwas schwerer tat. Ich fand sie hässlich mit ihrem rosa Bauch, noch haarlos von der Kastration.
Punta hörte sehr schnell auf ihren neuen Namen, war von Anfang an stubenrein und kam auf Abruf, wenn ein Bröckli winkte. Sie war eine Schlingerin, fraß alles, was sie fand, sie war schlimmer als Lina, Cora oder Gea.

Schon nach wenigen Tagen konnte ich sie von der Leine lassen, sie blieb bei mir, gehorchte einigermaßen, bis ich sie verlor auf der Werdinsel, wo sie einem Schmetterling hinterherjagte. Johanna, von mir herbeigerufen, fuhr mit dem Velo die Limmat ab, ich blieb am Ort, so wie ich es in verschiedenen Hundekursen gelernt hatte: Ein Hund komme immer an den Ort zurück, wo er verloren gegangen sei. Johanna fand Punta vor unserem Wohnblock. Sie hatte den Weg zurück gefunden, der Limmat entlang und über die Hardturmstraße. Sie saß da, erzählte Johanna, und ließ sich von einigen Kindern streicheln. Alles gut gemacht, Punta, dachte ich, nur hast du dich nicht hundekursmäßig verhalten.
Punta fraß nicht nur, sie verschlang alles, was essbar schien. Im Tessin, wo ich eine Freundin besuchte, fand sie im Rebberg vergorene Trauben und schlug sich den Bauch voll. Sie erbrach die ganze Nacht, zitterte und wimmerte. Ich hielt sie im Arm und hatte Angst um sie. Am nächsten Tag war sie etwas wacklig auf den Beinen, aber sie lebte. Trauben sind für Hunde nicht gut, vergorene noch weniger. Auch Cora fraß Trauben, was ihr nie schadete, sie suchte sie am Boden unter den Reben oder zupfte sie direkt von den Stöcken ab.
Auf einem sardischen Camping verschluckte Punta zwei Pfirsichsteine, die sich erst Wochen später bemerkbar machten, als sie den Magenausgang verschlossen. Sie mussten operativ entfernt werden. Auch der vermeintlich verschluckte Aprikosenstein führte zu einer Operation – nur war der Stein zwar im Ultraschall zu sehen, bei der Operation jedoch nicht zu finden. Besser verdaulich war das Buttermödeli, ganze hundert Gramm, das Punta aufschleckte, als ich Johanna wecken ging, den Tisch in der Ferienwohnung schön gedeckt, die Stühle weggezogen. Nicht bedacht hatte ich die eingebaute Eckbank, auf die Punta sprang. Von da war es nicht weit zur Butter.

Punta war eine liebevolle Gefährtin, die erste meiner Hündinnen, die sich das Bett eroberte. Morgens um sieben sprang sie rein und kuschelte sich an Johanna oder mich, am liebsten an uns beide. Sie lag mit mir auf dem Sofa, an meine Beine geschmiegt, und hörte zu, wie ich las. Sie war unkompliziert und mir und Johanna sehr nah. Ich war froh, musste ich keine Hunde mehr suchen im Netz, sondern hatte meine eigene Hündin, die ich anfassen, streicheln, mit der ich reden und spazieren konnte.

> *Ich kann auch nicht schreiben, ohne zu gehen.*
> *Die Wohnung, in der ich schreibe, habe ich eigentlich*
> *gemietet, weil sie einen langen Korridor hat –*
> *dreizehn Meter! Dort gehe ich auf und ab.*[113]
> David Grossmann

In diesem Januar, in dem ich Coras Korb unter meinem italienischen Bett hervorziehe, geht es um das Räumen das Häuschens im *Oltrepò*. So viele Erinnerungen lagern in den Ecken, hinter und auf den Möbeln. Punta, die versteckte Bröckli suchte und fand, mit Verve warf sie jeweils die Joghurtbecher um, damit sie das versteckte Bröckli fressen konnte. Cora, die neben meinem Bett schlief und unter meinem Pult, wenn ich schrieb, die mir bei der Morgenmeditation vor dem Feuer den Kopf auf die Knie legte. Punta, die die Hitze so sehr liebte. Auf dem kleinen Stühlchen kugelte sie sich zusammen vor dem Ofen, ihre eine Seite glühend heiß, bis sie sich drehte und die ausgekühlte Seite gegen das Feuer hielt. Lina, die ihren Platz auf dem Sofa verteidigte und knurrte, wenn man ihr zu nahe kam. Der Lehm kommt mir in den Sinn, als ich die alten Waschbecken sehe. Vor jedem Spaziergang stellte ich ein Becken mit Wasser vor die Haustür; zurückgekommen wusch ich die Hunde, Pfote für Pfote musste eingeweicht, abgerieben und mit Pfotenfett gesalbt, Coras langes Fell gewaschen werden. Im Sommer war die Erde trocken, keine Lehm-

zotteln in Coras Fell, doch es war voller Kletten, die ich nur mit der Schere entfernen konnte, so sehr hatten sie sich in den feinen, langen Haaren verhakt. Nach den ersten Erfahrungen lernte ich, Cora einen Sommerschnitt zu verpassen, der die Kletterplage etwas eindämmte.
Wie du das schaffst, sagte meine Nachbarin jeweils, wenn sie mir von ihrem Fenster im Dachstock aus zusah, wie ich die Hunde wusch. Jeden Tag diese Geduld. Heute frage ich mich auch, wie ich es schaffte. Aber ich konnte es, genauso wie ich täglich zweistündige und längere Spaziergänge machen konnte, hügelauf und hügelab. Diesmal sind die Spaziergänge kürzer und das Hundewaschen angenehmer. Johanna ist da und bringt mir ein Becken mit lauwarmem Wasser. Das schätzen meine Hände und Cimas *Leberln*.

Wieder geht es in unserem Dorf um den Tod. Schon bevor die Glocke ruft, habe ich erfahren, dass Signora Tonia, die Mutter des *barista*, schwer erkrankt ist. Sie ist am Tag nach ihrem 91. Geburtstag gestorben. Und trotz der Corona-Einschränkungen darf sie besucht werden. Die Enkelin steht vor der Tür und gibt acht, dass nicht zu viele Menschen gleichzeitig drinnen sind. Ich steige die Treppe hoch, die ich auch hochging, als ihr Schwager oben lag. Jetzt ist es Signora Tonia, die klein und gelb im Sarg liegt, gedeckt mit weißem Tüll. Den Wänden entlang sitzen und stehen die Familienangehörigen. Wie ich mich verhalten soll, weiß ich nicht so recht. Ich murmle *le mie condoglianze*, trete zum Sarg und überraschenderweise schießen mir die Tränen in die Augen.
Am nächsten Tag besuche ich die Abdankung, höre zu, wie der Priester von *nostra sorella Tonia* spricht, meine zu verstehen, dass er das langjährige Zusammenleben von Schwägerin und Schwager erwähnt *in, ja, ich würde sagen, in Zuneigung*. Neben mir steht Lilia, der wir letzthin halfen, einen Zyklamenstock aus dem Container zu ziehen, einen

roten, eine Farbe, die sie besonders liebt. Der Pfarrer und der glatzköpfige Ministrant sind beim Abendmahl angekommen, sie trinken das Blut Jesu und essen von seinem Leib. Danach putzen sie die Geräte sorgfältig, falten die Tüchlein, im Angesicht der Gemeinde, die diesem hausfraulichen Tun geduldig zuschaut. Renata reicht den Klingelbeutel herum, der an einer langen Stange befestigt ist. Der Seuche geschuldet? Das übliche bei Beerdigungen? Einfach praktisch?
Draußen steht das schwarze Auto, in das der Sarg geschoben wird von den beiden Angestellten in schwarzen Anzügen, weißen Hemden und erstaunlicherweise mit hellblauen Krawatten, deren dicke Knoten unter den Hemdkragen liegen. Dies ist wohl meine letzte Beerdigung hier im Dorf, denke ich. Nur noch einmal werde ich wieder kommen, zum Notartermin. Danach ist alles offen.

Vor Kirche und Gemeindehaus steht mitten in meinem italienischen Dorf das Kriegsdenkmal, das in keinem italienischen Dorf fehlt. Die Trauergemeinde muss daran vorbeigehen auf dem Weg zum Friedhof, ebenso bei jedem Gang zum Gemeindehaus. Auf einem grob behauenen Stein reckt sich ein fahneschwingender Soldat aus Bronze. Die Namen der Gefallenen aus zwei Kriegen stehen auf beiden Seiten des Steins samt Geburts- und Todesdatum. Wenige sind vierzig oder älter geworden.
Warum steht das scheußliche Denkmal mitten im Dorf, fragte ich vor Jahren den *sindaco*. Dieser Fahnenschwinger, das ist doch pure Kriegsverherrlichung. Der sonst so besonnene Gemeindepräsident wurde wütend. Du hast doch keine Ahnung, schimpfte er, in der Schweiz gab es ja keinen Krieg. Im Dorf, fuhr der *sindaco* fort, hat jede Familie jemanden verloren. Sag denen, wir sollen das Denkmal entfernen, *ti amazzano*. Vielleicht hatte er recht, vielleicht würden sie mich umbringen. Mich aber macht die ganze

Kriegsrhetorik wütend, die Frauen und Kinder als unselbständige Gattungen darstellt, unschuldige Frauen und Kinder, beschützt von den tapferen Männern, den zukünftigen toten Helden. Der Krieg macht Männer wieder zu Männern und schreibt Frauen ihre alte Rolle vor. Doch offenbar braucht es die demonstrative Erinnerung, die Auflistung der Namen. Kriegsdenkmäler für Frauen aber gibt es nicht, Frauen sterben nicht als Heldinnen.

Der Krieg, sagt die ukrainische Dichterin Halyna Kruk, verkürzt den Abstand zwischen den Menschen, zwischen Leben und Tod. Auch der Abstand zwischen ihr und mir ist kürzer geworden, zumindest von mir aus gesehen. Wir schreiben beide, wir haben am gleichen Tag Geburtstag, sie ist 36 Jahre jünger als ich und feiert dieses Jahr in einer zerschossenen Stadt, wenn sie denn feiert. Ich wurde im letzten Herbst in Sardinien mit einer Torte geehrt, man sang für mich *Tanti auguri a te*. Ich saß am Tisch in der warmen Küche einer kalten Wohnung und dachte an alle, für die es keine Wärme mehr gibt.

Da stehst du nun mit deinem no-war-Plakat wie mit einem
Ablasszettel für
das Unwiderrufliche: der Krieg ist nicht zu stoppen,
wie grelles Blut aus einer zerfetzten Ader
stürzt er hervor, raubt Kraft und Leben,
dringt mit den bewaffneten Leuten in unsere Städte,
springt mit feindlichen Spionagetrupps in die Innenhöfe
(...)
schlafen Kinder, weinen Kinder, kommen Kinder
zur Welt, die dafür zur Zeit nicht taugt,
auf dem Spielplatz im Hof werden Tschechenigel gebaut
und tödliche ›Drinks‹ gemixt – von ganzen Familien,
in trauter Runde, die endlich Gefallen finden am Austausch
und einvernehmlichem kollektivem Schaffen –
der Krieg verkürzt den Abstand

(...)
»Nun geh schon ran, Mama«, fleht eine Frau im Keller eines
Hochhauses,
dumpf und verbissen, schon seit zwei Stunden,
sie glaubt noch an ein Wunder,
(...)[114]
Halyna Kruk

Nie wieder Krieg! schrieb Käthe Kollwitz 1924 auf ihr Plakat für die sozialistische Arbeiterjugend.

Eine Woche nach dem Verkauf des Häuschens träumte ich in meiner Zürcher Wohnung. Ich war zu Hause und doch nicht zu Hause, wusste nicht recht, wo ich war, hatte wieder einmal etwas Wichtiges vergessen. Ich sollte umziehen, wollte bleiben, stand ganz real vor meiner Kommode und überlegte, was ich vergessen haben könnte, merkte, dass ich zu Hause bin, nicht umziehen muss.
Ich bin geborgen in meinen eigenen vier Wänden, doch meine italienischen Wände sind fort. Ich kann zwar in anderen Wohnungen in Italien leben, in gemieteten Ferienwohnungen, bei Freundinnen oder bei meiner Wahltochter in Sardinien. Aber meine eigenen italienischen Wände sind fort, fort wie Gea, Lina, Cora und Punta.
Punta starb in meinen Armen, nachdem ihr unsere Freundin, die Tierärztin, eine Spritze gegeben hatte. Zu stark war die Atemnot, die den ganzen kleinen Körper verkrampfte. Nach der Spritze ließ der Krampf bald nach, sie atmete noch einige Male leise, ihr Körper wurde schwer, so schwer wie vor wenigen Wochen, als sie beim Spazieren zusammenbrach. Ich trug einen schlaffen Hund nach Hause, überzeugt, dass ich sie nicht lebend heimbringen würde. Doch plötzlich regte sie sich wieder, kam zu sich, tappte leicht schwankend nach Hause. Versehen mit verschiedenen Medikamenten reisten wir mit einer schwerkranken

Hündin in den *Oltrepò*. Zunächst lebte Punta auf, selbst die üblichen Spaziergänge waren möglich, der Doggenweg, der Batzockaweg, der AHV-Weg. Als Punta wiederum zusammenbrach, fuhren wir in die Klinik, in welcher Lina vor Jahren von einem der Ärzte *pisellino* genannt worden war. Auch gestreichelt hatte er Lina, und sie ließ es sich erstaunlicherweise gefallen. Diesmal hatte eine junge Ärztin Dienst, untersuchte Punta genau und erklärte uns, dass wir unsere Hündin kaum noch lebend nach Zürich bringen würden. Sie sei schwer herzkrank. Wir glaubten ihr nicht. Sie verschrieb Punta ein Mittel, das ihr so gut half, dass sie weitere Hundespaziergänge und die Heimfahrt bestens überstand. Danach begann die Atemnot, die Ärztin hatte recht gehabt, Punta war nicht zu retten.

Auch Gea hatten wir schwer krank nochmals in den Süden mitgenommen. Sie war lebendiger in Sardinien, ging ihren gewohnten Wegen nach, beschnupperte Pflanzen und Hausecken und freute sich an den Begegnungen mit einem kleinen braunen Hund. Eine letzte Liebe für Gea, die nach der Rückkehr bald verstarb.

Nach Puntas Tod war ich hundelos und wurde von den Hundemenschen an der Limmat weder erkannt noch gegrüßt. Ich war aus ihrer Wahrnehmung gefallen. Wollte ich nochmals dazugehören? Ich war unsicher. Mit siebzig Jahren eine neue Hündin? Doch schnell war klar: Ohne ein Tier an meiner Seite bin ich verloren.
Es war kurz vor unserer geplanten Reise nach Sizilien, einer zweimonatigen Campingreise. Ohne Hund nach Sizilien zu reisen, schien mir gefährlich, wir würden die erste Streunerin mitnehmen, ohne eine Ahnung von ihren Eigenheiten oder ihrem Vorleben zu haben. Die neue Hündin müsste immerhin zwei oder besser drei Wochen mit mir leben, bevor wir losfahren würden. Wiederum verbrachte ich Stunden im Internet auf der Hundesuche. Ich fand Djima im Thurgau. Da lebte sie seit kurzem in einem Tierheim, war von einer Bulgarin aus den Ferien mitgebracht worden. Seit Jahren rette diese Frau Hunde aus den bulgarischen Tierheimen, bringe sie in die Schweiz zur Vermittlung, erklärte der Chef des kleinen Heims. Er leinte die Hündin an und übergab sie uns für einen Spaziergang. Wir wussten nicht, wie Djima auszusprechen war, so nannten wir sie Cima, mit hartem Tsch am Anfang. Punta bedeutete die Spitze, Cima heißt auf italienisch Gipfel. Nun sind wir ganz oben angelangt, höher geht es nicht mehr, es wird keine *Stella, Luna, Nuvola* oder *Sole* folgen.

Auf diesem ersten Spaziergang ging Cima wenige Schritte mit, blieb dann stehen und sah sich um. Sie wusste offensichtlich nicht, was eine Leine und was ein Spaziergang ist. Drei Jahre alt sei sie ungefähr. Ich wünschte mir eine Hündin, die ich zu tragen vermochte, eine ältere Hündin, der ich nicht hinterherrennen müsste, eine, die meinem Alter angepasst und von der etwas über ihr Verhalten, ihre Geschichte bekannt war. Cima war zu jung, sie war zu schwer, sieben Kilo anstatt fünf, wir erfuhren nichts über sie, weder über ihre Geschichte noch ihre Gewohnheiten. Doch sie sah so verloren aus, dass Johanna und ich ihr nicht widerstehen konnten. Nach drei Tagen holte ich sie ab. Sie ließ sich willig mitnehmen, in der Hundetasche tragen, saß neben mir und schaute sich den Zug an. Sie sah aus wie vom Himmel gefallen. Das bestätigte sich zu Hause. Sie konnte nicht über glatte Böden gehen, sie wusste nicht, was eine Treppe ist, kaum war sie draußen, wollte sie wieder hinein. Als sie etwa vier Jahre bei mir war, blieb auf dem Limmatweg eine Frau stehen, schaute Cima an und sagte: *Sie sieht aus wie ein Fabelwesen.* Immer noch war Cima die vom Himmel Gefallene, nicht ganz von hier, noch nicht in der Realität angekommen.

Cima war schreckhaft, jedes Mal, wenn ich die Teetasse abstellte, zuckte sie zusammen. Als ihr zum ersten Mal ein zweijähriges Kind auf wackligen Beinen entgegenkam, bellte sie heftig. Bis dahin hatte ich sie noch nie bellen gehört. Auf dem Camping rannte sie nach dem Erledigen ihres Geschäfts zurück und kroch unters Auto. Musste sie einsteigen, schlüpfte sie sofort in ihren Käfig, fühlte sich wohl in der Enge.
Aus ihrem Verhalten erschlossen wir allmählich ihre Geschichte. Vermutlich war sie im Tierheim zur Welt gekommen und dort aufgewachsen. Sie liebte nicht nur den Käfig bei Autofahrten, auf dem Campingplatz saß sie am liebsten im Auto und schaute hinaus. Weite Landschaften erschreckten sie. Sie war sich gewohnt, nach draußen geschickt zu werden, um ihr Geschäft zu erledigen und sofort wieder zurückzurennen. Das tat sie denn auch bei jedem Spaziergang: Kaum hatte sie alles erledigt, sprang sie fort. Ich lernte, sie an der Leine zu halten, bis sie sich entleert hatte, danach war die Chance größer, dass sie bei mir blieb. Es dauert drei Jahre, bis ich einigermaßen sicher war. Sie hatte keine Spiele gelernt, war offenbar vernachlässigt,

aber nicht misshandelt worden, denn sie ging wedelnd auf Menschen zu. Erst nach einiger Zeit merkte sie, dass Läuten Besuch bedeutet. Täglich lernte sie etwas hinzu. Treppensteigen geht nun gut, Böden bleiben ein Problem. In meiner neuen Wohnung liegen Teppichinseln, das Meer dazwischen kann sie mittlerweile überqueren. Sie lernte zu schmusen, kuschelt sich an mich, wenn ich lese, aber nur so lange, wie ich sie streichle. Kaum höre ich auf, verzieht sie sich. Anders als Punta, die mit dem Kontakt zufrieden war, ihren Körper an meine Beine, Füße, Hüften drückte. Und Cima lernte das Träumen. Wie Cora schlägt sie mit den Vorderbeinen, ihr Traumbellen gleicht dem von Lina. Klatschend schlägt sie ihren Schwanz aufs Bett. Mir scheint, auch Punta habe erst nach einiger Zeit zu träumen begonnen. Vielleicht träumen Hunde erst, wenn sie wissen: Hier gehöre ich hin. Manchmal trägt sie eine meiner Socken in eines ihrer Betten und legt ihren Kopf darauf.

Cima kennt mich mittlerweile gut, fast so gut wie mich Punta kannte. Sie weiß, wie mein Tag beginnt und endet, dass es dauert, bis ich bettbereit bin, dass es dauert am Morgen, bis wir zusammen hinausgehen. Das stört sie nicht. Sie selbst ist vor zehn noch im Halbschlaf, schaut ab und zu, wie weit ich bin, kugelt sich wieder ein. Cima will nicht zugedeckt werden, außer es ist wirklich kalt. Regnet es, bleibt sie bei der Haustür stehen und zittert demonstrativ. Ein Mäntelchen hilft etwas, aber schnell nach Hause müssen wir trotzdem. Die Panikanfälle des Anfangs haben sich nicht wiederholt. Mehrmals in Sizilien geriet sie in eine Panik, deren Grund wir nicht verstanden. Ich hielt sie damals in meinen Armen, hielt sie mit aller Kraft. Sie wollte weg, zerkratzte mir die Brust, doch ich hielt sie, bis die Panik sich auflöste, und sie erschöpft in meinen Armen hing. Das sei das Einzige, das gegen Panik helfe, lernten wir später, dieser starke Druck. Die Anfälle wiederholten sich kaum mehr, schwächten sich ab. Mittlerweile genügt es, sie fest bei den Schultern zu halten, wenn etwas sie erschreckt.

Cima lernte Spaziergänge zu schätzen, entwickelte sich zu einer ausdauernden Schnupperin, lernte, ihren Urin so zu portionieren, dass sie den ganzen Weg entlang markieren kann.
Natürlich verlor ich auch Cima unterwegs. Ein Jahr, nachdem sie zu mir gekommen war, fuhren wir auf einen Campingplatz im Jura. Auf dem morgendlichen Spaziergang gefiel ihr der Aufstieg im Wald so gut, dass sie weit vorausrannte und dann plötzlich verschwunden war. Rufen, warten. Nichts. Die Familie des nahen Bauernhofs war sehr hilfsbereit, die Bäuerin fuhr mich zum Campingplatz zurück, versprach, die Augen offen zu halten. Ich hatte Angst. Denn zum ersten Mal hatten wir an diesem Tag die große Straße im Tal überquert. Kurz nach meiner Ankunft kam auch Cima dahergetrottet, legte sich sofort unter das Auto und war in Sicherheit.

Cima schlich, schlenderte, fast so wie Punta. Für die Strecke, die ich mit Cora und Lina in zwanzig Minuten oder einer halben Stunde bewältigt hatte, brauchten wir eine Stunde. Lange dachte ich, dass es mit ihrer mangelnden Spaziererfahrung zu tun haben muss. Dann kommt mir Puntas Geschichte in den Sinn: sie, die Langsame, die auf dem Spaziergang zusammenfiel. Wenn auch Cima krank wäre? Ich dachte an ihre häufigen Durchfälle, die bisher auch mit Kohletabletten oder Joghurt nicht besserten. Kurzentschlossen kaufte ich ihr getreidefreies Futter. Nach einiger Zeit ging Cima schneller, ab und zu muss ich hinterhereilen. Die Spaziergänge wurden lebendiger. Der Rhythmus meiner Sätze veränderte sich, meine Sätze passten sich Cimas Tempo an.

Mit Cima zog ich vom Berg in Höngg in den Kreis 5, mitten in die Stadt sozusagen, und sie, die Lärmempfindliche, lebte sich sofort ein. Stadt gefällt ihr, die gepflasterten Trottoirs gefallen ihr. Auf die fünf Tritte, die meine Wohnung unterteilen in Wohnen und Arbeiten klebe Johanna rutschsichere Vierecke. Auf denen läuft Cima sicher hinauf und hinunter. Hier hat sie auch entschieden, dass das Bett ihr gehört, schließlich steht es im Wohnraum, und Cima hat von da einen guten Überblick. Zwar liegt sie auch gerne unter dem einen Pult, das einem Hundehäuschen ähnelt, doch kaum nähere ich mich, springt sie weg. Füße mag sie nicht. Manchmal verlässt sie das Bett und legt sich in einen der beiden Körbe, wo auch ihre Plüschtiere liegen, die sie so arrangiert, dass ihr Oberkörper hoch liegt, eine hilfreiche Massnahme gegen aufsteigende Magensäure.

In Cima sehe ich Cima und alle verstorbenen Hunde. Ihre Angst und ihr Zittern, wenn es donnert oder wenn geschossen wird, ist Geas Angst, ist Geas Zittern. Ich bringe ihr Bett ins Badezimmer, das zum Gewitterhäuschen wird, lasse den Ventilator laufen, Cima liegt in ihrem Korb, aufmerksam, aber ohne zu zittern, bis der Schreck vorbei ist. Anders Gea. Sie durfte bei großer Angst, und nur dann!, ins Bett, sie schlüpfte unter die Decke und zitterte so stark, dass das ganze Bett wackelte. Cima ist Punta, wenn ich im Lesesessel sitze, sie auf meinen Schoß hebe, warte, bis sie bequem liegt, dann mein Buch auf ihr abstütze und ihr unter dem Buch den Hals kraule. Sie ist Lina, wenn sie nicht genug bekommen kann vom Zeitunglesen an der Limmat, jeder noch so kleine Spritzer eine wichtige Botschaft, die eine Untersuchung wert ist, von Hintergrundberichten nicht zu reden. Sie ist Cora, wenn sie auf dem Boden liegt, den Kopf auf den Vorderfüßen und mich anstatt mit bernsteinfarbenen mit Schokolade-Augen anschaut.

Seit 45 Jahren lebe ich mit Hündinnen. Manchmal sage ich am Straßenrand zu meinem Einkaufswagen: Komm!

In meiner anderthalbgeschossigen Atelierwohnung habe ich einen Schreibraum. In einer Nische steht mein Schrank, an dem die Zettel dieses Textes hängen, *Cora und Velo* steht da oder *Lina verlieren*. Meine Arbeitsbücher füllen das Gestell, Bücher übers Schreiben, dazu die Ordner, die ich nun anfange zu leeren. Ich beende die Kursarbeit, ich lasse los. Die Weiterbildungen für Pflegefachleute habe ich schon vor einigen Jahren aufgegeben, nun geht es um die Kurse in kreativem Schreiben.

Zunehmend fühlte ich mich unsicher mit den knapp dreitägigen Kursen. Die Gruppen mit zwölf Frauen strengten mich an. Johanna regte an, mir eine Co-Leiterin zu suchen. Dass mir spontan Karla in den Sinn kam, sie eben so spontan zusagte, war ein Glücksfall für uns beide.

In einem der gemeinsamen Kurse las Karla am Abend das Märchen von *Hans im Glück* vor.[115] Die Geschichte von diesem Hans, der einen Klumpen Gold gegen ein Pferd tauscht, dieses gegen eine Kuh und so weiter, bis er für die fette Gans einen schadhaften Wetzstein bekommt, der ihm kurz danach auch noch in einen Brunnen fällt. Ohne Ballast macht sich Hans freudig auf nach Hause zur Mutter. Mir schien Hans immer ein ziemlicher Tolpatsch oder gar Trottel, einer, der nicht zu schätzen wusste, was er hatte, und immer etwas anderes begehrte. Karla erzählte, dass dieses Märchen sterbenden Menschen vorgelesen werde, das Loslassen, das Ohne-Ballast-Sein, ohne Gewicht, entspreche ihrer Situation. Seither begleitet mich der Hans. Eben habe ich mein Häuschen in Italien losgelassen, nun lasse ich das Kursmaterial los, alle die Ordner mit Namen, Aufgabenblättern, Kursunterlagen, Gedichten. Die Liste mit den Titeln der Kurse muss genügen. Sie lösen Erinnerungen aus an weit zurück liegende Wochenenden und

Kurswochen. *Vom Anziehen der Jacke* hieß einer der Kurstitel, bei dem ich die Teilnehmerinnen anregte, genau zu beobachten und passende Wörter für das Beobachtete zu suchen. Ich sehe vor mir, wie sie eine Jacke an- und ausziehen, dann zu ihrem Tisch gehen, Wörter aufschreiben, und wieder von vorn: die Jacke ausschütteln, mit einem Arm in den einen Ärmel fahren, die Jacke am Kragen packen, über die Schulter ziehen und so weiter.

Einen richtigen Arbeitsraum in meiner Wohnung hatte ich noch nie, meistens schrieb ich am Pult entweder im Schlafzimmer oder im Wohnraum, schaffte mir Platz für meine Arbeit. Je nachdem kamen verschiedene Beistelltische hinzu, um Texte auszulegen, oft blieben sie länger stehen und füllten sich mit Papieren. Allerdings sah es bei mir nie so aus wie bei Friederike Mayröcker, deren Räume mit Zetteln gepflastert waren, überall hingen die Wörter, Sätze, Zitate, Gedanken. Habe sie nicht mehr weitergewusst beim Schreiben, habe sie sich ein Wort gepflückt, las ich einmal, irgendein Wort, das sie dann eingebaut habe in den Text, der dadurch eine neue, unerwartete Wendung nahm.
Manchmal schrieb ich außerhalb meiner Wohnung. Mein erster auswärtiger Arbeitsort lag in einem halbwegs ausgebauten Dachstock, der auf die Baubewilligung oder den Abriss wartete. Bis dahin vermietete der Besitzer die Räume drei schreibenden Frauen. Jede stellte einen Tisch in ihre Klause, einen Stuhl dazu. Mehr brauchte es nicht. Ab und zu trafen wir uns, erzählten einander von unserer Arbeit, oft aber saß ich allein im Dachstock. Meinen zweiten Arbeitsraum mietete ich zusammen mit meiner Freundin Regula Schnurrenberger, ein Untergeschoss, halb im Keller, direkt von außen über eine kleine Treppe erreichbar: ein großer Arbeitsraum, ein kleiner, ein Entrée und eine Küche ohne Fenster. Ich bekam das große Zimmer, Regula den Rest. Sie hielt sich an die Abmachung: Ihre Sammlun-

gen durften keinesfalls zu mir überschwappen. Erst als ich auszog, und Regula auch meinen Teil zur Verfügung hatte, füllte er sich. Damals ahnte ich nicht, wie viele Stunden ich mit Regulas Sammlungen zu verschiedensten Themen verbringen würde. Damals ahnte ich nicht, wie früh sie sterben würde.

Der größte Raum im Souterrain war einst mein Büroraum. Kaum zog ich um und überließ ihn dir, schwappten Zettel und Bücher, Kisten, Schachteln und Gestelle aus deinen Räumen hinüber. Rechts stehen die Büchergestelle, stehen im rechten Winkel zur Wand, lassen nur eine schmale Gasse frei zwischen den Buchrücken. An der anderen Längswand weitere Gestelle, von Papier überwachsen und von Staub. Staub über allem, schon vor deinem Tod hat er die Herrschaft übernommen, sich dick auf Bücher, Zettelbeigen, Zeitungsstapel gelegt, hat dein Archiv übernommen, das dich längst überstieg.
Dein Standardsatz: Aufräumen, ich muss aufräumen.

Nun räumen wir, deine Freundinnen. Jedes Papier nehmen wir in die Hand, jeden Zettel aus den Karteikästen voller Namen, Daten, Hinweisen und Querverweisen. Wir blättern in den überquellenden Hängemappen, in den Metallschränken, sind auf den Spuren der Frauen, mit denen du dich jahrelang beschäftigt hast. Die Beziehungen unter den ersten Zürcher Studentinnen war dein Spezialgebiet. Ihre Wohnorte überziehen den Stadtplan, ihre Verbindungen ergeben ein dichtes Geflecht. Sie wohnten miteinander, zogen miteinander um, sie liebten oder hassten sich, sie arbeiteten zusammen. Alle diese Spuren hast du gesammelt, bist unzähligen Hinweisen nachgegangen, hast sie verknüpft und verbunden, die Fakten und Geschichten gesammelt und aufgeschrieben. Dass diese Arbeit nie zu einem Ende kam, lag daran, dass es immer noch mehr zu entdecken gab, noch einen Hinweis, der eingebaut werden wollte, noch eine Beziehung, die sich als dauerhaft herausstellte und belegt werden konnte. Ein anderer Grund war, dass

*sich im Laufe deines Lebens dein Blickwinkel veränderte.
Ein jedes Ding kann nicht nur von links oder rechts, von
oben oder unten betrachtet werden, nein, noch viele weitere
Betrachtungsweisen gibt es, und jeder bist du nachgegangen.
(...)
Nebst den wissenschaftlichen Themen interessierte dich das
Handwerk. Stoffe und Wolle finden sich in Schubladen und
Schachteln, verstaubt und muffig, der Goldbrokat, aus dem ein
Kissenbezug hätte werden sollen, das Strickgarn für die
geringelten Socken, die angefangene Stickerei. Eine
Nebensammlung, die fassbaren Dinge, wie die in der Küche:
die Teekannen, Tassen, Silberlöffel, Fundstücke, jedes perfekt
in Form oder Farbe. Dein Archiv hast du kunstvoll gestaltet
mit Stoffen, die Stühle verschönerten, Räume begrenzten, leuchtende Farben in all dem Papiergrau, ungewohnt zusammengestellt. Manches nehme ich mit, nur weil ich mich nicht fürs
Fortwerfen entscheiden kann. Du hast dich immer fürs Behalten entschieden, das Aufbewahren als Selbstvergewisserung,
als Spur, die du durch dein Leben gelegt hast, eine Menge
Material, die unmissverständlich aufzeigt, dass es dich gegeben
hat, dass du warst, lebendig und aktiv. Und endlich begreife
ich, sitzend an deinem Tisch, deine Teetasse vor mir, deine
Zettel in den Fingern, begreife, was deine, was vielleicht
jede Hinterlassenschaft bedeutet. Es springt mich an,
das Anagramm, das mir alles erklärt: Archiv / ich var.*[116]

In diesen Raum ließ ich mir sogar ein Telefon legen.
Es war die Zeit, in der mein Geschäft florierte mit den beruflichen Schreibkursen für Pflegefachleute, die damals
noch Krankenschwestern hießen. Ich musste erreichbar
sein für neue Buchungen. Das Telefon mit dem Faxgerät
erleichterte mir einiges, was später von Computer und Internet übernommen wurde. Ich glaube nicht, dass ich in
diesem Halbkellerraum, den ich sehr mochte, literarisch
geschrieben habe. Vielleicht schrieb ich dort erste Texte

zum Thema Sprache und Pflege. Der Raum lag gut für mich, ich spazierte mit meinen Hunden hin, band sie ans Treppengeländer, von wo aus sie die Welt betrachteten. Cora war nicht immer glücklich, sie lag lieber zu meinen Füßen unter dem Pult. Also holte ich sie herein, ließ Lina draußen, saß angespannt an meinem Pult, immer mit einem Ohr bei ihr. Wenn ein Mensch vorbeikäme und sie einfach so streicheln würde – niemand konnte Linas Reaktionen voraussagen, auch ich nicht. Schnappend, bellend, sich anschmiegend? Alles aufs Mal?

Als ich aus der gemeinsamen Wohnung mit Johanna auszog, noch weiter an den Stadtrand, fand ich eine große Zweizimmerwohnung, in der ich mich ausdehnen und arbeiten konnte. Deshalb verließ ich den Keller, kam ab und zu her, um Regula zu besuchen, die dann in der improvisierten Küche ihre Kochkünste entfaltete und aus einigen Resten ein schmackhaftes Mittagessen zauberte.

Nachdem ich ein weiteres Mal umgezogen war, diesmal in eine kleinere Wohnung, brauchte ich wieder einen Arbeitsraum. Ich konnte ein kleines, günstiges Zimmer auf der Werdinsel beziehen. In dem langgestreckten Bau vermietete die Stadt Arbeitsräume, durchaus auch als Anerkennung gedacht, wie ich später erfuhr. Laut meinen Unterlagen war das 2003. Mein Raum lag an einem Korridor mit verschlossenen Türen, nie traf ich jemanden an, wenn ich in der Toilette den Wasserkocher füllte. Meist lag ich auf dem alten Sofa, das Johanna und ich hierher geschleppt hatten, las und döste nach dem Hundespaziergang, die verdreckten Tiere neben mir. Geschrieben habe ich wenig auf der Werdinsel. Es war nicht der kleine Raum, der mich hinderte, es war die Stimmung im ganzen Haus, die mir schwer und düster erschien. Und doch hielt ich jahrelang an diesem Raum fest, der es mir erlaubte, mich Schriftstellerin zu nennen.

Auch die Atelierwohnung gibt mir die Berechtigung für

meinen Beruf. Ich schäme mich weniger, fühle mich weniger als Angeberin, weil ich diesen Raum habe, der explizit fürs Schreiben gedacht ist. Das Corona-Stipendium der Stadt Zürich hatte denselben Effekt. Vielleicht ist es auch das Alter, das mich sagen lässt: Ich bin Schriftstellerin. Einfach so. Ich bin angekommen. In meinem Beruf, in meinem Leben.

Das Mich-Beschäftigen mit meiner Schreibgeschichte zeigt mir auf, was ich nie wirklich wahrgenommen habe: das positive Echo, die finanzielle Unterstützung – beides immer wieder überschattet von schlechten Kritiken, von Absagen. Von 2003 bis 2009 häuften sich die Absagen. Ich ging nur noch mit gesenktem Kopf, so scheint es mir im Nachhinein. Die Pro Helvetia bewilligte keinen Werkbeitrag für mein Projekt. Derselbe Text, *Lamento*, wurde von sieben Verlagen zurückgewiesen, die ihn zwar nicht einfach schlecht fanden, aber dennoch nicht veröffentlichen wollten. *Dieses eher stille, schmale Manuskript…* lese ich in einer Absage.

Der Höhepunkt der Reihe war 2009 die Ablehnung meiner Anfrage für einen Werkbeitrag des Kantons Zürich für meinen Text *Im Jakob*. Vielleicht war der Text nicht gut, vielleicht war er noch nicht genügend ausgearbeitet. Es war der Versuch, die Erfahrungen der Pflege in Worte umzusetzen. Alle meine Geschichten und Erinnerungen in einem einzigen Pflegeheim spielen zu lassen, und das in einem heißen Sommer. Vielleicht lag mir der Text nicht wirklich am Herzen, jedenfalls arbeitete ich nach der Absage nicht weiter daran.

Am härtesten traf mich die Absage des Literaturarchivs. Eben hatten wir mit einer Lesung gefeiert, dass Verena Stefans Nachlass ins Literaturarchiv aufgenommen wurde, ich hatte zwar nicht die Chefin, aber eine Angestellte des Archivs kennengelernt, und glaubte, dank diesem Kontakt eher angehört zu werden. Das war nicht so. Auch meinte ich, den Kriterien des Literaturarchivs zu entsprechen, die auf der Webseite aufgelistet waren – doch auch das sahen wir nicht gleich. Ich solle es anderswo probieren, man wünsche mir viel Glück. Da es keine Begründung gab für die Ablehnung, was ich eigentlich auch verstehen konnte, traf sie mich mitten in mein nicht sehr gefestigtes Schriftstellerinnenherz. Absagen, lese ich in einer Kolumne, seien eine Demütigung, eine Niederlage.[116] Alle Künstlerinnen und Künstler müssten sich Strategien erarbeiten, um solche Demütigungen zu ertragen. Der Autor empfiehlt, sich mit anderen zusammenzuschließen oder sich Mentorinnen zu suchen. Und das, was man tut, wichtig zu nehmen. Seine Kolumne tröstet mich viele Jahre nach der Serie der Ablehnungen.

Das Schwierigste am Schreiben ist, an das eigene Tun zu glauben.

Über zehn Jahre wartete ich, bis ich mich wiederum traute. Diesmal fragte ich bei der Zentralbibliothek ZB in Zürich an. Hier war der Kontakt freundlich und professionell. Stockend erzählte ich von meiner Erfahrung mit dem Literaturarchiv und wurde getröstet. Mein Nachlass würde gerne übernommen, durchaus auch aus politischen Gründen, sei doch mein Schreiben, und nicht nur meines, als Teil der Frauenbewegung zu sehen. Seither bin ich versöhnt und der ZB und ihren Angestellten sehr dankbar.
Einige Archivschachteln voller alter Manuskripte wurden nach negativer Schimmelprüfung aufgenommen, meine Journale und Briefe lagern noch bei mir. Ich werde sie abgeben, wenn dieser Text zu einem Ende gekommen ist. Nein, das Schreiben wird dann nicht zu Ende sein, aber mein Blick soll sich nicht länger auf die Vergangenheit richten, sondern auf die Gegenwart.

> *Ich hatte immer ein schlechtes Verhältnis zu mir selber. Ich dachte immer, ich sei schlecht, ich genüge nicht und so weiter. (...) Heute kann ich schon viel besser sehen, was ich alles gemacht habe, und den Wert darin erkennen. Dabei ist mir sehr zu Hilfe gekommen, dass ich meinen Nachlass ans Literaturarchiv verkauft habe. Das war eine große Arbeit, ich hatte vor gut zwei Jahren damit angefangen. Das heißt,*

ich habe meine Papiere geordnet, eine wahnsinnige Sache. Monatelang standen vierzig Harrasse im Gang. Man nimmt das alles ein paar Mal in die Hand und denkt: »Momoll, hesch no öppis gmacht.« Das hat mir ein gutes Gefühl gegeben. Dummerweise hatte ich einen Haufen Material schon weggeschmissen. (...) Dazu stehe ich. Ich war eine Frau, ich war blöd. Die schreibenden Männer, die wussten hingegen von den Windeln an, dass sie wichtige Dichter würden. Der Herr N. und der Herr B. wussten das bestimmt, und dass sie nicht auch noch die Windeln aufbewahrt haben, ist ein Wunder. (Pause.) Das war jetzt böse, aber so ist es: Die Männer wissen einfach, dass sie einmal gut sein werden.[118]

Laure Wyss

Was für ein Verhältnis haben Hunde zu sich selbst? Tiere, die sich im Spiegel wiedererkennen, gelten als solche mit einem Bewusstsein. Dazu gehören Menschenaffen, Delfine und einige Vögel, darunter Tauben, Elstern, Raben, Hunde hingegen nicht. Aber Hunde können den eigenen Geruch von dem von fremden Hunden unterscheiden. Also doch eine Form von Bewusstsein? Damit verbunden ist die Frage nach dem Humor. Haben Tiere Humor? Haben Hunde Humor?

Darüber ist sich die Fachwelt nicht einig. Sicher ist, dass Hunde ein Spielgesicht haben, einige grinsen auch. Dass Cora lachte übers ganze Gesicht, wenn sie auf mich zurannte, daran zweifle ich nicht. Mit flatternden Ohren, der Mund von Ohr zu Ohr gezogen, sprang ihr goldenes Lachen mich an.

Doch Hunde können mehr als lachen. Fast täglich lese ich in Zeitungen und Magazinen Texte darüber, was Hunde können:

Hunde erschnüffeln das Coronavirus.

Epidogs weisen Kinder und Erwachsene darauf hin, dass ein Epilepsieanfall droht.

Hunde erkennen sich selbst am Urin, finden aber die Informationen im Urin anderer Hunde interessanter.
Hunde stellen Einbrecher.
Der Labradorrüde Dex arbeitet als Polizeihund und erschnüffelt Handys und USB-Sticks.
Hunde halten die Menschen jung und schützen vor kognitivem Abbau.
Hunde lernen, Blinde zu führen. Dabei achten sie auch darauf, was sich über dem Kopf ihres Menschen befindet, und erkennen, ob der Platz reicht, um unter dem Hindernis hindurchzugehen.
Hunde suchen verschüttete Menschen.
Hunde sammeln Gegenstände auf und bringen sie ihren Menschen, sie stopfen Wäsche in die Maschine und holen sie wieder heraus.
Hunde wärmen mit ihrem Körper ihre verletzten Menschen oder alarmieren die Rettungsleute.
Hunde begleiten Kinder zur Schule und warten geduldig vor dem Schultor, bis sie wieder herauskommen.
Hunde suchen verirrte Menschen und bringen sie nach Hause.
Hunde kennen im Schnitt 89 Wörter, die dümmeren allerdings nur 15, die ganz gescheiten über 200, dazu lernen sie, Gesten, Tonfall und Gesichtsausdruck zu interpretieren.
Hunde bringen verstummte Menschen wieder zum Sprechen.
Hunde retten Bienenvölker, indem sie ein für Bienen tödliches Virus erschnüffeln.
Die Hunde von Elisabeth Mann Borgese, der jüngsten Tochter von Katja und Thomas Mann, konnten sogar Klavier spielen. Zumindest versuchte sie, es ihnen beizubringen.[119]

Es scheint wenig zu geben, was Hunde nicht können.

Vielleicht halfen sie auch meiner Mutter. Ich besuchte sie regelmäßig im Pflegeheim mitsamt meinen beiden Hündinnen. Das Zimmer war klein, ein schmaler Tisch fand gerade noch Platz neben dem Bett. Aber es war ein Zimmer für sie allein, was meine Mutter sehr schätzte. An diesem Tisch spielten wir zweimal die Woche Scrabble. Cora lag auf meinen Füßen, Lina lehnte an das Bein meiner Mutter und ließ sich streicheln. Meine Mutter liebte Lina, mehr als die fröhliche, zugängliche Cora, viel mehr als Gea, die sie schlecht gekannt hatte. Lina aber, die schimpfende, schnappende Lina, zu ihr fühlte sich meine Mutter hingezogen, ließ sie, als sie noch zu Hause wohnte, sogar aufs Sofa springen, Hundehaare hin oder her. Mir schien jeweils, Lina schaue mich triumphierend an, als wollte sie mir sagen: Siehst du, hier werde ich geliebt, gerade so, wie ich bin. Ich musste ihr recht geben, ich liebte sie nicht immer, beschimpfte sie oft, so wie sie mich beschimpfte. Hingegen verschonte sie meine Mutter, die Hundemutter Sonja und eine weitere Freundin. Niemals wurden sie angeknurrt, niemals angeschnappt. Wieso sie genau diese drei verschonte, verstand ich nie. Gerade diese eine Freundin, die mir oft riet, Lina doch einfach zu verschenken, sie sei so ein unmögliches Tier, gerade diese Freundin wurde von Lina geliebt. Eben kommt mir in den Sinn, dass alle drei rauchten. Ob Lina vom Rauch angezogen wurde, ob sie nikotinsüchtig war?
Wir saßen zu viert im engen Zimmer und ordneten die Buchstaben zu Wörtern, in meinem Rücken das Bett, hinter meiner Mutter das Fenster. Manchmal fragte meine Mutter: Schreibt man das so? Manchmal musste ich fragen. Wir gewannen und verloren im Wechsel. Ab und zu bellte Lina, sofort fiel Cora ein. Meine Mutter erschrak. Sag ihnen, sie sollen ruhig sein, sie dürfen hier nicht bellen. Ihr vorauseilender Gehorsam ärgerte mich. War sie nicht alt genug, um endlich ihre eigene Meinung zu äußern, um

endlich die lebenslängliche Anpassung loszulassen? Sie hatte zwar ihr Zimmer für sich allein, wie es Virginia Woolf für alle Frauen forderte, aber den Engel des Hauses hatte sie noch nicht fortgeschickt.

Ich bin erstaunt. Dass sich Virginia Woolf in diesen Text drängt, habe ich nicht erwartet. Zwar steht auf meinem Büchergestell das Buch über Häuser und Wohnräume in denen sie selbst, Vita Sackville-West und deren Neffe Eddy Sackville-West lebten: Räume voller Bücher, Wände, salbeigrün und altrosa gestrichen, das Mobiliar gestaltet von Vanessa Bell, der Schwester von Virginia Woolf. Das Buch steht so im Gestell, dass ich im Vorbeigehen nicht nur den Rücken sehe, sondern die ganze vordere Seite, auf der ein taubengraublau gestrichenes Grammophon steht, eines der alten Grammophone mit einem Trichter aus Messing, der sich über den Buchdeckel biegt. Das Buch heißt *Ein Zimmer für sich allein*, doch da ich es in Italien kaufte, ist der Titel italienisch: *Stanze tutte per se*.[120] In diesem farbigen Bilderbuch zähle ich die Hunde: Insgesamt zehn Bilder finde ich. Einmal sitzt Virginia Woolf im Garten, ein Hund zu ihren Füßen, einmal führt sie zwei Hunde an der Leine. Das berühmteste Bild ist wohl das von Virgina Woolf und ihrer Geliebten Vita Sackville-West: Die beiden Frauen sitzen nebeneinander auf einer niedrigen Mauer im Gras, jede streichelt an ihrer Seite einen Hund.

Der Essay, dessen Titel das Bilderbuch trägt, basiert auf zwei Vorträgen, die Virginia Woolf 1928 hielt. Wiederentdeckt wurde sie von der neuen Frauenbewegung. Wir verstanden sofort, wovon sie sprach, vor allem die verheirateten Frauen und die Frauen mit Kindern. Wir andern hatten vielleicht etwas mehr Spielraum und eher ein eigenes Zimmer. Virginia Woolf forderte auch eigenes Geld für schreibende Frauen: *Muße und Geld und ein eigenes Zimmer.*[121] Ich dachte an den getäferten Raum mit dem überhängenden Dach vor dem Fenster. Dass dieser Raum nicht reichte, und auch das Geld nicht, das Lukas und ich für beide zugänglich in einer Schublade aufbewahrten, dass mir beides nicht genügte, um zu schreiben, hat mit dem Engel des Hauses zu tun. Diesen Engel gilt es zu töten, sagt Virginia Woolf.

> *Und das Phantom war eine Frau, und als ich sie mit der Zeit besser kennen lernte, nannte ich sie nach der Heldin eines berühmten Gedichts den »Engel im Haus«. (...) Diese Person war voll inniger Einfühlsamkeit. Sie war unendlich liebenswürdig. Sie war gänzlich selbstlos. Sie war unübertroffen in den schwierigen Künsten des Familienlebens. Täglich opferte sie sich auf. Gab es Hühnchen, nahm sie das Bein; war irgendwo Zugluft, so saß sie darin. (...) »... sei einfühlsam; sei sanft; schmeichle; täusche; brauche alle Listen und Ränke unseres Geschlechts. Lass niemanden ahnen, dass du einen eigenen Kopf hast. Und vor allem, sei keusch.« Und sie machte Anstalten, mir die Feder zu führen. Hier erwähne ich die einzige Tat, die ich mir selbst einigermaßen zugute halte, obschon das Verdienst von Rechts wegen einigen vortrefflichen meiner Vorfahren zukommt, die mir eine gewisse Geldsumme hinterließen – sagen wir fünfhundert Pfund im Jahr –, so dass ich nicht darauf angewiesen war, meinen Unterhalt allein durch Charme zu bestreiten. Ich kehrte mich gegen sie und ging ihr an die Kehle. Ich tat, was ich konnte, sie umzubringen. Meine Rechtfertigung, würde ich vor Gericht gestellt, wäre, dass ich in Notwehr gehandelt habe. Hätte ich sie nicht getötet, dann sie mich.*[122]

Jahrelang habe ich nicht mehr an diese Texte gedacht, nun erkenne ich, dass der Engel des Hauses eine genaue Beschreibung meiner Mutter ist, auch wenn sie nichts mit Schreiben zu tun hatte. Mit einer Einschränkung: Liebevoll zu uns war sie selten, liebenswürdig vor allem als Geschäftsfrau. Aber gab es Hähnchen, nahm sie das Bein, was in unserer Familie hieß: Papa bekam zum abendlichen

Café complet, das aus Brot, Butter, Konfitüre und vielleicht etwas Käse bestand, Papa bekam dazu eine Cervelat. Mama nicht. Obwohl sie etwa das doppelte Arbeitspensum erledigte. Er hatte seinen Beruf, fuhr mit einem Auto voller Herrenhüte als Vertreter zu den Hutläden in der Schweiz, oder er stand im Geschäft. Meine Mutter stand tagtäglich im Geschäft. In der düsteren Küche kochte sie jeden Mittag für drei Kinder, eben dort nähte sie die Kleider für uns alle oder strickte die kratzenden Strumpfhosen. Nebst dem Verkauf oblag ihr die Ordnung und das Putzen, genauso wie zu Hause, wo sie nach Ladenschluss kochte, putzte, bügelte. Das Wort Muße kannte sie nicht. Oder doch, in den Ferien am Meer, zwei Wochen im Jahr, bestand sie darauf, in Ruhe zu lesen. Ich liebe das Bild von ihr, das sie lesend im Liegestuhl zeigt, das unwirsche Gesicht der Betrachterin zugewandt. Lasst mich in Ruhe, sagt ihr Gesicht. Aber natürlich kochte sie auch in der Ferienwohnung, wusch und bügelte die Sommerblusen, zog die Leintücher glatt, nahm die sandigen Böden feucht auf.

Alle zwei oder drei Monate mussten im Geschäft die Schaufenster neu gestaltet werden. Das nun war die Domäne meiner Mutter, das war ihr Schreiben. Kein gekochtes Mittagessen mehr, sondern Brot und Mettwurst oder Büchsenravioli. Sie war beschäftigt, lief den ganzen Tag in dicken Socken umher, mit denen sie sorgfältig über die schon ausgestellten Stücke balancierte. Auf den Verkaufstheken standen die auszustellenden Hüte, die Hemden und Krawatten. Bring mir die getupfte, murmelte sie, den Mund voller Nadeln und kleiner Nägel, die mithalfen, die Stücke an Ort zu halten. Die Dekorationen, farbige Herbstblätter, Blütenranken und Ähnliches hatte sie im Vorfeld bereitgestellt, die raumtrennenden Gitter neu bemalt, die Girlanden frisch aufgefädelt mit Blüten in passenden Farben. Ich erinnere mich an niedere halbrunde Korpusse, die sie ständig neu bezog, bemalte, besteckte. Meine Mutter war in ihrem Element, der Engel des Hauses war fern. Doch kaum waren die Schaufenster fertig, übernahm er wieder die Führung. Nur wenn die Kundschaft die neu gestalteten Fenster rühmte, zog er sich etwas zurück. Meine Mutter nahm jedes Lob huldvoll entgegen. Weißt du, sagte sie in der Küche, eigentlich hätte ich Dekorateurin werden wollen.

Selbst im Alterszentrum gelang es dem Engel, sich in ihr kleines Zimmer zu drängen, das sie für sich allein hatte. Mama, sagte ich, du weißt, dass ich die Erlaubnis habe, die Hündinnen mitzunehmen. Ein Hund bellt ab und zu, das gehört zu ihm. Wenn du damit nicht leben kannst, komme ich nicht mehr. Sie ergab sich. Es blieb ihr nichts anderes übrig. Trotzdem genossen wir unsere Spielnachmittage. Zwei Spiele spielten wir jeweils, dann begleitete ich meine Mutter in den Raucherraum, wo sie sich neben ihre Sauerstoffflasche setzte und eine Zigarette anzündete. Ich wartete draußen mit gespitzten Ohren. Würde die Flasche in die Luft fliegen mitsamt meiner Mutter? Nie geschah etwas. Stinkend kam sie aus dem verrauchten Raum. In der Cafeteria tranken wir Kaffee und Tee, aßen Kuchen, bevor wir, gefolgt von Cora und Lina, mit dem Lift nach oben fuhren. Vielleicht tat ihr nicht nur das Spielen gut, sondern auch die Hunde, das Streicheln. Tierbesitzer, so heißt es, würden weniger häufig unter Stress, Depressionen, Ängsten und Gereiztheit leiden als andere Menschen. Auch kurze tierische Kontakte würden dazu führen, dass sich sehr alte, schwer kranke Menschen besser fühlten.

Im Allgemeinen werden Engel als hilfreich und beschützend beschrieben, nicht so Virginia Woolfs Engel. Auf dem Heimweg fragte ich mich, ob ich meinen eigenen Engel des Hauses wirklich umgebracht habe oder ob er sich noch immer in mein Schreiben mischt.

In meinem Alltag sind meine Hunde die positiven Engel. Es heißt, Hunde kennen die Seelen ihrer Menschen und trösten sie, wenn sie traurig sind. Allerdings hat mein Weinen keine meiner Hündinnen je dazu veranlasst, mit mir zu kuscheln oder mir gar die Tränen vom Gesicht zu lecken. Und doch: Die enge Verbindung ist da. Selbst meine Gedanken beeinflussen die Hündinnen. Das wollte ich lange nicht so recht glauben, bis Cora es mir bewies.

Sie war eine Jägerin, Cora, jagte nicht nur die Hasen durch die Rebberge, ohne je einen zu erwischen. Einmal legte sie mir eine verletzte Taube vor die Füße, ganz sanft trug sie das Tier im Maul. Leider konnte ich der Taube nicht helfen, legte sie unter einen Baum und sprach ein Gebet für sie, wahrscheinlich das italienische *Ave Maria*, das mir besser passt als das deutsche, wohl weil ich mit der italienischen Version keine unangenehmen Erinnerungen verbinde. Zur italienischen Jagdzeit, im September, war ich immer in Sorge um meine Hündinnen, traute den bewaffneten Männern nicht, die unterhalb des AHV-Wegs die im Hof aufgezogenen und kürzlich ausgesetzten Rebhühner und Fasane schossen. Schießen im eigenen Hühnerhof, spottete Roberta, und das nennen sie Jagd, die tapferen Männer.

Eines Abends klopfte einer der Jäger bei mir an, einen Fasan in der Hand, den er mir partout schenken wollte. Cora habe ihm den Fasan zugejagt, so ein toller Jagdhund, ob sie wohl käuflich sei. Ich wies beide Ansinnen ab.

In Zürich jagte Cora Velos. Auf dem Limmatweg wurde ich oft wüst beschimpft. Wie aber ihr das Velo-Jagen abgewöhnen? Die Hundetrainerin riet zur Ablenkung. Johanna und ich standen nun ständig am Wegrand, bückten uns, um einen Löwenzahn zu bewundern oder Bärlauch zu beriechen. Einige Male gelang es, Cora abzulenken, doch lange hielt das nicht hin. Velos waren interessanter als Unkraut am Wegrand. Du bist es, sagte Johanna zu mir. Du musst dich entspannen, nicht an Velos denken und nicht daran, was passieren könnte. Es stimmte, ich machte mir schon vor dem Spaziergang Sorgen. Also versuchte ich mich zu lösen, sah in den Himmel und vergaß die Velos, auch wenn mir ihre Räder in den Ohren surrten. Coras Irritation war spürbar, sie schaute mich an, schaute das Velo an, zögerte, rannte halbherzig hinterher, bremste ab, schaute zu mir. Soll ich oder soll ich nicht? Ich rief sie nicht zurück, gab ihr auch innerlich keine Antwort, machte mich so leer wie möglich. In wenigen Tage verlor Cora das Interesse an den Velos. Das Jagen war kein Thema mehr. Cora hatte mir bewiesen, dass sie selbst meine mir unbewussten Zeichen lesen konnte.

Das bewies auch der kluge Hans. Der in Deutschland lebende kluge Hans wurde Anfang des 20. Jahrhunderts als rechnendes Pferd weltberühmt. Die Resultate tat das Pferd mit Klopfen kund. Der Besitzer des Pferdes, ein ehemaliger Lehrer, arbeitete täglich zwei Stunden mit Hans. Lange Zeit gelang es niemandem, nachzuweisen, was dahintersteckte. Man sprach von Telepathie, von geheimen Zeichen. Doch der Besitzer war sich seiner Sache und seines Pferdes so sicher, dass er spazieren ging, während andere Menschen seinem Pferd die Aufgaben stellten, die es auch in dieser Situation bravourös löste.
Erst nach genauer Prüfung zeigte sich: Hans, ein wirklich kluges und aufmerksames Tier, reagierte auf die kleinste Kopfbewegung seines Gegenübers, die dann eintrat, wenn er mit dem Huf die richtige Antwort klopfte. Hans hatte nie rechnen gelernt, doch begriffen, dass er beim leisesten Kopfnicken mit Klopfen beginnen und beim nächsten Nicken damit aufhören sollte. Offenbar wurde diese Bewegung von allen, die mitrechneten, unwillkürlich ausgeführt. Damit wurde Hans *zum Paradebeispiel dafür, wie Forscher ihre Experimente unbewusst beeinflussen.*[123]

Die Joyce-Ausstellung im Museum Strauhof, die ich vor einiger Zeit besuchte, hatte offiziell nichts zu tun mit Tierexperimenten oder Hunden. Für mich aber war ein Hund dabei, als ich mich durch einige der hundert Textausschnitte von *Ulysses* las. Der *Üliss* meiner Kindheit geisterte durch die Ausstellung, schmutzig, stinkend strich er mir um die Beine. Er ließ sich nicht wegschicken, gehörte aber definitiv nicht in diese gepflegte Umgebung, in der nur halblaut gesprochen wurde. Jetzt bellte er mich auch noch an. Außer mir schien ihn niemand zu hören. Auch ich ignorierte ihn nun, worauf er blasser wurde und verschwand. *Üliss*, der erste Hund in meinem Leben.

Am meisten faszinierte mich die von Joyce aufgezeichnete Struktur seines Textes, ein Schema, das die ganze Wand im oberen Stock einnahm. Zu jedem der achtzehn Kapitel stand da der Titel des Kapitels, der Ort, wo es spielt *(the house, the bath...)*, die Stunde, das zugehörige Organ *(kidney, heart...)*, die Farbe des Kapitels *(yellow, red, green...)* und so weiter, insgesamt acht Spalten.

Das Joyce'sche Schema regt mich an, an meiner eigenen wenig komplexen Struktur herumzudenken. Die am Schrank hängenden Zettel sind nicht viel mehr als Erinnerungsstützen. Etwas weiter führen die Farben im bestehenden Text, mit denen ich die Inhalte bezeichnet habe: Schreiben / Erinnerung / Cora / Gea. Müsste ich genauer werden? Ein einfaches Schema erstellen darüber, was ich wo erzähle und wie die Verbindungslinien sind? Und vor allem: mir aufschreiben, was wo fehlt? Eine nächtliche Denkaufgabe für wache Stunden.

Johanna versteht meine Begeisterung nicht so recht. Wie funktioniert dieses Schema? Was ist der Sinn davon? Ich verheddere mich beim Erklären, weil mir innerlich alles klar ist, weil meine Fragestellungen andere sind als ihre. Schon verbinde ich Joyces Schema mit meinem Text. Nein, sie kann es nicht verstehen, und trotzdem die Freude, dass

da eine ist, die zuhört, die sich um Verstehen bemüht. Mir wird warm vor Zuneigung, auch wenn ein Teil meiner Faszination nicht erklärbar ist, vielleicht auch nicht erklärt werden soll. Tief im Schema steckt ein Geheimnis, das mich anrührt, an das ich rühre, das aber auch ich nicht entschlüssle und das im Erzählen sich zurückzieht.
Und doch erzählen. Einer, die interessiert ist, zuhört, mitdenkt. Johannas gescheite Analysen, die ich so sehr schätze, ihre Anregungen, ihre Kritik. Ihre Liebe. Noch ist sie da, noch sind wir da. Noch schreibe ich an meinem Text und hoffe, ihn irgendwann zu beenden.
Ich denke an ein Radio-Interview mit Hugo Lötscher, der sagte – zumindest wiederholt es meine Erinnerung so – der sagte: Schriftsteller können nie sterben, immer haben sie ein Manuskript zu beenden. Ich glaube, er starb über einem unvollendeten Manuskript, mitten im Schreiben. Und doch begleitet mich sein Satz wie eine Hoffnung.

Noch bist du da
Wirf deine Angst
in die Luft
Bald
ist deine Zeit um
bald
wächst der Himmel
unter dem Gras
fallen deine Träume
ins Nirgends
(…)
noch darfst du lieben
Worte verschenken
noch bist du da
(…)[124]
Rose Ausländer

Eine Freundin schickt mir ein paar Seiten aus einem Comic-Buch. Das kurze Kapitel handelt von Hunden, von *Dogs* und *Dogstories*. Die Autorin empfiehlt der Leserin, alle Hunde aufzulisten, die sie je gekannt habe und fragt: Wie viele Hunde würden auf deiner Liste stehen?

> *Es kann sein, dass du unvergessene Hunde findest, aber richtig erinnert werden sie erst, wenn du sie mit deiner Feder rufst. (... you may find dogs not forgotten – but not remembered either – until you call them with your pen ...)*[125]
> Lynda Barry

Ist es das, was ich tue: die Hunde rufen? Meine Hündinnen, alle fünf, wobei ich eine noch berühren kann, aber auch fremde Hunde: der Hund, der Gea gebissen hat, die spielenden Hunde im Tal, die Schlag zwölf nach Hause rannten, die Hunde und Hündinnen meiner Nachbarinnen im italienischen Dorf, die meiner Zürcher Nachbarinnen: Kiro, Neo, Mila, Ronny, Charly, Saba, Bacio, Matti, Yuma.

Ich rufe alle sardischen Hunde, erinnere mich an die Hunde, die im Rudel ausschwärmten, gemeinsam durch den Eukalyptuswald streiften oder über den Strand, abends nach Hause gingen und sich auf die Fußmatten legten vor ihren jeweiligen Häusern, zu denen sie gehörten, auch wenn die Menschen nicht immer für sie sorgten.

Ich erinnere mich an die Hündin der Nachbarin, Scag, die uns beim Holzsuchen zuschaute und ebenfalls begann, kleine Stöcke und Stecken nach Hause zu tragen, an Timido, den scheuen Schäferhund, der sich dem kleinen Sohn der Nachbarin anschloss und ihn überallhin begleitete. Ich erinnere mich daran, dass Scag und Timido und viele andere vergiftet wurden, dass sie schmerzvoll starben, sterbend oder schon tot herumlagen in den Straßen, viele Hunde, erzählte die Nachbarin, deren Sohn Timido so sehr vermisste.

Ich erinnere mich an die Hündin am Meer, die ihre Jungen unter dem Holzboden einer Imbissbude versteckte, versorgt mit Fressen von den Menschen, bis jemand die Hündin tötete und die Menschen rundherum die kleinen Hunde unter sich verteilten.
Ich erinnere mich an die Schachtel neben der Kasse bei den Ausgrabungen in Tharros mit den fünf Hündchen mit ihren neugierigen Augen und an den handgeschriebenen Zettel: Gratis zum Mitnehmen.
Ich erinnere mich an Lea, Linas Mutter, die im Hof meiner sardischen Familie lebte. Bis heute lebt eine Lea da im Hof, eine kleine braune Hündin in endloser Folge, Lea war alt, Lea war jung, immer war sie da.
Ich rufe alle sizilianischen Hunde, die uns auf Spaziergängen begleiteten, an der Autotüre kratzten und unbedingt mitfahren wollten, Niemandshunde, wie auch die beiden abgemagerten Hunde an der Straße. Ich erinnere mich wie der eine im strömenden Regen mitten auf der Fahrbahn stehen blieb, bereit, sich überfahren zu lassen. Zum Glück waren wir langsam unterwegs. Erst als ich ausstieg, zog er sich zurück hinter eine Hecke, wo der andere wartete. Ich erinnere mich an das Auto mit italienischen Kennzeichen, das am Straßenrand anhielt, an die Frau, die ausstieg, aus dem Kofferraum Hundefutter holte, das sie in Haufen am Straßenrand deponierte.
Ich rufe die vielen Hunde in kleinsten Gehegen in meinem italienischen Dorf, die uns anbellten im Vorbeigehen und die nur einmal jährlich, zur Jagd, frei rennen durften: Snoopy, Rancher, Carina, und an Poldino, der regelmäßig aus dem umzäunten Garten ausbrach, niemand wusste wie, und der nach dem Einfangen zur Strafe jeweils drei Tage in die Garage gesperrt wurde. Heute begleiten viele Hunde ihre Menschen in die Rebberge, auf Spaziergängen und Radtouren.
Ich erinnere mich an Luna im Vorgarten mit ihren sieben

Jungen: kleine schwarze Kugeln, die einander spielerisch bissen.

Ich erinnere mich an die Jungen von Salvatores Hündin, die wir in seiner Garage besuchen durften, und die unter den aufmerksamen Blicken ihrer Mutter, in Windeseile Johanna und mir die Schnürsenkel aus den Schuhen zogen. Ich erinnere mich daran, dass genau diese fürsorgliche Hundemutter eines Tages die Hauskatze in der Luft zerriss.

Ich erinnere mich an die schwarz-weiße Hündin des *barista*, mit der er jeden Montag, wenn die Bar geschlossen war, spazieren ging. Oft trafen wir uns auf dem AHV-Weg. Er befürchtete, dass unsere Hündinnen sich nicht vertragen würden, doch sie grüßten sich respektvoll auf Hundeart, schnupperten hinten, nachdem sie vorne geschnuppert und die Ohren untersucht hatten.

Ich erinnere mich an die hochbeinige Hündin des dicken Mannes, der dank der langen Spaziergänge mit ihr schlank wurde. Doch die Hündin starb, vergiftet, erzählte er, und sein Gewicht stieg wieder.

Ich erinnere mich an Willi, den kleinen schwarzen Wuschelhund meines Nachbarn, der den großen Hof bewachte und oft bellte. *Più voce che cane*, befand meine Nachbarin gegenüber, mehr Stimme als Hund.

Ich erinnere mich an Arianas kläffende Hündchen, die sie sonntags durch das Dorf führte, ein lärmiges Spektakel. *Sono terribili*, sagte sie entschuldigend, einfach schrecklich.

Ich erinnere mich an alle die Hunde und Hündinnen, die mit mir und meinen beiden vor der Kirche standen in meinem italienischen Dorf, jeweils im Januar, wartend in der Kälte auf das Ende der Messe, bis der Pfarrer die Runde machte zwischen den Tieren, sie laut segnete und der Ministrant den Weihrauch großzügig verteilte. Auch ein paar Hühner im Käfig standen auf dem Vorplatz der Kirche, ein Pony, ein Esel, ein Junge trug eine Schildkröte herbei, all das Getier wartete nebst unzähligen Hunden und einigen

maunzenden Katzen. Gesegnet gingen wir nach Hause. *Gli manca solo la parola,* heißt es in Italien von den Hunden, manchmal sogar: *Sono cristiani come noi.* Es fehlt ihnen nur die Sprache. Und: Sie sind Christen wie wir.
Ein Esel ist ebenso gut ein Mensch wie wir, soll Else Lasker-Schüler in einem Streit mit arabischen Eselsführern ausgerufen haben.
Ich denke an alle Limmathunde, deren Namen ich nicht kenne, und an die, deren Namen ich weiß: An die lebhafte Gina und an Flynn und Jimmy, ein Paar das mich an Cora und Lina erinnert. Ich rufe Dada und Peppe, die kürzlich verstorben sind, ihren trauernden Menschen begegne ich wochenlang nicht. Bis die beiden Frauen wieder an der Limmat auftauchen, trauernd und strahlend zugleich, die eine mit Figaro, die andere mit Moly.

Auf diesem Limmatuferweg hatten mich die Hundemenschen nicht mehr erkannt, als ich ihn hundelos ging.

Ich erinnere mich an den Begleithund einer Kursteilnehmerin im Rollstuhl, der die um meinen Stuhl verstreuten Utensilien, einen Stift, ein Tüchlein, aufhob und mir in den Schoß warf.
Ich erinnere mich an den kleinen dunklen Hund, dessen Hinterteil in einem Gestell hing mit Rädern, das ihm ermöglichte, trotz gelähmter Hinterbeine herumzurennen.
Ich erinnere mich an die alte Hündin im Kinderwagen, die nur noch wenige Schritte gehen konnte.
Ich erinnere mich an Fanjo, der meine ehemalige Nachbarin mit seinem Eigensinn herausforderte, bis sie für ihn ein neues Zuhause suchte und fand. Stattdessen kam Balu zu ihr, ein übergewichtiger Hund, der sie mit verliebten Augen ansah und der dank ihrer Fürsorge schon etliche Kilos verloren hat.
Und ich erinnere mich an Colla, der Hilfe holte, als meine

Freundin in den winterlichen Rhein stieg, und der vergeblich auf ihre Rückkehr wartete, als sie die Reuss wählte für ihren Tod.

Ich erinnere mich an die Expats-Hunde, deren Spazierwege ich jeden Morgen kreuze und mit deren Menschen ich mich auf Englisch unterhalte. Ich erinnere mich an den kleinen, hellbraunen Hund von heute Morgen, der Cima zum Rennen verlocken wollte, der jedoch, als er einen ebenso kleinen schwarzen Hund sah, sich auf diesen stürzte. Der Schwarze ließ sich fallen, rollte sich, bot den ungeschützten Bauch, die Kehle dar, der Hellbraune warf sich auf ihn, umarmt kugelten sie vor Cimas staunenden Augen. *They know each other?*, fragte ich. *Oh yes*, antwortete der Mensch des Schwarzen, sie hätten sich lange nicht gesehen. Nun konnten sie sich kaum mehr lösen voneinander vor lauter Wiedersehensfreude.

Ich rufe den Hund, der meinen Vater gebissen hatte, als ich etwa zehn Jahre alt war. Unzählige Male hatte mein Vater ihn schon gefüttert. Immer, wenn wir am Samstag nach Ladenschluss in unsere Ferienwohnung fuhren, eine Wohnung mit fließend kaltem Wasser und einem Holzherd in der Küche, einem Kanonenofen in der Stube, einem Plumpsklo auf der Laube, jedes Mal fuhr mein Vater nach dem Sihltal über den Cholerei. Auf dem Schoß meiner Mutter lag das Päckchen für den Hund, der in einem kleinen, an die Scheune angebauten Verschlag hauste. Papa hielt an, wir alle stiegen aus, nähern durfte sich nur Papa, so befahl er, nahm aus Mamas Hand das Päckchen und reichte dem wedelnden Hund die Speckschwarte, die Wursthäute, das harte Brot. Jeden Samstag verschwand alles im Nu. Bis an jenem letzten Samstag, an dem der Hund zubiss. Vielleicht hatte er das Brot verfehlt, vielleicht war er schlechter Laune, vielleicht roch mein Vater anders, der Hund biss zu, und Mama knotete ein Taschentuch um Papas blutende Hand.

Ich rufe alle Hunde im Netz, die auf ein Daheim warten. Als ich nach Puntas Tod eine Hündin suchte, schaute ich sie täglich an, erinnere mich an die verschreckten, aufgeweckten, fragenden Hundegesichter. Für die rothaarig Gelockte konnte Johanna sich nicht erwärmen. Doch sprachen wir täglich von Wulli, wie Johanna sie nannte, so lange, bis Johanna fand, vielleicht wäre sie doch die Richtige, doch da war Wulli schon vergeben.

Ich rufe Üliss, der am Anfang der Kette stand, der stinkende Hund unserer Nachbarin mit dem seltsamen Namen, der sich als äußerst literarisch herausstellte, vielleicht meine erste Verbindung war von Hund und Schreiben.

Ich rufe alle papierenen Hunde, erinnere mich an die schon erwähnten aus den Kinder- und Jugendbüchern: an Stierkopf bei Dickens, an Piddle bei Lisa Tetzner und Piefke bei Erich Kästner, erinnere mich an *Das Scheusal* bei Alice Herdan-Zuckmayer[126], an *Der beste Hund der Welt* von Sharon Creech[127]. Ich erinnere mich an Büffel und seine Untaten, von denen ich in einer Zeitschrift beim Tierarzt las. Ganz zufällig, nur weil das Impfen anstand, erfuhr ich in der letzten Kolumne von seinem Tod. Ich denke an Erik, den Hund von Nasta Loika. Weil sie sich für Menschenrechte einsetzte, sitzt sie in Belarus im Gefängnis, von wo sie Erik einen Abschiedsbrief schrieb: *Verzeih mir, dass ich jetzt nicht mehr dein Frauchen bin.*[128]

Ich erinnere mich an die gemalten Dackel von David Hockney.

> *I painted and drew my dogs. This took a certain amount of planning, since dogs are generally not interested in Art. (…) Food and love dominate their lives.*[129]

Auch Virginia Woolf schrieb über einen Hund. *Flush* heißt ihr Buch, in dem sie die Liebe zwischen der Dichterin Elizabeth Barrett und Flush beschreibt.[130] Virgina Woolf lebte seit ihrer Kindheit mit Hunden. Sie wusste genau, welche Töne sie beim Träumen von sich geben, wie sie sich anschmiegen, wie sie ihre Wünsche ausdrücken und wie sie sich zum Schlafen zusammenkugeln. Virgina und ihre Geschwister wuchsen auf mit Shag, einem Terrier, der zur Rattenjagd geschickt wurde, später gehörte ein Schäferhund zur Familie, den aber ihre Schwester bei ihrer Heirat mit sich nahm. So adoptierte die Familie einen Hund aus dem *Lostdoghome*, einen Boxer, dem Virginia beibrachte, die Zündhölzer zu löschen, mit denen sie ihre Zigaretten anzündete. Diesen Trick lehrte sie alle folgende Hunde. *Sie können es sentimental nennen, soll sie gesagt haben, aber für mich repräsentieren Hunde die persönliche Seite des Lebens, die spielerische.*[131]

Flush erschien 1933. Vergebens suche ich das Buch im Gestell. Unmöglich, dass ich es wegegeben hätte. Doch es steht nicht bei den Büchern über Sprache und Schreiben, wo ich Woolfs Essays eingeordnet habe, es steht nicht bei ihren Tagebüchern, die mir Verena Stefan vermachte, als sie nach Kanada zog, ich finde es nicht auf dem Regal, wo die Bücher liegen, die in diesem Text eine Rolle spielen sollen. Eines unter diesen Büchern heißt *Hunde mitzubringen ist erlaubt – Ein literarischer Salon*[132], ein Geschenk von Verena Stefan. Hier entdecke ich alle Berühmtheiten, die über Hunde schrieben: Rilke, Kafka und Thomas Mann, Tolstoi, Tschechow und Gogol, Frauen sind wenig vertreten, neben Woolf noch die Herausgeberin selbst, dann Marie von Ebner-Eschenbach, Veza Canetti und Hildegard von Bingen. Ob Herausgeberin und Herausgeber keinen Wert auf Ausgewogenheit legten oder Frauen Hunde weniger zum Thema machen? Nebst diesem Buch findet sich ein ganzer Stapel Bücher, in denen Hunde eine Rolle spielen, nicht aber *Flush*.
Virginia Woolf lässt Flush erzählen, durch Flushs Augen und vor allem durch seine Nase erfährt die Leserin von

seiner Herrin, durch ihn lernt sie deren Leben kennen. Er ist der Hund der Dichterin Elizabeth Barrett. Er wird ihr geschenkt, als sie krank im Bett liegt. Es ist Flushs Nase, die mich, die Leserin, in ihr Haus führt, die Treppen hinauf und vorbei an Düften von schmorendem Geflügel, von siedenden Suppen, an Düften von Zedernholz, Sandelholz und Mahagoni, an Düften von männlichen und weiblichen Körpern, Dienstboten, Jacken und Hosen, vorbei an Rauch von Zigarren und Weingerüchen.

Im *literarischen Salon* finde ich die Annäherung von Hund und Herrin:

> *Zwischen ihnen lag die breiteste Kluft, die zwei Wesen voneinander trennen kann. Sie konnte sprechen. Er war stumm. Sie war Frau; er war Hund. So eng verbunden, so unendlich weit getrennt, starrten sie einander an. Dann sprang Flush mit einem Satz aufs Sofa und legte sich, wo er fortan für alle Zeiten liegen sollte – auf die Decke zu Miss Barretts Füßen.*[133]

Ich erinnere mich an diese enge Verbindung, daran, dass Flush gar nicht einverstanden war mit Robert Browning, der plötzlich ins Leben von ihm und Elizabeth Barrett eindrang. Lernte er ihn lieben? Akzeptieren? Tolerieren? Ich erinnere mich an die Szene, wo beide Menschen an einem Tisch sitzen und schreiben, etwas entfernt auf dem weiten Platz liegt Flush, der ihnen zufrieden zuschaut. Lag er im Schatten? Lag er in der Sonne? Es ist eine Szene, in der Schreiben und Hund verbunden werden. Vielleicht hätten die beiden am Tisch ganz anders und ganz anderes geschrieben ohne den beobachtenden Hund.

Virginia Woolf schrieb *Flush* nach *Wellen*, einem Buch, das sie erschöpft hatte. Es erschöpft auch mich als Leserin, dem Gedankenfluss der beschriebenen Menschen zu folgen. Sie also wollte sich erholen und schrieb quasi als Spielerei aus der Sicht des Hundes, nachdem sie die Liebesbriefe von Elizabeth Barrett und Robert Browning gelesen hatte. Sie schreibe mit leiser Ironie, lese ich in einem Blog, und sie habe etwas Angst gehabt, dass dieses Buch ihrem ernsthafteren Schreiben schaden könnte.[134]

Die Geschichte von *Flush* erschien 1933. 66 Jahre später, 1999, veröffentlichte Luise Rinser eine Legende: *Bruder Hund*.[135] Es war ihr letztes Buch, sie starb drei Jahre später. Auch dieser Text ist aus der Sicht des Hundes geschrieben, auch hier geht es um das Verhältnis von Mensch und Tier. Luise Rinser lässt den erzählenden Hund Jesus folgen und wirft so einen ganz neuen, eigenen Blick auf die bekannte Geschichte. Oft wird Bruder Hund weggejagt, geplagt, Jesus aber liebt ihn, wie er alle Kreaturen liebt und auch seine Jünger dazu aufruft: *Mensch und Tier sind heilig, weißt du das immer noch nicht?* Ich denke an alle die Tiere in den Tierfabriken, und staune über diesen hellsichtigen Text. Ich kann mich an einige Bücher von ihr erinnern, die ich gerne gelesen habe: *Die gläsernen Ringe* über ihre Kindheit, oder das *Gefängnistagebuch*. Ein Zitat daraus finde ich in meinem Heft mit Zitaten zum Schreiben:

> *Manchmal tröstet mich nichts als der Gedanke, dass ich alle diese Erlebnisse eines Tages, falls ich diesem Verfahren entrinnen sollte, als Roman oder Erzählung gestalten werde.*[136]
>
> Luise Rinser

Wieso suche ich Luise Rinser im Netz? Ich weiß es nicht. Wollte ich mehr wissen über den *Bruder Hund*? Was ich finde, erschüttert mich.

> *Rinsers Positionierung im ›Dritten Reich‹ ist mittlerweile nicht mehr umstritten: Dokumente zeigen, dass sie ihre Rolle vor allem in den ersten Jahren der NS-Diktatur nachträglich schönte. José Sanchez de Murillos im April 2011 in Deutschland erschienene Biographie ›Luise Rinser – Ein Leben in Widersprüchen‹ nimmt zahlreiche und wesentliche Richtigstellungen an Rinsers eigener Lebensdarstellung in der*

Nazi-Zeit vor. Laut Murillo hat Rinser nachweislich 1933 als Junglehrerin ihren jüdischen Schuldirektor denunziert (sie beschwerte sich über dessen angeblich schlampige Arbeit) und soll damit ihre eigene Karriere befördert haben. Murillo schreibt: »Luise Rinser war in der Nazi-Zeit ebenso verstrickt wie viele andere« und ergänzt in Interviews: »Faktisch gesehen hat sie gelogen – uns alle angelogen.«[137]

Luise Rinser, diese Vorzeigefigur – linke Katholikin, Vegetarierin, die sich für die Rechte der Tiere einsetzt, die von den Grünen 1984 als Bundespräsidentin vorgeschlagen wurde –, diese Luise Rinser hat ihre Biografie aktiv geschönt, um zu verbergen, dass sie eine Denunziantin gewesen war. Nicht geschwiegen hat sie hingegen über ihre zweimonatige Haft unter der Naziherrschaft.

Ihre Lüge hat sie ein Leben lang begleitet. Dass sie verführbar war als junge Frau, wer will ihr das vorwerfen? Mir wäre lieber, sie wäre es nicht gewesen. Aber sie war verführbar, wie viele andere auch, wie vielleicht auch ich gewesen wäre. Dass sie diese Verführbarkeit nie eingestanden, nie bereut, sondern sogar aktiv umgedeutet hat, das kann ich weder verstehen noch entschuldigen. Wie lebt man mit einer solchen Lebenslüge? Gelingt es, die eigene Geschichte völlig neu zu denken, die Erinnerungen umzuschreiben?

Wie viel Unsagbares verstecke ich in mir? Wovor verschließe ich die Augen?

Das interessanteste Buch über einen Hund schrieb die schwedische Autorin Kerstin Ekman.[138] Mich fasziniert, dass die Erzählerin, anders als Virgina Woolf oder Luise Rinser, ganz nah beim Hund bleibt, mir erzählt, was er riecht, was er hört. Es gibt keine Beziehungen zu Menschen, keinen Hundeblick auf den Menschen, und ebenso wenig wird der namenlose Hund vermenschlicht. Sie schreibt, als wäre sie der Hund selbst, ausgesetzt der Kälte, dem Hunger, sie ist der Hund, der überleben will.

Über viele Buchseiten geistern Hunde, viele Autorinnen und Autoren lebten mit Hunden, einige schrieben über sie. Immer wieder legen sich mir Buchhunde zu Füßen, wollen gestreichelt und gehätschelt werden, während ich von ihnen lese, Wortwesen, doch so real wie der Hund der neben mir im Bett oder auf meinen Knien liegt.

Lesen und schreiben sind eng verbunden und doch zwei verschiedene Dinge. Lesend nehme ich auf, was andere geschrieben haben. Ich lerne aus Texten, entdecke Worte für mein eigenes Erleben, für meine Gefühle, finde mich gespiegelt in den erzählten Papiermenschen, die den lebendigen so sehr ähneln. Ich lasse mich entführen in Gegenden, in denen ich nie war, erlebe Bräuche mit, die ich nie sah, tanze Nächte durch oder besaufe mich sinnlos, lasse mich verprügeln und wieder aufpäppeln, ich sterbe hunderte von Toden und werde immer wieder geboren, ich bin wieder Kind, ich bin Mann, Frau und alles dazwischen, bin alt und jung. Und ich bin sogar sportlich, ich weiß, welche Muskeln schmerzen beim Joggen, beim Rudern. Das alles erfahre ich aus Büchern. Leser und Leserinnen leben mehrere Leben.

Wie viele Leben leben Schriftstellerinnen?

Und was geschieht beim Schreiben? Diese Frage stellt sich Beat Gloor in seinem Buch *staat / sex / amen,* in dem er 81 Sprachbeobachtungen versammelt.[139] Aber wo ist das Buch? Es ist entschwunden wie *Flush*. Ich durchsuche die Büchergestelle, jedenfalls die, in denen es sein könnte, die mit den Schreib- und Sprachbüchern, mit den Sprachspielbüchern und Anagrammen. Das Buch ist goldfarbig, denke ich, es muss zu finden sein. Nichts zu wollen. Dann halt einen Ordner durchsuchen und einen zweiten, Ordner mit Materialien zum Thema Schreiben. Ich weiß, dass ich den Text einst kopierte für eine Kursgruppe. Jetzt jedenfalls ist er nicht mehr aufzufinden. Aufgeben? Nein. Ich durchsuche das Regal, wo die Unterlagen für diesen Text liegen: ausgedruckte Artikel, Bücher, erste Entwürfe. Nichts. Und alles nochmals von vorn. Nichts. Dann fällt mein Blick auf den Servierwagen, der voll bepackt unter einem Tisch steht. Schreibhefte, Hefte voller Kritiken, eine Schachtel mit einer Mappe, in der ein erster Ausdruck dieses Manuskripts liegt. So dick wie die Schachtel kann dieser Ausdruck gar nicht sein, denke ich, hebe die Mappe an, und da sind sie: *Flush* und Gloor und noch andere, gut versorgt für späteren Gebrauch.

Natürlich muss ich sofort in dem wiedergefundenen *Flush* blättern. Finde ich den sonnigen Platz mit den beiden Schreibenden und dem beobachtenden Hund? Ich finde den Platz am Ende des Buches, einen Platz in Florenz, über dem ein glühend heißer Nachmittag liegt. Flush legt sich in den Schatten des Korbes der Gemüseverkäuferin und schläft ein: *Er schlief, wie Hunde schlafen, wenn sie träumen. Nun zuckten seine Beine – träumte er, dass er in Spanien Kaninchen jagte? Dann lag er wieder still. Und nun kläffte er schnell und leise viele Male hintereinander.*[140] Genau so träumten meine Hündinnen, genau so träumt Cima. Flush also liegt im Schatten und träumt, weit und breit nichts von einem schreibenden Paar. Dieses habe ich der Szene hinzugefügt. Ich bin ein bisschen enttäuscht, dass sie nicht da sind, sondern zu Hause, in der Kühle, dass sie nicht dasitzen und schreiben, beobachtet von Flush. Dieser rennt nach seinem Erwachen nach Hause, springt in die Arme von Elisabeth Barret Browning – und stirbt. Dass Flush starb, so Virginia Woolf in den Anmerkungen, sei belegt, doch die Art und

Weise musste sie erfinden, wie vieles in diesem Hundeleben, das allerdings durch die Briefe der beiden Liebenden, Elisabeth und Robert, gut dokumentiert ist.

Was geschieht beim Schreiben? Die direkte Beobachtung Schreibender gebe keinen Aufschluss über die Überlegungen und Automatismen, es fehle der Blick unter die Oberfläche. Was aber möglich ist, laut Gloor, ist das Beschreiben des Vorgangs, wobei zu bedenken ist: *Das Bewusstmachen eines Vorgangs verändert – wie so oft – den Vorgang selbst.*[141]
Den Vorgang des Schreibens unterteilt Gloor in vier Punkte: Das Werkzeug, für das es sich zu entscheiden gilt, die sprachlichen Konventionen, die beachtet werden müssen, eine Planungsphase, in der sich entscheidet, wovon der Text erzählt, wie er aufgebaut ist, und in der auch der Ton des Textes gefunden wird. *Der Löwenanteil des Schreibens ist das Überarbeiten,* heißt es im vierten Punkt. Kurz gesagt: Ich brauche ein Werkzeug, kenne die Sprache, in der ich schreiben will und ihre Grammatik, plane den Text und überarbeite ihn. Das klingt nicht so kompliziert.
Und doch.

> *Schreiben ist keine mechanische Wiedergabe von Gedanken, sondern ein Eintauchen in die Grauzone zwischen dem Gedanken und seinem grafischen Ausdruck, zwischen einem noch nicht ganz fassbaren Bild und einer Kette von Buchstaben mit einer nachvollziehbaren Bedeutung, zwischen Halbtraum und papierner Halbwirklichkeit.*[142]

Halbtraum ist ein schönes Wort für das, was andere den Flow nennen, dieses Eintauchen in eine andere Welt, bei der andere Hirnareale aktiv sind, als beim wachen Sein im Alltag. Nehme ich dem Halbtraum das t weg, entsteht ein Halbraum, ein vorsprachlicher Raum, in dem Schreiben beginnt, ein Raum, in dem der ungeschriebene Text auftaucht, noch bevor sich Wörter zu Sätzen formen, die dann im Halbtraum aufscheinen und die nie so wiedergegeben werden können, wie sie sich erstmals zeigen. Nochmals Gloor:

> *Der Schreibstau ist die Befürchtung, das Ergebnis reiche nicht ans innere Original heran – und deshalb immer berechtigt.*[143]

In jedem Schreibprojekt steckt das Ungenügen, das Scheitern. Wieso soll ich es denn überhaupt versuchen? Will ich mich zufrieden geben mit dem nur halb gelungenen, mit dem Beinahe? Bleibt mir etwas anderes übrig?

> *Mit 25 bildete ich mir noch viel darauf ein, meine eigene Arbeit objektiv beurteilen zu können, während ich heute weiß, dass die Lücke zwischen den eigenen Ambitionen und dem, was man zu Papier bringt, nicht zu schließen ist und dass Schreiben immer auch Scheitern bedeutet.*[144]
> Zadie Smith

Ist Schreiben also zu wagen, auch wenn man eine Suchende und kein Genie ist?

Der Zweifel ist mein ständiger Begleiter, vielleicht seit damals, als bei der Abschlussprüfung an der Diplommittelschule dieses Wort als Aufsatz-Titel vorgegeben worden war. Die Prüfung hatte ein Nachspiel, nicht für mich, aber für meine beste Freundin und Konkurrentin um die Gunst der Deutschlehrerin. Sie hatte eine Familie Zweifel erfunden, nicht die bekannte Pommes-Chips-Familie, sondern eine eigene Familie Zweifel, die wohl von vielen Zweifeln geplagt war. Ihr Aufsatz führte zur Spaltung der Lehrerschaft: Grandios, die einen, Blödsinn, Frechheit, Thema verfehlt, die anderen. Meine Freundin wurde vorgeladen, es gab Gespräche und Überzeugungsversuche hin und her. Nein, entschuldigen tat sich meine Freundin nicht. Wofür auch? Sie hatte einen Aufsatz abgeliefert und sich an den

Titel gehalten. Oder etwa nicht? Nach längeren Debatten wurde ihr das Diplom ausgehändigt. Mir blieb der Zweifel hängen. Wieso war ich selbst nicht auf eine solche Idee gekommen? Ich hatte wohl eine banale und langweilige Auseinandersetzung abgegeben: Wenn man zweifelt, dann... Zweifel führt zu... Aber ohne Zweifel ist...
Seither begleitet mich bei meinen Texten die Frage, ob das, was ich schreibe, überhaupt jemanden interessieren könnte. Ob ich den Text nicht nochmals und nochmals gegen den Strich bürsten müsste, so wie ich die Felle meiner Hündinnen zuerst gegen den Strich und erst in einem zweiten Schritt mit dem Strich bürste, bis sich das Fell glänzend um den Hundekörper legt.

Schreiben heißt sich entscheiden, für oder gegen jedes Wort, für oder gegen jeden Satz. Das sagte ich jeweils meinen Kursteilnehmerinnen. Bei Judith Hermann lese ich: *Schreiben heißt zeigen und es heißt verbergen.*[145]

Gloor beschreibt am Ende seines Textes die verschiedenen Schreibtypen: Die *Denken-schreiben-denken-Menschen,* die *Lange-denken-schreiben-in-einem-Zug-Menschen,* die *Menschen, die einfach beginnen und schauen, wohin es sie führt.* Wahrscheinlich gehöre ich zu diesen. Als ich mich mit einer Kollegin austauschte, beide waren wir etwa in der Mitte unserer Texte, die später als Bücher erschienen, fragte sie mich nach dem Korpus: Was denn der Korpus meines Textes sei? Ich verstand sie nicht. Vielleicht, weil ich nicht wusste, was sie mit dem Wort *Korpus* meinte, vielleicht, weil ich tatsächlich noch nicht wusste, wohin mich der Text führen würde. Sie hingegen wusste, was in den folgenden Kapiteln passieren, wer in Kapitel 8 was sagen, denken, tun würde. Völlig verblüfft schauten wir einander an. So geschieht Schreiben, so unterschiedlich, intuitiv, geplant, in einer Mischung aus beidem oder ganz anders.

Bei Gloor steht:

> *Der Krimischriftsteller Edward Albee sagt:*
> *»Ich schreibe, damit ich weiß, was ich denke.«*[146]

Diesen Satz unterschreibe ich.

Beim nächsten Campingurlaub mit Freundinnen klagte ich über meinen fehlenden Korpus. Abends schenkten sie mir einen, liebevoll zusammengestellt aus Ästen, Blüten, einem Stein, der in der Astgabel ruhte, vertrockneten Früchten, einen Korpus, der alles enthielt, was meinen Text ausmachte. Lange Zeit stand er auf meinem Pult, Mahnung und Inspiration zugleich.
Zum Jahresende träume ich. Ich bin mit einer Gruppe unterwegs im Auto, wir sollen zur Apotheke fahren, um ein Medikament zu holen für eine Person der Gruppe. Doch die Apotheke ist nicht da, wo sie gestern noch war, überhaupt erkenne ich die Landschaft nicht wieder. Nicht nur, dass sie anders ist als gestern, sie bewegt sich im Moment, verändert sich laufend: Die Straße verengt sich, Bäume stehen im Weg. Die Straße endet unerwartet an einer Treppe. Wir wenden, wollen zurückfahren, finden kaum ein Durchkommen, da die Bäume gewachsen sind. Seltsamerweise ängstigt mich diese sich stetig verändernde Landschaft nicht.
Beim Aufwachen weiß ich, dass dieser Traum ein Text ist, der sich laufend neu ordnet. Auch das schreckt mich nicht.

Was brauche ich, um zu schreiben? Wichtig ist die Konzentration. Ich sitze an meinem Pult, schaue auf den Bildschirm und die leere Wand dahinter, in meinem Rücken die offene Tür zum Vorgarten, spielende, schreiende Kinder, ab und zu gehen redende Menschen vorbei. Gelingt mir die Konzentration, höre ich von alledem nichts. Höchstens einige Geräusche am Rand der Konzentration, die ich mir

wie eine Art Glashaube vorstelle, einige Geräusche, die an dieser Haube abprallen. Das Alter zeigt sich in der Verkürzung der Aufmerksamkeitsspanne. Oder vermute ich nur, sie sei früher länger gewesen? Ich glaube, auch bei anderen Schriftstellerinnen dieses Phänomen festzustellen: sprunghafteres Schreiben, das Hüpfen von Episode zu Episode. War früher die Kraft für den großen Bogen da? War früher der Atem länger?
Noch reicht die fokussierte Aufmerksamkeit für anderthalb, vielleicht zwei Stunden, je nach meiner Tagesverfassung.

Schreiben geschieht am Schreibtisch. Vorwiegend. Ich unterscheide zwischen zwei Arbeitsplätzen: dem für literarisches Schreiben und das Anagrammieren reservierten und dem Alltagsarbeitsplatz, an dem ich Mails beantworte, Kurse plane, Auftragstexte schreibe. Der Vorgang ist derselbe. Nichts ist mit der nächtlichen Inspiration, die mich aus dem Bett triebe und Sätze notieren ließe. Schreiben ist Arbeit, Handarbeit und Kopfarbeit. So vieles passiert gleichzeitig: meine Finger, welche die Tasten selbständig finden – wie dankbar bin ich für den schrecklichen Unterricht im Schreibmaschinenschreiben –, meine Augen, die den Buchstaben folgen, welche sich zu Wörtern formen, zu Sätzen, Sätze, die ich irgendwo in mir denke, die irgendwo in mir gedacht werden. Mein Körper denkt, mein Kopf, mein Bauch, mein Herz. Selbst meine Muskeln denken, senden mir Zeichen, verkrampfen sich bei bestimmten Themen und lassen keine Leichtigkeit zu, bei anderen werden sie weich und warm. Auch Cora unter dem Pult verbreitete Wärme. Neuerdings begleitet Cima mein Tun. Sie liegt im Korb in meinem Rücken, und ab und zu schlüpfen ihre Traumgeräusche in meinen Text: ein kurzes Kläffen, ein tiefes Knurren, das Klatschen des Schwanzes.
Schreiben braucht das Dranbleiben. Das ist das Schwierigste für mich. Dranbleiben, mich nicht ablenken lassen.

Der Engel des Hauses grüßt aus einer Ecke, bereit, sich auf mich zu stürzen. Nicht nur meiner Mutter, auch mir ist es nicht gelungen, ihn gänzlich zu vertreiben. Sollte ich nicht dies und jenes, warten nicht verschiedene Mails auf Antwort? Darf ich mir erlauben, die Tür nicht zu öffnen, wenn jemand klingelt? Wer wäscht die Leintücher, bügelt die Blusen? Wann? Ich bin langsamer geworden, brauche für den Alltag mehr Zeit. Haushalten und Lesen würde reichen, denke ich. Aber nein, es reicht nicht. *Und auf jeden Fall ist es etwas, was man einfach tun muss,* sagt Vicki Baum und spricht vom Schreiben.[147] Ich muss schreiben. Ich will herausfinden, ob ich es nochmals schaffe, diese Geschichte, die keine ist, zu einem Ende zu bringen. Mich ziehen zu lassen von den Sätzen, von den Ideen, den Erinnerungen, von der Schrankwand voller Zettel, weiterzumachen, auch wenn ich, wie immer, nicht weiß, wohin dieses Weitermachen führt.

Außerdem braucht Schreiben Bewegung und eine Tagesstruktur. Diese liefern die jeweiligen Hündinnen. Der Tag beginnt mit einer kleinen Runde, damit sich das Tier versäubern kann. Später ein längerer Hundespaziergang, sicher eine Stunde, früher war es mehr. Die Vorabendrunde und ein kurzes Rausgehen vor dem Schlafen. Diese Struktur bringt auch die nötige Bewegung, ohne die ich nicht schreiben kann. Im Rhythmus der Hundeschritte Sätze denken, schnelle Sätze, wenn Cora rennt, langsame Sätze, wenn Lina, Punta, Cima Nachrichten lesen am Wegrand. Wörter suchen, die vielleicht an Bäumen hängen. Weitergehen und nichts denken, den Wald riechen – feucht, moosig, pilzig? –, der Limmat zusehen, wie sie fließt, Wirbel bildet, zusehen, wie das Licht sich im Wasser bricht, mich treiben lassen, wie die Ente sich treiben lässt. Immer gleiche Wege langweilen mich nicht. Ich sehe, wie sich die Holunderblüte jeden Tag mehr öffnet, wie später im Jahr die Beeren täglich dunkler werden, ich schaue den Krähen zu

auf der Wiese und im Winter den Möwen, die sich zanken. Und plötzlich ist ein Satz da. Oder ein Wort stellt sich ein, nach dem ich schon lange suche.
Ein größeres Problem ist das Lesen. Es gibt Bücher, die stören meinen Schreibfluss, weil sie so schön geschrieben sind, dass mein Schreiben nicht bestehen kann daneben, es gibt Bücher, die so geschrieben sind, dass ich mich ärgere. Allzu spannend darf es schon gar nicht sein. Ich brauche ein anregendes Buch, das meinen Text nicht berührt, sich nicht mit ihm verbindet oder ihn kreuzt, sondern in angenehmen Abstand nebenher läuft, inspirierend, aber nicht zu sehr. Diesmal bin ich bei Håkan Nesser gelandet, lese mich durch die Bücher, die ich schon kenne, folge dem Rhythmus seiner Sätze und den philosophischen Gedanken. Sie sind genau die richtige Begleitung.

Die Angst, den Text zu verlieren, begleitet mich. Als ich noch mit der Schreibmaschine schrieb, war die Angst kleiner. Das entstehende Manuskript konnte ich anfassen, konnte darin herumkorrigieren, ganze Sätze streichen, später auch Seiten zerschneiden und neu zusammensetzen. Das Schreiben mit dem Computer hingegen, so viel einfacher geworden mit Kopieren und Einfügen, birgt die Angst des Verlusts. Was, wenn mein Text einfach verschwände in den Tiefen des weltweiten Netzes? Was, wenn ich das Speichern vergäße und ganze Abschnitte wieder die frühere Form annähmen? Manchmal finde ich Texte in einer meiner Kopfkammern, kann ganze Sätze wieder herstellen. Aber es wäre mir nicht möglich, diesen ganzen Text nochmals zu schreiben. Genau dies hat Anna Banti getan. Die italienische Autorin schrieb neben Romanen und Erzählungen Monographien bekannter Künstler. Vor mir liegt ihr Buch *Artemisia,* in dem sie das Leben der Malerin Artemisia Gentileschi erzählt, die im 17. Jahrhundert lebte und arbeitete und als eine der wenigen früheren Malerinnen von der Kunstgeschichte wahrgenommen wurde und wird.[148] In einem kurzen Vorwort *An den Leser* beschreibt Anna Banti, dass ihr *bis auf die letzten Seiten vollendetes Manuskript im Sommer 1944 kriegerischen Ereignissen zum Opfer fiel.*

Die Autorin beschreibt, wie sie *in dieser müden, bleichen Morgendämmerung eines Augusttages* auf dem Kiesboden in einer schmalen Allee sitzt. Sie stützt den Kopf auf ihre Knie und weint, denn eben ist ihr klar geworden, dass ihr Manuskript verloren ist.

> *Unter den Trümmern meines Hauses habe ich Artemisia verloren, meine Freundin aus dem 17. Jahrhundert, die ruhig atmete, von mir auf hundert Manuskriptseiten gebettet. Ich habe ihre Stimme wiedererkannt, und aus den verborgenen Quellen meiner Seele quellen synchrone Bilder hervor: Artemisia verbittert, verzweifelt und, ihrem Tode nahe, verkrampft wie ein getretener Hund.*[149]

Anna Banti schreibt, dass ihr Gedächtnis *einer vielleicht allzu geliebten Gestalt weiterhin die Treue hielt.* So ließ sie sich auf das Abenteuer ein, den Roman nochmals zu schreiben. Es wurde ein anderes Buch, da sie sich nur auf ihre Erinnerungen stützen konnte, denn zusammen mit ihrem Manuskript waren auch alle ihre Unterlagen zerstört worden.

Das Schicksal zerstörter oder verschwundener Texte beschäftigt mich. Meine Bewunderung für Anna Banti ist groß. Und auch für den italienischen Barockkomponisten Francesco Durante. Seine Frau, so höre ich am Radio, habe seine Notenblätter verkauft, um ihre Spielschulden zu bezahlen. Er aber habe sich hingesetzt und die Musik aus dem Kopf nochmals notiert, diese Musik, der ich nun am Radio lausche.[150]

Ich kenne meine Sätze gut, doch niemals wäre es mir möglich, einen ganzen Text wieder herzustellen. Deshalb schicke ich neue Versionen immer wieder an Johanna, die sie

in ihrem Computer aufbewahrt. Ich selbst lege nach jeder Bearbeitung den Text auf einen Stick, den ich hüte wie den berühmten Augapfel. Mein Stickapfel, mein Augenstick, den ich auf keinen Fall verlieren darf.
Wie viele Texte werden in der Ukraine zerstört? Wie viele im Nahen Osten und in anderen Kriegsgebieten? Texte, Fotos, Bilder, Kunstwerke? Welch ein Glück, dass das Gedicht von Halyna Kruk in den deutschen Sprachraum gelangt ist und mich zum Nachdenken bringt.

> *das Unwiderrufliche: der Krieg ist nicht zu stoppen,*
> *wie grelles Blut aus einer zerfetzten Ader*
> *stürzt er hervor, raubt Kraft und Leben*[151]

Der Krieg tötet Menschen und Tiere. Wie viele Hunde und andere Tiere irren verlassen, verletzt umher? Wie viele Manuskripte werden zerfetzt, leben in Bruchstücken weiter in den Köpfen ihrer Schreiberinnen und Schreiber?

Schreiben verlangt nach einer Sprache, in der sich die Schreibenden ausdrücken können. Die einen schreiben so, wie sie reden, andere lernen die Schriftsprache erst in der Schule kennen. In meiner sardischen Familie wird sardisch gesprochen, eine Sprache, für die es noch in den achtziger Jahren des letzten Jahrhunderts keine Grammatik gab. In der Schule wurde und wird Italienisch gelehrt, das sich erheblich von der sardischen Sprache unterscheidet. Das Sardische gehört zu den vom Aussterben bedrohten Sprachen. Anders und doch ähnlich das Schweizerdeutsche, das wohl nicht so schnell ausstirbt, da es nicht nur in bestimmten Familien, sondern überall gesprochen wird. Das führt dazu, dass auch in der Schweiz die Schriftsprache erst in der Schule gelernt wird, das sogenannte Hochdeutsch.
Wenn ich schreibe, benutze ich das schweizerische Standarddeutsch, wie es im *Variantenwörterbuch des Deutschen* beschrieben ist. Es besteht aus spezifisch schweizerischen

Wörtern, die jedoch keine Mundart sind. Ich schreibe Tram und Trambillett wobei das Billett zunehmend vom Ticket verdrängt wird. Mit Johanna spreche ich zürichdeutsch, sie antwortet berndeutsch. Mit meinen Hündinnen, die vorwiegend aus Italien, genauer: aus Sardinien stammten, sprach ich italienisch, durchsetzt mit sardischen Wörtern, und zürichdeutsch. Punta, die aus einem spanischen Tierheim kam, gewöhnte sich schnell ans Italienische, mit Cima aber spreche ich öfters deutsch. Verliere ich die italienische Sprache?
Es ist die Sprache, welche die Menschen vom Tier unterscheidet, hieß es lange. Dieser Satz gilt heute nicht mehr uneingeschränkt. Die Leidensfähigkeit der Tiere wird vermehrt wahrgenommen, eine Fähigkeit, welche die Tiere mit den Menschen teilen.[152] Um als Menschen das Tierleid überhaupt auszuhalten, trennen wir die Tiere in Haustiere, Nutztiere und Wildtiere. Den einen wird großes Leiden zugemutet, andere aber sollen davon verschont bleiben, wenn auch den Haustieren einiges zugemutet wird: Coiffeurbesuche, Hundeparfüms, Päckli auf Weihnachten, hin bis zur Organtransplantation und dem Klonen, damit der Mensch sein Tier für immer besitzt. Dass in China Hunde gegessen werden, führt in Europa zu einem Aufschrei. Andere Tiere hingegen werden hierzulande meist ohne Skrupel verspeist, nachdem sie ihr Leben in engen Ställen verbracht haben.

Irgendwann in den achtziger Jahren begann ich, vegetarisch zu essen. Dabei ging es mir um die Tiere, deren Leiden ich lange ignoriert hatte. Einer meiner Freunde an der Maturitätsschule sprach oft von Hühnern, von Legebatterien und Massentierhaltung. Ich lachte ihn aus. Als wohlerzogene Linke ging es mir um die Menschen, die Tiere kamen später dran, dann vielleicht, wenn wir endlich alle Menschenprobleme gelöst hätten. Dass wir, wie

Martin Luther sagte, *alle den selben Odem haben,* Tiere wie Menschen, glaubte ich damals nicht.[153]
Vegetarisch zu essen stellte mich zu Beginn vor einige Probleme. Ich wusste nicht, wie ein Menü zu komponieren war ohne Fleisch. Fleisch war immer das Zentrum gewesen, alles andere Beilage. Wie sollte ich Sauerkraut kochen ohne Rippli oder Rollschinken? Wie servierte ich Rösti ohne Bratwurst? Langsam lernte ich, neue Zusammenstellungen auszuprobieren, lernte, dass Käse zu Sauerkraut passt, dass es zu Bratkartoffeln mit Bohnen nichts Zusätzliches braucht, sicher kein Fleisch. Mein Geschmackssinn gewöhnte sich an neue Verbindungen, an Tomatensauce ohne gehacktes Fleisch, an Rösti mit Salat.
Im Restaurant vegetarisch zu essen war in den Achtzigern schwierig. Es gab den Salatteller als einziges vegetarisches Gericht, meist mit Ei dazu, ohne ging es nicht. Eine Portion Pommes, die damals noch Pommes frites hießen, war die zweite Möglichkeit. Als Johanna und ich letzthin über Land fuhren, über Schweizer Land, trafen wir in einem Gasthof, im Hirschen oder im Goldenen Lamm, genau solche Zustände an. Ich aß die Pommes, die frisch und knackig waren, und fühlte mich Jahre zurückversetzt.
Wieso essen wir Tiere?, fragt der Kulturwissenschaftler Thomas Macho und gibt gleich die Antwort: *Weil wir Tiere sind.*[154] Das widerspricht der religiösen Auffassung, nach der der Mensch Gott ähnlich und damit die Krone der Schöpfung ist und selbstverständlich über den Tieren steht. Vielleicht ist es Zeit, diese Vorstellung zu verlassen, uns auf den gemeinsamen Odem zu besinnen und unseren Umgang mit Tieren zu überdenken.

Tieren wird mehr Sprache zugestanden als früher. Die üblichen Übertragungen tierischer Sprache in Menschensprache dienen nicht dem Verstehen. Es sind Wörter, welche die Töne der Tiere zu imitieren versuchen, von *wau* und *wuff* über *kikeriki* und *iah* haben die Lautfolgen nichts mit der Sprache der Tiere zu tun, sie sind eine simple Annäherung. Eine Form der Übersetzung von Vogellauten versuchte der französische Komponist Olivier Messiaen: Er nahm Vogelstimmen auf und transkribierte sie in Notenschrift.[155] Die Schriftstellerin Ursula K. Le Guin erfand den Begriff der *Therolinguistik*, um einen Zweig der Linguistik zu bezeichnen, der sich mit Tiersprachen befassen sollte.[156] Forschungen erzählen von der Sprache der Delfine, der Wale. Doch immer noch wird den Tieren vor allem die Körpersprache zugestanden.

Mit Tieren kann kommuniziert werden, daran zweifelt wohl niemand, wenn auch oft anders, als wir Menschen es gewohnt sind. So wie Cora meine unausgesprochenen Zeichen lesen konnte, so wie der kluge Hans die menschlichen Anweisungen verstand.

Hunde sind Säugetiere und damit Lebewesen wie Menschen, unterscheiden sich aber von Pflanzen und Bäumen. Was aber, wenn ein Fluss zu einer Person erklärt wird? So geschehen in Neuseeland, wo der Fluss Whanganui zu einer Person erklärt wurde, ausgestattet mit sämtlichen Rechten einer juristischen Person. Die Maori, für die der Whanganui schon lange ein Lebewesen ist, freuen sich besonders darüber.[157] Ist etwas nur eine Person, wenn sie spricht? Ist jemand nur eine Person, wenn sie so spricht, dass es menschliche Ohren verstehen?

Wie spricht ein Fluss? Er rieselt, er rauscht, er gurgelt und gluckst, er murmelt, er säuselt, er schäumt, er strudelt und strömt, er orgelt, er kollert Steine, klatscht gegen die Ufer, er kräuselt sich beinahe lautlos; er plätschert, plaudert und quatscht, er sprudelt, strömt und stürzt sich über Felsen. Manchmal tröpfelt er nur, ist ein unhörbares Rinnsal. Er drückt sich aus durch Windungen, durch Mäandern, durch schnelles, langsames Fließen, durch Stillstehen, durch Warten.

Vielleicht lebe ich mit Hündinnen, um ein wenig mehr von einer Welt zu begreifen, in der Flüsse oder Bäume als Wesen gelten, einer Welt, in der das Lernen der Sprachen der Tiere, der Pflanzen, Bäume, Flüsse kein Kuriosum ist, sondern dazu führt, dass ihr Leid ebenso ernst genommen wird wie menschliches Leid.

Der Hund

Jaulen,
bellen, kläffen,
knurren, klagen,
winseln, heulen;
trotten,
traben, streunen,
hüpfen, springen,
schnuppern, graben,
wachen, lecken,
Ohren spitzen, nagen.
Wie stumm ist Sprache, unbewegt,
und seine Worte-losigkeit –
wie lebendig und beredt.[158]

Lore Vogler-Bracher

Schon lange schreibe ich an diesem Text. Am Anfang war unklar, was werden würde, doch immer mehr zeigte sich eine Richtung. Und dann kam die Schreibblockade. Ich ließ mich vom Alltag vereinnahmen, ließ die beschriebenen Blätter liegen. Aus Angst, wie Gloor meint, dass das Geschriebene nie ans innere Original herankommen wird? Aus Angst vor dem Scheitern? Da entdeckte ich das Buch von Judith Wolfsberger: *Schafft euch Schreibräume!*[159] Mit Hilfe des von ihr vorgeschlagenen Schreibraums fand ich den Mut, weiterzuschreiben. Diesen Mut brauchte ich, denn meine Themen und ihre Verknüpfung lösten bei fast allen, denen ich davon erzählte, Verwunderung, Erstaunen oder gar Unverständnis aus. Über Hunde willst du schreiben? Und über das Schreiben? Wie soll das zusammenpassen? Genau das wusste ich zu jenem Zeitpunkt auch nicht. Aber es waren die Themen, die mich beschäftigten.

Bei Judith Wolfsberger begegnete ich wiederum dem Engel des Hauses, den ich nun endlich, endlich entlassen wollte, ich begegnete wieder Virginia Woolf. Schon sie habe erkannt, dass das einsame Schreiben problematisch sein könne und habe angeregt, den Schreibraum zu teilen. Judith Wolfsbergers erster Schreibraum fand in Wien statt. Mittlerweile ist daraus eine Schreibschule entstanden.

Für den Zürcher Schreibraum fragte ich einige Frauen an. Viele lehnten ab. Schreiben sei ihre private Sache, sie hätten ihren Rhythmus gefunden. Andere freuten sich über die Idee und sagten ihr Kommen zu. Mittlerweile gehören etwa sechs Frauen zum Schreibraum. Wir nutzen die Energie, die entsteht, wenn sich sechs Frauen aufs Schreiben oder Lesen konzentrieren. Das funktioniert sogar auf Distanz. Als wir uns pandemiebedingt nicht treffen durften, schrieben wir einander Mails: *Jetzt beginne ich, ich schreibe an diesem oder jenem Text, ich bin dabei.* Und schlossen den Raum wiederum mit einem Mail: *Danke für eure Präsenz.* Wir schätzen und respektieren einander über Generationen hinweg, von vierzig bis Mitte siebzig. Wir teilen unsere Erfahrungen. Der Schreibraum, meine letzte Gründung, sage ich zu Verena.

Den Schreibraum, den ich seit Jahren mit Hündinnen teile, teile ich nun auch mit Frauen.

Der neu gegründete Schreibraum erlaubte mir, wieder zu schreiben. Ich schrieb, und alle Vorstellungen rückten in den Hintergrund, wie auch der Engel des Hauses sich etwas zurückzog. Dank diesen zwei Stunden am Montagmorgen alle zwei Wochen, stellte sich eine Regelmäßigkeit ein. Ich strich zwei Tage in der Woche in meiner Agenda ab, trennte Schreibzeiten vom Alltag. Leer sollten die beiden Tage bleiben, damit sich Wörter einstellen konnten. Dieser Rhythmus half mir, mich aufs Schreiben zu konzentrieren. Ob ich das, was ich schrieb, später umschreiben, neu schreiben oder verwerfen würde, war nebensächlich. Laut Gloor ist ja das Überarbeiten das Wichtigste.

Dank dem Schreibraum entstand nach und nach mein Manuskript. Um den Text durchzuarbeiten, begab ich mich in die Schreibretraite in ein Bildungshaus, das von Schwestern geführt wird, ein Haus, das für mich mit Schreiben verbunden ist: Oft habe ich hier Kurse gegeben.
Ich saß schreibend mit Blick auf den Vierwaldstättersee, ging dreimal täglich zum Essen, zweimal die Woche wurde das Zimmer aufgenommen und das Bad geputzt. Es war ein Zweibettzimmer, damit ich mich ausbreiten konnte. Das zweite Bett deckte ich mit einer unserer Campingdecken, es gehörte Cima. Sie schaute meinen Rücken an, rutschte manchmal zur Fußseite des Bettes, sodass sie meine schreibenden Hände sehen konnte. Ab und zu schnarchte sie leise, öfters träumte sie, schlug den wedelnden Schwanz aufs Bett, kläffte kurze, rhythmische Tonfolgen, Töne, die sie in

wachem Zustand nie hören lässt, manchmal knurrte sie. Morgens gingen wir täglich bis zum See und zurück, nachmittags spazierten wir länger dem See entlang, dessen Ufer unanständig dicht von Villen gesäumt ist, bis zum Rachmaninow-Park, der ein Pärkli ist, oder zur Schiffstation, manchmal den Berg hoch durch den Wald. Abends nach dem Essen ging ich in die Kirche zur Komplet, die den Tag beendete. Ich saß in den hinteren Bänken, schaute auf die Schwestern vor mir, sechs oder neun, auf ihre hellen oder dunklen Schleier, die über ihre Rücken fielen. Sie lasen abwechselnd, sangen erstaunlich kräftig, einzeln, im Chor. Ich saß und verstand kein Wort und war doch in den Worten und dem Gesang aufgehoben. Auf dem Altar brannten Kerzen, dahinter an der grauen Betonwand hingen vier abstrakte farbige Bilder. An ihnen hielten sich meine Augen fest. Jedes der Bilder stelle einen Teil des Vaterunsers dar, erklärte mir eine der Schwestern.
An der sechsten oder siebten Komplet wusste ich plötzlich, dass diese Bilder nicht allein das Vaterunser sondern auch meine vier verstorbenen Hündinnen abbildeten, wusste auch sofort, welches Bild welche Hündin: Das tief blaue rechts war die sanftmütige Punta, das dunkelrote daneben mit dem goldenen Balken die wachsame und treue Gea, das glühend gelborange Bild zeigte Cora mit ihrer Lebensfreude. Das letzte Bild ganz links war Lina: Ein blaues Band, das sich durch eine gelbgrüne Landschaft zog, entsprach Lina mit ihren Ängsten, die durch ihr Leben flossen.

Seit mir klar war, dass die Bilder meine Hündinnen darstellten, besuchte ich die Komplet noch lieber, hörte zwar die verschiedenen Stimmen der Schwestern, doch ich versank in Zwiesprache mit meinen Hündinnen, spürte, wie Cora mich anstupste: Rennst du mit? Wie Lina sich festhielt am geworfenen Ast, niemals losließ, auch wenn ich sie kräftig rundum schwang. Nein, sagte Lina und zeigte ihre Zähne. Nein war ihr wichtigstes Wort. Gea saß aufmerksam neben mir. Niemand sollte es wagen, mir zu nahe zu kommen. Punta suchte die Kirche nach Essbarem und Nicht-Essbarem ab, das sie beides verschlang. Danach wollte sie schmusen. Abend für Abend kamen sie zu mir in Rot, Blau, Gelb und Grün, erwachten zum Leben in der kleinen Kirche. Sie kamen und redeten mit mir, ich sprach mit ihnen, wir verstanden uns.

In meinem italienischen Dorf werden die Hunde vor der Kirche gesegnet, so wie im Film *The truffle hunters,* der zeigt, wie eng die Trüffelsucher mit ihren Hunden leben.[160] Einer feiert gar Geburtstag mit seiner Hündin, inklusive Torte und Kerzen. Hunde dürfen nicht in die Kirche, nur in die kleine Kapelle am anderen Dorfende. Diese ist San Rocco geweiht, der ein großer Hundefreund gewesen sei. Ungelenke Wandbilder zeigen ihn und seine Hunde. In anderen Kirchen, großen, bedeutenden, in die ich meine kleinen Hunde auf dem Arm zur Besichtigung mitnahm, wurde ich öfters hinausgeschickt. *Sono cristiani come noi.* Murmelte ich diesen Satz, war er wie ein Schlüssel. Man ließ mich gewähren, und ich beeilte mich mit der Besichtigung. Als ich Werner Bergengrüns Gedicht fand, zufällig beim Blättern im *Hausbuch deutscher Dichtung,* freute ich mich über die Beschreibung des Hundes, der mitten in den Gottesdienst tappt, auf der Suche nach seiner kleinen Freundin. Eben hatte der Pfarrer das Gebet beendet, als durch die Stille ein Trippeln klang:

(…)
Auf den schwarz und weiß geschachten Fliesen
kam ein kleiner Hund auf kurzen Beinen
durch den Mittelgang entlanggelaufen,
ohne Abkunft, bäuerlicher Artung,
missgefärbt und haarig wie ein Wollknäul,

aber drollig, jung und voller Neugier.
Tief am Boden lag die schwarze Nase,
witternd, schnuppernd suchte er die Richtung.
Er verhielt, er hob die rechte Pfote
eingewinkelt an, er hob die Ohren,
und mit freudigem Kläffen schoss er schräge
ganz nach vorne zu den linken Bänken,
wo gedrängt die kleinen Mädchen knieten.
(...)[161]

Werner Bergengrün

Eines der Mädchen errötet, packt seinen kleinen Hund und geht rückwärts aus der Kirche, begleitet vom Lächeln der steinernen Tierfiguren an den Säulen, *dem Getier der heiligen Geschichten,* alle lachten oder lächelten sie, die heilige Taube ebenso wie die Schlange, wie Ochs und Esel und Jonas' Fisch.

Von all dem wusste ich noch nichts, als ich in der Komplet saß und Zwiesprache hielt mit meinen Hündinnen. Wie habe ich über euch berichtet?, fragte ich sie. Seid ihr zufrieden? Sie nickten mir aus den farbigen Bildern zu. Alles gut. Nur: Zu wenig hast du erzählt. Nichts davon, wie Lina angefahren wurde, damals im Meerort. Nichts davon, wie die wasserscheue Gea dir nachsprang in die eiskalte Maggia. Nichts davon, wie Cora fast starb in deinem italienischen Dorf und den ganzen Autositz aufriss vor Schmerz. Und nichts davon, wie sie im Sportpark einem Gartenarbeiter die Schinkensemmel klaute, die er auf einer Bank deponiert hatte, und wie du mit Cora und Lina den nächsten Laden suchtest, um die Semmel zu ersetzen. Nichts davon, dass ihr, Johanna und du, Gea ins Kino mitnahmt. Im Xenia saßt ihr zusammen auf einem Sofa, Gea auf deinem Schoß. Und nichts davon, wie sorgfältig Punta spanische Nüsschen – Erdnüsse – schälte, samt der roten Innenhaut. Und wie sie aus aufgeknackten Baumnüssen den letzten kleinen Rest Nuss herausholte. Lauter Löcher, sagten die vier, lauter Löcher.

Das Wort erinnerte mich an meine erste Strickerei. Es war in der dritten Klasse, damals, als die Mädchen, und nur die Mädchen, Handarbeitsunterricht hatten. Ich musste einen Waschlappen stricken mit dicken Nadeln aus dickem Garn, dessen Farbe *écru* genannt wurde. Auf der Nadel lagen zwanzig oder dreißig Maschen, die ich nun abzustricken hatte. *Inestäche, umeschlaa, durezieh und abelah.* So hoch wie die Anzahl Maschen musste der Lappen werden, ein Quadrat. Kurz bevor die Strickerei zu Ende war, wurde jede zweite Masche fallen gelassen. Langsam löste sich der Lappen zur Hälfte auf, gehalten von der anderen Hälfte, den gestrickten Maschen, die zurückblieben. Die fallen gelassenen Maschen hinterließen Lücken, Löcher, durch die das Garn zur nächsten Masche lief. Ein Löcherlappen war entstanden, der dank den fallen gelassenen Maschen schön weich war.

Mein Text ist ein Löcherlappen.
Das Gedicht von Ringelnatz kommt mir in den Sinn, das vom Sieb.

(...)

Ich lache.
Die Löcher sind die Hauptsache
An einem Sieb.

Ich hab dich so lieb.[162]
Joachim Ringelnatz

Mein Text hat Löcher wie ein Sieb.
Vielleicht sind die Löcher auch an einem Text die Hauptsache, vielleicht machen sie einen Text schmiegsam und weich.

Cima ist nun bald vier Jahre bei uns. Viel hat sie gelernt in dieser Zeit. Drei Jahre hat es gedauert, bis sie nach dem Erledigen ihres Geschäfts nicht mehr nach Hause rannte. Sie hat gelernt, im Auto in ihrem Käfig zu dösen, weiß nun, dass wir irgendwo ankommen, dass Johanna und ich bei ihr bleiben, auch wenn der Ort wechselt. Verschiedene Campingplätze hat sie kennengelernt, das Häuschen im *Oltrepò*, fremde Wohnungen, Hotelzimmer. Selbst Lärm erträgt sie. Kein Erschrecken mehr, wenn ich die Teetasse abstelle, sogar einen Auspuffknall nimmt sie gelassen hin, nur bei Feuerwerk oder Gewittern hat sie Angst. Auch sie darf, wie Punta, aufs Bett, jederzeit, außer es fehlt noch der Überwurf. Dann wartet sie geduldig, bis das Bett ausgelüftet und gedeckt ist, und nimmt es in Besitz. Sie bettet ihren Kopf auf eines der Kissen, damit er erhöht liegt.

In der Wohnung bewegt sie sich von Insel zu Insel. Die Teppiche liegen nahe beieinander, sodass sie die Flüsse und Meerengen dazwischen überqueren kann. Ab und zu steht sie auf einer der Inseln und betrachtet die nächstliegende. Soll ich oder soll ich nicht?

In fremden Wohnungen sind Böden noch immer ein Problem, am schlimmsten ist es im Restaurant. Nein, sagt sie schon bei der Eingangstür, nein, das kann ich nicht. Auf mein Zureden hin tastet sie sich langsam vorwärts, sucht eine Wand, an der sie entlanggehen könnte. Doch da steht ein Kellner mit drei gefüllten Tellern in den Händen. Cima will hinter ihn kriechen, in die Sicherheit der Wand, weg vom Boden mit den kühlen und rutschigen Steinplatten. Um den Kellner zu retten, die Teller, das Essen, ziehe ich an der Leine, Cima rutscht auf dem Bauch durchs Restaurant. Endlich beim Tisch angelangt lege ich für sie ein Tuch aus. Aber hinlegen tut sie sich nicht. Nein. Die ganze Zeit in der ich sitze, rede, esse, trinke, diese ganze Zeit steht Cima neben mir. Auf diesen Boden legt sie sich auf keinen Fall. Eigentlich will ich sie nicht mehr mitnehmen zum Auswärtsessen. Zu groß der Stress für uns beide. Doch wenn ich zu Hause den Mantel anziehe, schaut sie mich an. Darf ich mitkommen? Das fragte sie am Anfang nie, es war ihr gleichgültig, ob ich wegging oder nicht. Seit sie mich als ihren Menschen angenommen hat, ist alles anders. Cima will dabei sein, überall. Meist lasse ich mich erweichen, ziehe sie durchs Restaurant und ärgere mich nicht mehr, wenn sie stehen bleibt. Eine Stunde, zwei Stunden. Einfach steht. Bis auf gestern. Nach einer halben Stunde legte Cima sich hin und blieb liegen, ließ sich weder vom Kellner stören noch von den Menschen am Nachbartisch. Vier Jahre, sagte ich zu meiner Begleiterin, vier Jahre hat es gedauert. Sie zuckte die Schultern: Lernen ist ein langer Prozess.

Cima ist ein kommunikativer Hund geworden, seit ihr jemand zuhört, vor allem reden ihre Ohren, die sie sogar quer stellen kann, einzeln und beide zugleich. Sie zeigt an, ob es ihr morgens pressiert. Ihr Gesichtsausdruck, ihr Verhalten, erklärt mir, ob es um Grasfressen geht oder ums Versäubern. Je nachdem stelle ich sie hinten in den Garten. Da sucht sie sich das richtige Gras. Nein, es passt nicht jede Sorte, aber das richtige bringt den Bauch in Ordnung. Beim Spazieren bleibt sie ab und zu stehen, schaut mich an. Hast du das nicht gehört? War das ein richtiger Knall? Wenn ja, will ich nach Hause. Das war kein richtiger Knall, erkläre ich ihr, halte eine Weile ihre Schultern fest, so lange, bis sie sagt: Jetzt ist gut, ich komme weiter mit. Panikanfälle, wie zu Beginn unseres Zusammenlebens, haben sich nicht wiederholt. Seit sie glutenfreies Futter bekommt, ist sie lebendiger geworden, hüpft manchmal auf den Spaziergängen und rannte in Sardinien gar am Meeresufer hin und her. Ich sah Lina im Sand, sah die flatternden Ohren von Cora, doch es war Cima, deren Ohren flogen, ich schaute Cima zu, deren Haarfarbe der von Lina gleicht. In die Grundfarbe Dunkelbraun sind weiße, rötliche, schwarze Haare gemischt.

Befehle kennt Cima einige. *Warten* ist das wichtigste Wort, manchmal funktioniert auch *hier*. Auf *nein* reagiert sie meistens. Und sie bleibt sofort stehen und hebt ihren Schwanz, wenn ich sage *Fudi putzen*. *Fudi* respektive *Füdli* steht im Variantenwörterbuch. Es werde in der Schweiz verwendet und gilt als *Grenzfall des Standards*. Genauso wie *füdliblutt*, das mit *splitternackt* übersetzt wird, und der *Füdlibürger* als *Spießer, Spießbürgerin*. Beim *Füdlibürger* steht ein Verweis auf den *Bünzli*, der einst ein Familienname war und erst seit Mitte des 20. Jahrhundert für *Spießer* verwendet wird. Der *Bünzli*, so weit das Wörterbuch, ist kein Grenzfall des Standards. Alle diese Wörter versteht Cima nicht, aber sie versteht, wenn ich mit ihr rede. Dann geht es nicht um Befehle, dann geht es um allerlei, das ich ihr erzähle, um Beruhigungsworte, um Gedichte, die ich ihr vorlese, um meine Selbstgespräche, denen sie lauscht, um die Art von Kommunikation zwischen mir und allen meinen Hündinnen.

Abends sitze ich im Bett, ein Kissen im Rücken, ein Buch oder das Tablet auf den Knien. Neben dem Büchergestell sehe ich Johannas weißen Schopf, sie sitzt im Sessel und neigt den Kopf ebenfalls über ein Buch oder das Tablet. Cima springt aufs Bett, kuschelt sich an meine linke Seite. Ich muss sie kraulen, sonst stupst sie mich. Also kraule ich, beginne am Hals, runter zur Brust, da breitet Cima die Hinterbeine aus, zeigt mir ihren bloßen Bauch. Wie ein aufgeklapptes Buch liegt sie da, schließe ich meines, klappt auch sie ihr Buch zu und springt vom Bett. Schlafen will sie allein. Ich döse ein, spüre wie Johanna ins Bett kriecht, sich an meinen Rücken legt, ihre Hand auf meiner bloßen Haut, höre, kurz bevor ich in den Schlaf gleite, Cimas Schlaftöne, das leise Schnarchen, das Traumjapsen, ich rutsche näher zu Johanna. *Ich hab euch so lieb*, murmle ich.

Irgendwo bellt ein Hund.

Quellen und sonstige Angaben

1 Rajzel Zychlinski. In: dn lider/Die Gedichte 1928–1991. Jiddisch und deutsch. Aus dem Jiddischen herausgegeben und übertragen von Hubert Witt. Zweitausendundeins, Frankfurt a. M. 2003
2 Judith Wolfsberger: Schafft euch Schreibräume! Weibliches Schreiben auf den Spuren Virginia Woolfs. Ein Memoir. Böhlau, Wien 2018
3 Gunna Wendt: Franziska zu Rewentlow. Die anmutige Rebellin. Biographie. Aufbau Verlag, Berlin 2008
4 Wilhelm Hemecker: Mechtilde Lichnowsky 1879–1958. Marbacher Magazin 64. Deutsche Schillergesellschaft, Marbach am Neckar 1993
5 Mechtilde Lichnowsky: An der Leine. Fischer, Frankfurt a. M. 1930
6 Silvia Bovenschen: Älter werden. Notizen. Fischer, Frankfurt a. M. 2006
7 Anja Rützel: Schlafende Hunde. Berühmte Menschen und ihre Haustiere – zehn Liebesgeschichten. KiWi, Köln 2021
8 Pablo Neruda: Ein Hund ist gestorben. In: Letzte Gedichte. Deutsch von Monika Lopez und Fritz Vogelsang. dtv, München 1993
9 Gertrude Stein, zitiert in: Angelika Overath und Manfred Koch: Hunde mitzubringen ist erlaubt. Ein literarischer Salon. List, Berlin 2008
10 Svenja Herrmann: Die Ankunft der Bäume. Gedichte. Wolfbach, Zürich 2017
11 Annik Hosmann: Die Stadtbeobachterin. Tages-Anzeiger vom 4.2.2020
12 Verena Stefan: Häutungen. Frauenoffensive, München 1975
13 Barbara Honigmann: Das Gesicht wieder finden. Über Schreiben, Schriftsteller und Judentum. Edition Akzente Hanser, München/Wien 2006
14 wikipedia.org/wiki/Autofiktion
15 Claudio Magris: Verstehen Sie mich bitte recht. Hanser, München 2006
16 Hilde Domin: Gesammelte Gedichte. Fischer, Frankfurt a. M. 1987
17 Verena Stettler: Einführung zur Geburtstagslesung. bücherraum f, Zürich, 30.11.2018
18 Ulla Hahn: Das verborgene Wort. dtv, München 2001
19 David Krause. In: Nancy Hünger und Helge Pfannenschmitt (Hg.): Das Gedicht und sein Double. Die zeitgenössische Lyrikszene im Portrait. Edition Azur, Dresden 2018
20 Herta Müller: Mein Vaterland war ein Apfelkern. Ein Gespräch mit Angelika Klammer. Fischer, Frankfurt a. M. 2016

21 Pablo Neruda: Ein Hund ist gestorben. In: Letzte Gedichte. Deutsch von Monika Lopez und Fritz Vogelsang. dtv, München 1993
22 Ann-Marie Mac Donald: Wohin die Krähen fliegen. Piper, München 2004
23 Doris Stump, Maya Widmer, Regula Wyss und Sabina Kubli: Deutschsprachige Schriftstellerinnen in der Schweiz 1700–1945. Limmat Verlag, Zürich 1993
Elisabeth Ryter, Doris Stump, Maya Widmer, Regula Wyss: Und schrieb und schrieb wie ein Tiger aus dem Busch. Limmat Verlag, Zürich 1994
24 Bettina Stehli, Historikerin. Brief vom 22.4.2020
25 www.linsmayer.ch
26 Oliver Sacks: Migräne. Rowohlt, Hamburg 1996
27 Zürichdeutsches Wörterbuch. Verlag Neue Zürcher Zeitung, Zürich 2009
28 Esther Spinner. Unveröffentlicht
29 Alle Zitate aus den Fichen der Stadtpolizei Zürich. Einträge von 1976 bis 1985
30 Die Gründerinnen: Erica Brühlmann-Jecklin, Ursula Eggli, Salomé Kestenholz, Esther Spinner
31 Solothurner AZ vom 2.6.1987
32 NZZ vom 2.6.1987
33 Thurgauer Zeitung vom 18.1.1989
34 Liliane Studer im Bund vom 14.1.1989
35 Sibylle Müller im Tages-Anzeiger vom 24.4.1989
36 Vaterland vom 2.2.1989
37 Susanna Häberlin, Rachel Schmid und Eva Lia Wyss: Übung macht die Meisterin. Richtlinien für einen nichtsexistischen Sprachgebrauch. Netzwerk schreibender Frauen, 1991
38 Elisabeth Wandeler-Deck
39 Die Gründerinnen: Elisabeth Kaestli, Esther Spinner, Helen Stotzer, Liliane Studer
40 https://100frauen.ch
41 Fabrikzeitung vom 1.6.2019
42 Gertrud Schürch: Zwischen zwei Lächeln. Speer Verlag, Zürich/München 1979
43 Peter von Matt, Dirk Vaihinger (Hg.): Die schönsten Gedichte der Schweiz. Nagel und Kimche, München/Wien 2002
44 Roger Perret (Hg.): Moderne Poesie in der Schweiz. Eine Anthologie. Limmat Verlag, Zürich 2013
45 Silvia Süss: Zählt, KollegInnen! WOZ vom 23.1.2020
46 Mirko Schwab: Durch den Monat mit Sarah Elena Müller. WOZ vom 30.3.2023

47 Ivona Brdjanovic: Wir sind kein Roadtrip durch Bosnien und Herzogewina, wir sind nicht die Blasmusik, zu der man zappelt. WOZ vom 22.8.2019
48 Annette Hug: Diskussion in Solothurn. Maileinladung, 21.5.2019
49 a-d-s.ch
50 Esther Spinner und Claudia Kübler (Illustrationen): Malek, Dörte Klisch und Herr Sause-Flüsternd. SJW Verlag, Zürich 2007
51 Unica Zürn: Gesamtausgabe Band 1. Anagramme. Brinkmann & Bose, Berlin 1988
Unica Zürn: Der Mann im Jasmin. Dunkler Frühling. Die Frau in der Literatur. Ullstein, Frankfurt a. M/Berlin 1985
Unica Zürn: Das Haus der Krankheiten. Brinkmann & Bose, Berlin 1977
52 https://wortwuchs.net/anagramm
53 Esther Spinner und Anna Luchs (Illustrationen): Die Amsel heisst Selma. Bajazzo Verlag, Zürich 2000
54 Esther Spinner und Anna Luchs (Illustrationen): Genau! sagt Paul Schlau. Bajazzo Verlag, Zürich 2005
55 Max Christian Graeff (Hg.): Die Welt hinter den Wörtern. Anthologie zur Geschichte und Gegenwart des Anagramms. Mit einer literaturhistorischen Einführung von Thomas Brunnschweiler. Verlag Martin Wallimann, Alpnach 2004
56 Sabine Scholl: Unica Zürn: Fehler, Fallen, Kunst. Anton Hain Verlag, Frankfurt a. M. 1990
57 Esther Spinner: Das Zierfell kaute. Verlag Martin Wallimann, Alpnach 2005
58 Die Gründer:innen: Carol Baumgartner, Mario Billia, Thomas Brunnschweiler, Heini Gut, Anna Isenschmid, Ueli Sager, Esther Spinner, Patrick Steffen
59 Anagramm-Agentur (Hg.): Blau dies Lachen. 52 Dada-Anagramme. edition 8, Zürich 2016
60 Ebd.
61 Anagramm-Agentur (Hg.): Trugwesen unterwegs. Immerwährender Kalender. edition 8, Zürich 2022
62 Esther Spinner und Susanne Staubli (Illustrationen): Allerlei an Monden zapfelt. Tieranagramme. edition 8, Zürich 2016
63 Edgar Hederer (Hg.): Deutsche Dichtung des Barock. Hanser, München 1965
64 Ebd.
65 Sigrid Nunez: Der Freund. Aufbau Verlag, Berlin 2020
66 http://lesehund.de
67 Silja Walter: Mein kleiner weisser Hund und ich. In: Gedichte. Arche, Zürich 1950

68 Georges Perec: Das Leben. Gebrauchsanweisung. Zweitausendundeins, Leipzig 1978
69 Iris Raddisch: Die letzten Dinge. Lebensendgespräche. rororo, Hamburg 2019
70 Schreiben ist Balance. Stuttgarter Zeitung vom 21.7.1993
71 Margarete Hannsmann: Tagebuch meines Alterns. Knaus, München 1991
72 Stuttgarter Schriftstellerhaus (Hg.): Almanach 4. Deutsch von Artur Metal. Silberburgverlag, Tübingen 1996
73 George Eliot: Middlemarch. Manesse Verlag, Zürich 1962
74 Esther Spinner und Susanne Staubli (Illustrationen): Allerlei an Monden zapfelt. Tieranagramme. edition 8, Zürich 2016
75 Otto Marchi, zitiert in: https://de.wikipedia.org/wiki/Wendelin_Niedlich
76 Franz Dornseiff: Der deutsche Wortschatz nach Sachgruppen. De Gruyter, Berlin/New York 1970
77 Esther Spinner: Zeichenzauber. In: femscript – Netzwerk schreibender Frauen (Hg.): KopfHandWerk. femscript lässt schreiben. edition 8, Zürich 2010
78 Ulrich Ammon, Hans Bickel und Alexandra Lenz (Hg.): Das Variantenwörterbuch des Deutschen. Die Standardsprachen in Österreich, der Schweiz und Deutschland sowie in Liechtenstein, Luxemburg, Ostbelgien und Südtirol. De Gruyter, Berlin/New York 2004
79 Emil Oesch: Das richtige Wort zur rechten Zeit. Emil Oesch Verlag, Thalwil-Zürich 1950
80 Georges Perec: Das Leben. Gebrauchsanweisung. Zweitausendundeins, Leipzig 1978
81 Lutz Röhrich: Lexikon der sprichwörtlichen Redensarten. Herder, Freiburg im Breisgau 1973
82 Ernst Wasserzieher: Woher? Ableitendes Wörterbuch der deutschen Sprache. Ferdinand Dümmler Verlag, Bonn 1974
83 Kurt Marti: Wortwarenladen. Verlag Urs Engeler, Schupfart 2021
84 Thomas Widmer: Mein Wortschatz. Echtzeit Verlag, Basel 2021
85 Nikolas Fink (Hg.): Unerhörte Auswahl vergessener Wortschönheiten aus Johann Jakob Sprengs gigantischem, im Archive gefundenen, seit 250 Jahren unveröffentlichten deutschen Wörterbuch. Verlag das kulturelle Gedächtnis, Berlin 2021
86 Esther Spinner und Susanne Staubli (Illustrationen): Allerlei an Monden zapfelt. Tieranagramme. edition 8, Zürich 2016
87 Autobiografie von Alice B. Toklas, zitiert in: Renate Stendhal (Hg.): Gertrude Stein. Ein Leben in Bildern und Texten. Arche, Zürich 1989
88 Hilde Domin: Es gibt dich. In: Gesammelte Gedichte. Fischer, Frankfurt a. M. 1987

89 Helen Dore Boylston: Susanne Barden. Sieben Bände zwischen 1936 und 1952, unter verschiedenen Titeln ins Deutsche übersetzt.
90 Verena Stefan: Wortgetreu ich träume. Geschichten und Geschichte. Arche, Zürich 1987
91 Robert Gernhardt: Was gut tut. In: Gesammelte Gedichte 1954–2006. Fischer, Frankfurt a. M. 2008
92 Kaspar Wolfensberger: Gommer Sommer. Kampa Verlag, Zürich 2020
93 Ehrengabe an Esther Spinner für ›Meine Mutter hat meinem Vater mit einer Pfanne das Leben gerettet‹. Direktor des Innern des Kantons Zürich, Begründung, 29. Nov. 1996
94 Walter Büchi, Kultursekretär Stadt Winterthur: Schreiben vom 27. März 1996
95 https://aphorismen-archiv.de/M558.html
96 Benedikt Scherer: Erbsen aus der Büchse, Tages-Anzeiger vom 19.7.1996
97 Roman Bucheli: Erzählerin auf Abwegen. NZZ vom 18.7.1996
98 Ruth Frei: Was kostet ein Wort? In: Carmen Unterholzer: Die Sprache der Pflege. NOVA 1/2004
99 Vicki Baum: Es war alles ganz anders. Erinnerungen. Ullstein, Frankfurt a. M./Berlin 1964
100 Christa Wolf: Nachdenken über den blinden Fleck. In: Rede, dass ich dich sehe. Suhrkamp, Berlin 2012
101 Kerstin Ekmann: Sehen, das ist das Wichtigste. In: Ingeborg Gleichauf: So viel Fantasie. Schriftstellerinnen in der dritten Lebensphase. AvivA, Berlin 2015
102 Christa Wolf: Lesen und Schreiben. Neue Sammlung Luchterhand, München 1984
103 Marie von Ebner-Eschenbach: Krambambuli, zitiert in: Angelika Overath und Manfred Koch: Hunde mitzubringen ist erlaubt. Ein literarischer Salon. List, Berlin 2008
104 Esther Spinner: Das Rote vom Ei. Hin und zurück in 17 Schritten. In: Charlotte Schallié und Margrit Zinggeler: Globale Heimat. edition 8, Zürich 2012
105 Sr. Hildegard Willi im Gespräch mit Mirjam Breu: Wir sind Erinnerung. Baldeggerjournal 38/2020
106 Fritz Brunner: Zwischen Seeräubertum und Rettungsbake. Ferienlager von Stadtzürcher Schülern auf der Hallig Süderoog. Sauerländer, Aarau 1932
107 Frank B. Gilbreth und Ernestine Gilbreth Carey: Im Dutzend billiger. Büchergilde Gutenberg, Zürich 1954
108 Erich Kästner und Walter Trier (Illustrationen): Pünktchen und Anton. Ein Roman für Kinder. Atrium Verlag, Zürich 1938

109 Lisa Tetzner: Die Kinder aus Nr. 67. neun Bände. Sauerländer, Aarau 1948
110 Charles Dickens: Oliver Twist. Büchergilde Gutenberg, Zürich 1949
111 Charlotte Brontë: Jane Eyre. Büchergilde Gutenberg, Zürich 1947
112 Esther Kinsky: Hain. Geländeroman. Suhrkamp, Berlin 2018
113 David Grossmann: Ich kann mir keine Verzweiflung leisten. Interview im Tages-Anzeiger vom 13.7.2015
114 Dieses und weitere Gedichte von Halyna Kruk: https://www.lyrikline.org/de/uebersetzungen/details/22930/16314. Aus dem Ukrainischen von Claudia Dathe.
115 Brüder Grimm: Kinder- und Hausmärchen. Vollständige Ausgabe. Winkler Verlag, München 1949
116 Esther Spinner: Archiv / ich var. 2013, unveröffentlicht
117 Hans Ulrich Obrist: Was lernen Künstler:innen aus einem Nein? In: Das Magazin vom 19.10.2023
118 Laure Wyss im Gespräch mit Mathias Ninck: Es ist sehr mühsam, Hilfe anzunehmen. Beilage ›Im Alter‹, Tages-Anzeiger vom 19.10.1999
119 Heinrich Breloer: Die Manns – ein Jahrhundertroman. Fernsehdreiteiler. Bavaria Film, WDR/NDR/arte 2001
120 Nino Strachey: Stanze tutte per se. Eddy Sackville-West, Virginia Woolf, Vita Sackville-West. L'ippocampo, Milano 2018
121 Virginia Woolf: Frauen und erzählende Literatur. In: Frauen und Literatur. Essays. Fischer, Frankfurt a. M. 1989
122 Virginia Woolf: Berufe für Frauen. In: Frauen und Literatur. Essays. Fischer, Frankfurt a. M. 1989
123 Reto v. Schneider: Die Pferdeschule, NZZ Folio vom Juli 2021
124 Rose Ausländer: Noch bist du da. Gesammelte Gedichte. Fischer, Frankfurt a. M. 2001
125 Lynda Barry: What It Is. Drawn & Quarterly, Montreal 2008
126 Alice Herdan-Zuckmayer: Das Scheusal. Die Geschichte einer sonderbaren Erbschaft. Fischer, Frankfurt a. M. 1972
127 Sharon Creech: Der beste Hund der Welt. Fischer, Frankfurt a. M. 2003
128 Cordelia Dvorak, Hrgb.: Wenn du durch die Hölle gehst, dann geh weiter. Zeugnisse inhaftierter Frauen in Belarus. Edition Foto Tapeta, Berlin 2023
129 David Hockney: Dog Days. Thames und Hudson, London 1998
130 Virginia Woolf: Flush. Fischer, Frankfurt a. M. 1993
131 https://bloggingwoolf.org/2017/08/26/virginia-woolf-and-her-dogs-on-nationaldogday
132 Angelika Overath und Manfred Koch: Hunde mitzubringen ist erlaubt. Ein literarischer Salon. List, Berlin 2008

133 Ebd.
134 Birgit-boellinger.com
135 Luise Rinser: Bruder Hund. Eine Legende. Kösel Verlag, München 1999
136 Luise Rinser: Gefängnistagebuch. Fischer, Frankfurt a. M. 1989
137 https://de.wikipedia.org/wiki/Luise_Rinser
138 Kerstin Ekman: Hundeherz. Piper, München 2011
139 Beat Gloor: staat / sex / amen. 81 Sprachbeobachtungen. Kontrast, Zürich 2001
140 Virginia Woolf: Flush. Fischer, Frankfurt a. M. 1993
141 Beat Gloor: staat / sex / amen. 81 Sprachbeobachtungen. Kontrast, Zürich 2001
142 Ebd.
143 Ebd.
144 Zadie Smith: Empathie ist nicht genug. Interview im Tages-Anzeiger vom 29.5.2015
145 Judith Hermann: Wir hätten uns alles gesagt. Fischer, Frankfurt a. M. 2023
146 Beat Gloor: staat / sex / amen. 81 Sprachbeobachtungen. Kontrast, Zürich 2001
147 Vicki Baum: Es war alles ganz anders. Erinnerungen. Ullstein Frankfurt a. M./Berlin 1964
148 Anna Banti: Artemisia. Fischer – Die Frau in der Gesellschaft, Frankfurt a. M. 1995
149 Ebd.
150 Sonntagskonzert SRF2 vom 21.11.2021 mit dem Ensemble Chiave d'Arco, Basel. Festtage Alte Musik Basel, Konzert vom 11.9.2021
151 Dieses und weitere Gedichte von Halyna Kruk: https://www.lyrikline.org/de/uebersetzungen/details/22930/16314. Aus dem Ukrainischen von Claudia Dathe.
152 Thomas Matzinger: Über unseren Umgang mit Tieren. Tages-Anzeiger vom 26.6.2021
153 Zitiert in: Thomas Macho: Der Mensch und sein Fleischkonsum. Ist es richtig, dass wir Tiere essen? Interview im Tages-Anzeiger vom 10.9.2022
154 Ebd.
155 Colum McCann: Apeirogon. Rowohlt, Hamburg 2020
156 Tiphaine Samoyault: Die Politik ohne das Wort. Inputreferat am Symposium ›Klima und Krisen – Was treibt die Literatur?‹ vom 1.10.2022. Bulletin des A*ds vom Dezember 2022
157 Ebd.
158 Lore Vogler-Bracher: Rauchzeichen. Gedichte. ILP Cantina Verlag, Goldau 1989

159 Judith Wolfsberger: Schafft euch Schreibräume! Weibliches Schreiben auf den Spuren Virginia Woolfs. Ein Memoir. Böhlau, Wien 2018
160 The truffle hunters. Film von Michael Dweck und Gregory Kershaw. Italien/USA/Griechenland 2020
161 Ludwig Reiners: Der ewige Brunnen. Ein Hausbuch deutscher Dichtung. Verlag C. H. Beck, München 1955
162 Joachim Ringelnatz: Und auf einmal steht es neben dir. Gesammelte Gedichte. Karl H. Henssel Verlag, Berlin 1950

Zu den Bildern

Seit 35 Jahren setzt die Fotografin Katrin Simonett die Hündinnen der Autorin regelmäßig ins Bild.

Gea

Cora

Punta

Cima

Lina

Herzlichen Dank

Der Stadt Zürich danke ich für das Arbeitsstipendium Covid-19, das mir motivierende Unterstützung bot. Mein Dank geht an die Filiale Schütze der PBZ, wo ich während des Umbaus unserer Siedlung einen ruhigen und hundegängigen Arbeitsplatz fand.

Ich bedanke mich bei den Verlagen, die uns die Abdruckrechte für die Gedichte einräumten. Leider gelang es nicht, alle Rechte einzuholen, dafür entschuldige ich mich und bitte diejenigen Verlage, die wir nicht erreicht haben, sich bei mir oder der edition 8 zu melden.

Herzlichen Dank meinem Verlag, der sich wiederum eingelassen hat auf ein Buch mit mir. Jedes Mal ein Abenteuer für alle Beteiligten. Ich danke Heinz Scheidegger für die aufwendige grafische Gestaltung und Katja Schurter für das gewissenhafte Korrektorat. Ganz besonders danke ich meiner Lektorin Verena Stettler. Sie hat sich meinem Text mit großer Sorgfalt gewidmet, Unklarheiten ausgemerzt und das Manuskript insgesamt flüssiger und lesbarer gemacht. Gemeinsam haben wir zum fünften Mal ein Manuskript durchgeackert, viel Zeit und Engagement investiert und ab und zu Herzblut vergossen. Danke Verena.

Viele Menschen haben mich auf meinem Weg zu diesem Buch begleitet, insbesondere zwei Gruppen möchte ich erwähnen, von denen ich auch im Text berichte. Zum einen ist da die *Literatursuppe*, ein loser Zusammenschluss schreibender Menschen. An unseren Treffen diskutieren und kritisieren wir gegenseitig unsere Texte, auch mein Manuskript wurde kritisch betrachtet und hat dadurch an Genauigkeit gewonnen. Das Zusammensein ist Zuspruch und Inspiration, wie auch der *Schreibraum*, in dem ich mich alle zwei Wochen mit schreibenden Frauen treffe. Die Frauen haben mich stets aufs Neue motiviert und ermutigt. Danke euch allen.

Ich danke allen Menschen, die mir ihre Hundegeschichten erzählten. Noch heute höre ich mir Hundegeschichten an und bedaure es, dass sie keinen Platz mehr finden im Buch.

Ich danke meinen Hündinnen Gea, Lina, Cora, Punta und Cima, die mich längere oder kürzere Zeit beschützend, liebevoll, zärtlich, aber auch trotzig und eigensinnig, oft herausfordernd und immer anregend durch mein Leben begleiteten und noch begleiten.

Ich danke alle Freundinnen, die sich Textausschnitte anhörten und mir Rückmeldungen gaben, den Freundinnen, die das Manuskript genauestens durchlasen und mit Anmerkungen versahen, und denen, die mir thematisch passende und anregende Texte zuschickten. Dank an alle Ideengeberinnen, Unterstützerinnen und Gesprächspartnerinnen.

Der größte Dank gehört meiner Lebensgefährtin Katrin Simonett. Mit Verständnis, Geduld und Gelassenheit erträgt sie meine innere Abwesenheit, die zum Schreibprozess gehört, hält meine Klagen aus, diskutiert Fragen und liest meine Texte mit hartnäckig kritischem Blick. Schließlich liefert sie das Bild für den Umschlag – oder bereichert, wie diesmal, das ganze Buch mit ihren Bildern. Danke Katrin.

Esther Spinner, im Sommer 2024